啓蒙の江戸

江戸思想がよびおこすもの

西田耕三

ぺりかん社

啓蒙の江戸——江戸思想がよびおこすもの——*目次

目次

目　次

序章　啓蒙の江戸とは何か

一　啓蒙と江戸

完全なものではなかったにしても鎖国を長く続け、固定的な身分制を続け、支配層の有無を言わさぬ権力統制を続けていた江戸時代を、啓蒙という言葉が横切ったとしても、少しもおかしくはない。啓蒙はいつでもどこでも、啓蒙すべき対象や現象があれば直ちに動き出す人間の精神のはたらきだからである。本書は啓蒙をそう考える。

啓蒙とは文字通り「蒙を啓《ひら》く」ことである。仏語の lumières、英語の enlightenment、独語の aufklärung も光で照らすという意味であるから、同じ語義である。しかし、「蒙を啓《ひら》く」と言っても、時と状況によって、その内実はさまざまであろう。普遍性をめざす思考を意味する場合もあれば、合理的な考えをさす場合もあろう。あるいはまた、文字や算術、科学的な諸技術（土木、建築、農業など）による自然や社会へのはたらきかけを意味する場合もあろう。西欧十八世紀の啓蒙について、カントは「自分の頭で考える成人の思考」と言ったが（「啓蒙とは何か」一七八四年。本書第五章の「未成熟な幼児――歴史へ――」参照）[1]、これを啓蒙の内実の一応の標準と考えておこう。

ホルクハイマー／アドルノ『啓蒙の弁証法』は次の言葉から始まる。

古来、進歩的思想という、もっとも広い意味での啓蒙が追求してきた目標は、人間から恐怖を除き、人間を支配者の地位につけるということであった。しかるに、あます所なく啓蒙された地表は、今、勝ち誇った凶徴に輝いている。（『啓蒙の弁証法』「啓蒙の概念」冒頭。徳永洵訳。岩波文庫）

この「凶徴」とは何か。大衆欺瞞（マスメディアを通した文化産業）、理念と現実の断絶、抑圧する理性・合理性（そこからくる孤独・不安）、支配された自然の反乱（反ユダヤ主義、非合理な精神）など、現代の野蛮、破壊状態をさす。『啓蒙の弁証法』は、人間に幸福をもたらすはずの啓蒙が、このように反転して人間を不幸に陥れる論理と歴史を執拗にたどる。その結果、啓蒙はあらゆる時代、あらゆる分野の現象に見出されることになった。

『啓蒙の弁証法』が指摘したこの凶徴は、啓蒙が内包していたものであると同時に、啓蒙の自己崩壊の結果でもある。だから、この凶徴をさらに乗り越えていくこともまた「啓蒙の弁証法」になり得るだろう。そのように啓蒙を長いスパンにおく時、『啓蒙の弁証法』以後も、啓蒙について、啓蒙の初期、すなわち、普遍的な自由、能力の解放、自律、反権威などについて語り続けることは無意味ではないだろう。同時に、啓蒙は、西洋十八世紀や日本の明治啓蒙などの特定の時期、場に限られないことになる。小沢栄一の労作『近代日本史学史の研究　幕末編』（吉川弘文館、昭和四十一年）は、歴史意識の面からではあるが、江戸時代後期（寛政改革以後）の啓蒙思想について詳述している。しかし、小沢自身がこれを「前啓蒙主義」と言うように、「明治啓蒙」へ向かう時期のものとして位置づけている。本書では啓蒙を歴史の区画から解放し、自由に考えたい。

以上述べたことをくり返して、本書の意図を確認しておこう。西欧の啓蒙思想に関して、千代田謙に『啓蒙史学の研究』（一九四五年）という先駆的な研究があるが、これも史学に限定されているので、ここでは、穏当でわかりやすいツヴェタン・トドロフ『啓蒙の精神』第八章「啓蒙とヨーロッパ」を引いておこう。（石川洋一訳、法政大学出版局、二〇〇八年）

啓蒙の精神は、今日ではそのことを指摘できるように、一個の奇妙な問題を提出している。つまり、その材料はさまざまな時代、世界の偉大な文明に見いだされるのだが、それに対してこの精神は十八世紀という特定の時代に発して、そして西ヨーロッパという特定の場所だけで、自分の価値を認めさせることができたのである。

トドロフは、この西欧十八世紀の啓蒙へいたる歴史の痕跡をあげている。紀元前三世紀、インドで皇帝に提出された教えや皇帝が公布した勅令、さらに六世紀から十世紀にかけてのイスラムの自由思想家、あるいは中国の宋朝時代の儒教復活期、またブラックアフリカの十七世紀から十八世紀初頭にかけての奴隷制に対する反対運動などである。これらの見解を構成する要素は、宗教上の寛容の勧め、政治権力や個人の自立、普遍性への志向等である。トドロフは、人格の完成をめざす中国の儒教教育との類似を特に強調している。トドロフは、政治権力・民衆・個人の自立、種々のレベルでの多様性が十八世紀ヨーロッパに啓蒙思想が起った理由だとまとめている。

トドロフも、もちろん西洋十八世紀を啓蒙の到達した姿と見ている。しかし、彼自身があげている歴史の痕跡は、西洋十八世紀のためにあったのではない。啓蒙を考えるに際し、西洋十八世紀や明治啓蒙は、標準として考えることはできるが、それにとらわれる必要はない。これが本書の基本的な考えである。江戸時代の「啓蒙」の語を見ることから始めよう。

江戸の「啓蒙」

榊原篁洲は朱熹の『易学啓蒙』を講述した『易学啓蒙諺解大成』（天和四年刊）の冒頭で、「啓は啓発也、ひらくと訓ず、蒙は頭に物を蒙て見ることなきを云、啓蒙は発蒙の義と同じ」、「此編は世上の知見なき人、頭に巾を蒙て昧きが如くなるを啓発して、明ならしむる為に著すと云意也」と述べる。啓蒙の語義はここに尽きている。

次は白井宗因『神社啓蒙』（寛文八年序）の自序である。啓蒙の可否の論議も含んでいる。

神代の事は茫乎として遥かに遠い。至誠至知でなければ測ることも至ることもできない。孔子はこう言った、「民をば之に由らしむべし、之を知らしむべからず」と。民をして知らしめたならば、どんな邪説が人を害するかもしれない。その結果、吾が宗社の義はわからなくなり、祭祀の礼も継がれなくなった。伝える典籍は亡び、欠損したままだ。わずかに世に行なわれている説も「妖妄に度《わたり》て不経（道理に合わない）甚し」く、神国も神道もおとしめられている。邪説は起り、正道はいよいよ微《かく》れて、仏者は本地垂迹説をとなえ、これをにくむ者は、呉の泰伯は吾が天神である、周の宗器は吾が神宝だと言う出すありさまだ。これらを排さなければ、神の依る所はなくなり、国もまた夷に変ずるだろう。私はさきに『便覧』を書いて出版したが、詳しくなかったので影響はなかった。これがこの『啓蒙』を書く理由である。願うのは、「惑《まどえ》る者をして其の崇《あがめ》る所を知て、其の祭る所を敬し、至誠以て之に事《つか》えしめば、神の之に百祥を降さん」ことである。
白井宗因は寛文四年に『神社便覧』を書き、三年後の寛文七年にこの『神社啓蒙』を書いた。ともに書名だが「便覧」と「啓蒙」の違いの意識が読みとれる。

ここで取り上げておきたいのは、「民をば之に由らしむべし。之を知らしむべからず」という『論語』泰伯篇の言葉である。現在はこの「民可使由之、不可使知之」の「可」を可能の意に取って、「民には知らせることができない」という意味に取ることが多いが、白井宗因は、「民には知らせてはいけない、知らせるとどんな邪説が起こるかもしれない」という意味に取り、間接的ながら、そこに混乱の芽を見ている。つまり、『論語』のこの言葉は「啓蒙」を阻害する言葉として位置づけられている。当時はこの言葉の解釈に揺れがあった。その理由とともに、一、二、示しておこう。徂徠は不可能の意に取っている。「人の知は、至る有り、至らざる有り。聖人と雖も之を強ふること能はず。故に能く民をして其の教に由らしむるも、而も民をして其の教ふる所以を知らしむる能はざるや、自然の勢なり。(略) 仁斎先生は可字の義に昧くして曰く、「彼をして恩の己れに出づるを知らしめず」と。坦坦たる聖言、忽ち疙瘩《ぎっとう》(できもの)を生ずと謂ふべし。」(『論語徴』)。批判された仁斎の説は『論語古義』巻四に見える。「蓋し由らしむべくして、知らしむべからざるは、王者の心なり。之を知らしめんと欲すは、覇者の心なり。此王覇の分るゝ所以か」。毛利貞斎『論語俚諺鈔』巻二の説は禁止とも不可能とも取れる。「此《ノ》道ヲ広《ヒロメ》テ、民ノ心ヲ明ラカニ覚《サト》スコトハ、聖人ノ願《ヒ》ナリ。然レドモ、其《ノ》人々、父ハ慈ニ、子ハ孝ノ如キ、人皆日用ノ事ナレバ示シ玉フ。教ヘテ理ノ当然ヲ説テ違《タガヘ》ズト云テ、其理ニ由ラシムルマデハ、告《ツグ》レドモ、其ノ人ニ、其ノ理ノ所以《イハレ》ノ如《ク》レ此《ノ》ナリト、明ラメサスルコトハ、ナラヌトナリ」。

本書で言う啓蒙とは、きわめてプリミテイヴに、運命、先入見・固定観念、迷信・因習、偏見・偏執、虚栄・偽善、自己欺瞞といったものから自由であろうとする思考をさす。その思考が人間におのずから自立、自律をうながす。だから、人間の思考があるかぎり、啓蒙のはたらきはどこにでもある。そういう意味での啓蒙である。したがって、従来論じられてきた啓蒙の主題からは落ちこぼれたものが多く含まれている。

では、運命、先入見・固定観念、迷信・因習、偏見・偏執、虚栄・偽善、自己欺瞞といったもの、社会通念の裏面にひそんでいるかもしれないこれらのものから自由であろうとする思考はどこからもたらされるのだろうか。まず、理性である。儒学を中心とする「理」の主張は江戸期の啓蒙の精神の強力な力となった。次に日常現実への注視である。そして三つ目に、みずからの手でみずからの人生を切り開いていく覚悟と希望である。さらにあげるとすれば、「公論に非ざるの公論」とでも言うほかない、社会通念を直接疑うことになる精神である。これらについて以下いくらか補足しておこう。

二　理

理と理性

朱子によって大成された宋学の性理の学は、世界の原理を「理」とし、その「理」をすべての人間が分有しているとして、それを「性」と言った。そこから、「人は天地の理の媒介者」という認定が生まれてくる。こうして性理の学は、天地の理の共有者でありつつ、天地から自立する者でもある人間のはたらきに場を与えた。明の陽明学もまた、心に「良知」という「理」を見い出し、心と理を一つのものとして、そこに光を与えた。これら儒学の「理」は世界の原理という意味を含むから、一見したところ、思考能力を意味する西欧の理性とは別のものに見える。しかし、西欧の理性も、もともとは物事の理と物事の理を論じる能力を含めて言う言葉であった。たとえば、アリストテレスはこう言っている。「だから、或る人が理性《ヌース》を動物のうちに存するように自然のうちにも内在するとみて、理性をこの世界のすべての秩序と配列との原因であると言ったとき、この人のみが目ざめた人で、これにくらべるとこれまでの人々はまるでたわごとを言っていたものかとみえたほどである。」（アリストテレス『形而上学』第一巻第三章。出隆訳、岩波文庫。なお、ヘーゲルの『哲学史講義』や『歴史哲学講義』序論A「歴史のとらえかた」によれば、この「目ざめた人」はアナクサゴラスである）。だから、人間をも貫く原理である儒学の「理」と西欧啓蒙の中核にある理性とは軌を一にするものと考えてよい。

ヘーゲルはこれらの問題について次のように言う。「思考と他なるものとの統一はもとから存在しているので、というのも、理性は意識の実体的基礎であるとともに、外なる自然の実体的基礎でもあるからです。だから、思考のむこうにあるものはもはや彼岸ではなく、思考とべつの実体的性質をもつものではないのです。」「人間が自然の理性のうちにおのれの理性とおなじものを再発見して、自然に関心をもつようになったのは、史上はじめてのことなのです。」「このように、現在の意識のもとでとらえられる自然法則、正義、善などの一般観念が、理性と名づけられるものです。そして、理性の法則にこそ真理がある、と考えるのが啓蒙思想です。(2)」(『歴史哲学講義』第四部第三編第三章「啓蒙思想とフランス革命」。長谷川宏訳、岩波文庫)。

理と非

大坂夏の陣の翌年の慶長十七年に、朝鮮の朴世茂の『童蒙先習』の影響のもとで刊行された儒学者小瀬甫庵《おぜほあん》『童蒙先習』には、「理」「理非」が多く使われている。「理」が通じず「非」がまかり通った戦国期から江戸の極初期の世相がうかがえる。いくらか抜粋しておこう。「よき物」の項に「理非分明なる宰相有司等」(巻一)、「至てよき物」の項に「考《カンガヘ》二古今《ヲ》一行《フ》所の理非得二其所一、而上下無恨事、度量も大に伸《ノビ》、理学熟《ジュク》したる所司代」(巻一)、「取所なき物」の項に「武道をも心にかけず、弁舌《ベンゼツ》利口を事とし、欲ふかく理にくらき大臣」(巻一)、「にくき物」の項に「国の奉行を預り、公事などに付て、苞苴《シャ》（ほうしょ、賄賂――引用者注）にふけり、窮民が理をば非に、とめるが非をば、理になす人」（巻四）、「すたれる物」の項に「理学、堯舜の政、公家の職、道徳仁義礼。件のすたれたる本は、理学行れぬからなり」（巻十）、「おそろしき物」の項に「理非のわからぬ人」（巻十）、「冥加のなき物」の項に「理にそむく人、邪欲者」（巻十四）。

物理の自然

物理の自然ということは朱子学者がもっとも得意にしていた分野であった。藤井懶斎《らんさい》（一六二八？―一七〇九）もその一人である。

延宝中東武に、僧空観と云者あり。能怪を行て人を動かす。蓋し亦術を知のみ。官府其妖怪を悪《にくみ》て是を放逐《はうちく》す。知らず、甚《なに》の処にあることを。（『閑際筆記』下巻、正徳五年九月再版本。原漢字片仮名。読みやすく表記に変更を加えたところがある）

懶斎は『睡余録』でも同じ話を載せている。ちなみに、「知らず、甚《なに》の処にあることを」の記述に関し、『睡余録』所見本（大阪府立中之島図書館蔵）の上欄に朱字で「空観摂州兎原郡畑原村之者也。被放逐後、帰古里、而行術、愚民群集焉。今也死、其墓在一貫坂上。後号李観。子孫歴々于今」と記されている。懶斎の言う空観の「怪」に近いものを俳人椋梨一雪の『古今犬著聞集』巻六「空観法師奇特の事」も記している。井上河内守の庭に掘った井戸の水の清濁に関して、金気の消えなかった水が、空観の指示で「石のかわ」を入れて蓋をしていたところ清水になったという話である（『仮名草子集成』

第二十八巻による)。空観と井上河内守の話は『玉滴隠見《ぎょくてきいんけん》』巻十六「真言宗空観が事」にも見える。

懶斎は一般化して、これらの僧の怪異は法力ではなく、「術」にすぎないと言う。

術とは何耶《なんぞや》。曰く、太平御覧に載す。散脳《さんのう》、人をして相思《をもは》しめ、老槐《らうくはい》、火を生じ、弊箕《へいき》 鹸《しほばゆき》を止《とゞ》め、梧木《きり》雲を成す。沸湯《ふっとう》を銅甕《どうよう》中に置き、之を井裏《せいり》に流せば則ち雷鳴《らいめい》す。蜘蛛《ちしゅ》を取、布に塗るに天雨《てんう》之を濡《うるを》すこと能はず。牛胆《ごたん》を取て熱釜《ねつふ》に塗れば即ち鳴る。馬人を嚙む、殭蚕《きやうさん》(蚕が死んで白くかたまったもの)を取て上唇に塗る、即ち止《や》む。蝟膏《いかう》(ハリネズミのあぶら)を鉄に塗る、鉄 柔《やわらか》に。犀角《さいかく》狐穴《こけつ》に置けば狐帰らず。此の類是なり。故に余近日《このごろ》神祠《しんし》に釜鳴るを聞けば、牛胆《ごたん》に疑ひあり。狐狸旧穴を去ると聞けば、則ち犀角に疑ひあり。其の他皆然り。(『閑際筆記』下巻)

懶斎は『太平御覧』巻七百三十六「術」から抜粋引用している。そこでは「散脳」は「鵲脳」となっている。懶斎はこれらの「術」を知ってから、「神祠《しんし》に釜鳴るを聞けば」、牛胆《ごたん》の作用かなと疑い、「狐狸旧穴を去ると聞けば」、犀角の作用かなと思うようになったと言うのである。これを懶斎は「物理の自然」と言っている。そして、「物理の自然」にすぎないものを霊怪とする理由で執拗に仏教を排している。一方、霊怪を離れた「物理の自然」の探求は、すなわち儒学の「格物窮理」となり、その発見は儒学の喜びとなった。

格物窮理については、「惺窩問答」を引いておこう(『藤原惺窩集』所収。原漢文)。これは惺窩と林羅山の問答で、『林羅山文集』巻三十二にも「惺窩問答」として収録されている。

羅山の「格物」とは何かという質問に惺窩は以下のように答えている。「程朱之(格物——引用者注)

を理を窮むと謂ふ」。それに従えば、上にして積気なのが天の天たる所以、下にして厚形なのが地の地たる所以である。炎上するものがあれば火と名づけなくても火であり、潤下するものがあれば水と称しなくても水である。そのようにして、寒暑昼夜も、一草一木微禽昆虫にもそれぞれの理がある。人の目、耳、口、心にもそれぞれの理がある。これらの理が豁然として貫通することを格物と言うのである。「物は事なり。物有れば事有り。而して唯事と言ふときは虚、物と言ふときは実」である。父子君臣は物であるが、その間にある「親」「義」は事である。然る所以が理なのである。その類を推して蘊奥（奥深い所）に到るのが、この心の量を窮むということで、これが物を格《いた》す（格物）、物が格《いた》る（物格）ということなのである。

また、『周易』「説卦」に「窮理」と言い、『大学』に「格物」と言う。このように言い方が異なるのはなぜか、という羅山の質問にはこう答えている。聖賢の言葉は人にわかってもらうことが目的なのだから、表示するところは同じでなくても、言おうとするところは一つである。古人も各々入門の処がある。周子の主静、程子の持敬、朱子の窮理、象山の易簡《いかん》（簡単で手軽）、白砂の静円、陽明の良知と、それぞれ言葉は異なっていても、言おうとしているところは別ではない。さらに、『大学』の要は誠意か、と問うた羅山に、惺窩は、「学者に在りては只格物窮理を先と為す。是れ急務なり」と教えている。

しかし、江戸期の儒学が「理」一辺倒であったわけではない。伊藤仁斎の場合を考えておこう。仁斎は「天下理外《りがい》の物《もの》無しと雖《いえ》ども、然《しか》れども一《いっ》の理の字を以て天下の事を断《だん》ずべからず」と言う。なぜなら、「一《いっ》の理の字を以て天下の事を断《だん》ず」るなら、「卒《つい》に刻薄《こくはく》の流《りゅう》と為《な》る」し、「専《もっぱ》ら理の字を主《しゅ》張《ちょう》するの弊《へい》、一《いっ》に此《ここ》に至る」（『童子問』中巻第六十五章。岩波文庫）からである。この仁斎の寛容な「理」の理解は、「公論に非ざるの公論」という考えにつながっていくだろう（後述）。

合理

安東省菴は「習」（先入見）について、「人ノ生レテ東西ヲモ分タヌヲ、年月ヲフルニ随テ、是ハ何ト云モノ、是ハ何トシタルコトゾト知テ、次第〱ニソミコムハ、習ト云モノナリ」と言い、警戒するように求めている（『訓蒙集（片仮名本）』。『安東省菴集　翻字編』、柳川文化資料集成第二集、柳川市）。三浦梅園の合理の追究のはじめも、まず先入見を排することにあった。たとえば天地を知るためには、生まれ変わったように天地を見ることが肝要であり、まっさらな無垢の自分を天地の中に置いてみることが必要だ。生まれ変わったように天地を見ることを、梅園は「洞仙先生口授」で以下のように言う（『岩波文庫『三浦梅園自然哲学論集』所収）。

天地を知らんとならば、先《まず》天もなく日月山河もなく、人に聞ゝたることもなく、見たる事もなく、まして書物は猶読たることもなき身が、ひよつとそこに出《い》で来て、扨《さて》、かわつた物の見ゆる物があるぞ、きこゆる物があるぞ、なにやら思ふ物があるぞと、はて、あじな物が出《いで》来て、先、是がをれと云物なる〔べ〕しと思ふ場より、物ごとを知りたり思ふたりするくらひになりて、それから工夫を下《くだす》べし。

しかし、先入見は人間の宿痾のようなものであるから、どんな隙間からでも人間の中に入り込んでくる。そしてそれに人間は気づかない。先入見は知らず知らずのうちにいつの間にか先入見でないかのように振る舞い、人間をむしばむ。

すべて人と云物は生れたる時の事を少しも知らず、いつとなく目見へ出し、耳がきこへ出し、物が云へ出し、手足がはたらき出しても、まだ其の時の事もなにともわきまへず、只思ふ事もなくわきまゆる事なき内、いわゞ七八年ぶり程に暗やみがいよふ〳〵しのゝめになりたる心にて、なにとなく是が地ぢや、是が日月ぢや、是が山川ぢや、あれが人ぢや、是がをれ、目ぢや鼻ぢや心ぢやと、無始より持をる物、知てをる物と思ふよふに、心にとめたる所が惑ひの大根元なり。(同前)

人間が人間となる過程があり、その過程のうちに、夜が次第に明けていくように、認識が少しずつ明確なものになっていく。それなのに、人間は最初からわかっていたかのように思いこんでしまう。それが「惑ひの大根元」なのである。

此惑の根元をすてんとならば、我《わが》云ふよふに先《まず》生れなをりて見る時は我身も心も、見るも聞も、さて、あじなをれと云物があるとをもひ、天といゝ地といゝ、山といゝ川といゝ、森羅万像《ばんしょう》なる物があるぞと思わねばならぬぞ。さすれば、皆、世の常のうまれよふにうまれてよふすんだと思ふ事がしつかりすまぬことなり。其《その》すまぬことを第一疑団として、其疑のまるかせを打くずして仕舞た所が達観と云者ぞ。(同前)

迷妄の根源である先入見を打破するには、生まれ直ったように、我をも天地をも物をも見ることだ。そうすると、必ず疑いが生ずる。疑いを抱けばそれを解消しようとする。

梅園のこのように合理的な思考は、どこに淵源するのだろうか。根本的なところで、江戸時代を通じて儒学が提唱した格物の考えを想定しなければならない。格物の意味をめぐって議論がかわされていた一方で、格物そのものは確実に実行されていたのである。梅園に『天経或問《てんけいわくもん》』などの影響があるとしても、それは梅園の格物の思考が要求したものである。その格物は『大学』で主張された。一方、『中庸』もまた実学を主張した。『中庸』の冒頭に、「(この本は)始めに一理を言い、中頃散じて万事となり、末に復《また》合して一理となる。之を放てば則ち六合《りくごう》(東西南北天地)に弥《わた》り、之を巻けば則ち密に退蔵し、其の味わい窮り無し。皆実学なり」と言う。理が実学の具体をともなって主張されている。

井沢蟠龍の『広益俗説弁』をはじめとする迷信、伝説の弁惑も格物、実学の具体であり、啓蒙活動の一環である。巫祝や僧の祈禱から医術への流れも啓蒙活動である。もちろん現実には、迷信、伝説、巫祝や僧の祈禱は、啓蒙の活動と並んで行われていた。

無知な僧

江戸時代の「理」はおもに儒者がになった。それ以前は僧の任務だった。僧から儒者への転換はどのようにして行なわれたのか。支配の思想を携えていた儒者という政治的な要素以外を考えてみよう。ここで一点突破方式を採用するなら、僧の無知が明るみに出されたということである。以下は僧の無知についての記述である。永田善斎（惺窩や羅山に学んだ）の『膾余《かいよ》雑録』（承応二年〈一六五三〉刊）から要約して示しておこう。禅との別れである。

私は十四歳のとき、洛東建仁寺の稽古澗（古澗慈稽）に蘇東坡や黄山谷の詩を習った。一夕、隣寺の僧が数人来訪した。ちょうど庚申の時刻だった。古澗はみんなに詩を作らせた。私も作った。「一宵清話共ニ相親ム、忽ち転ず朱欄月色新たなり、且つ喜ぶ三彭《さんぼう》（体内にあって害をなす三つの虫）今可レ伏、静ニ焚二香炷《こうしゅ》一守二庚申一」というものであった。古澗が言った、「句はいい。が、山僧（自称）に竹欄は有るが、朱欄は無い。なぜでたらめを説くのか」。私は答えた、「たまたま竹欄を以て朱欄に譬えたものです。何の妨げがありましょうか」。数日後、柳沢氏某が画鷹一幅を古澗の所に持って来て、賛を請うた。できた原稿を栄珍蔵局と私に見せた。其の詩は、「高掛ク二斯ノ図ヲ一狡兎蔵ル、剣翎鉤爪《けんれいこうそう》勢ニ将レ翔、架頭未レ下在二縲絏《るいせつ》ニ一、鳥亦モ清渓ノ公冶長」というものであった。私は言った、「先儒は、縲は黒索、絏は攣《れん》のことで、昔は獄中黒索を以て罪人を拘攣《こうれん》したと言っています。この絵は、碧絲條《へきしじょう》にして縲ではありません。さらに、鷹に何の罪があって、縲絏を使うのでしょうか。改めたほうがいいと思います」。古澗は顔を赤らめた。その後長い間二人の間に会話はなかった。私は遂に寺を出、他へ行って学んだ。時に羅浮秀才が論語と中庸を講じていた。私も又聴いた。（巻二）

ここには、古澗を捨て羅浮秀才（林羅山）の講義を聞くようになった事情があからさまに記されている。禅僧古澗は無学だったのである。次も同様に禅僧の学と悟道の関係に関する勘違いに嫌気がさした記述である。
たまたま訪れた家の壁間に、朝日を描いた一幅が掛けてあった。上に次のような賛が書いてある。「乾坤更に絲を垂るゝ物有り。楊柳朝陽又海棠」。言葉は極めて拙く、字は極めて俗理、絵とぴったりこない。私は「これは誰が作ったのですか」と聞いた。主人は「国師春屋《しゅんおく》が題したものです」と言った。たしかに朱印章に宗園《そうおん》の二字があった（大徳寺百一世）。「嗚呼世の衰へ、才の難き、国師尚然り、況や其の余の、髠徒《こんと》（僧のこと）今世に名僧智師と称する者、黄茅白葦《こうぼうはくい》（枯れたもの）殊に甚し」。しかし、彼らは書きまくり、「家毎に以て珍襲《ちんしゅう》と為す。一たび見て嘔穢せずということ無し」。ある人が言った、「禅は文字を貴ばず、只悟道を貴ぶ」と。私は言う、「そうだろうか。昔は禅林に僧は乏しくなかった。遺文残稿にも観るべきものがあった。義堂絶海などである。彼らに悟道はなかっただろうか。なぜ文才のある僧は、悟道なしとしてこれを貴ばず、文盲の僧は悟道ありとしてこれを貴ぶのか。文盲に悟道があるのではなくて、世人に悟道がないからそう見えるだけだ。およそ文字と悟道の関係は、車の輻《や》を湊《あつ》めて輪を成し、琴の音を含んで指を待つようなものだ。あなたも、もし熟考するなら、思い半ばに過ぐだろう」。或人は納得した。（巻五）
学のない僧が、それゆえに悟道ありとする単純で転倒した見方に対して、学と悟道は無関係であり、したがって昔は義堂周信や絶海中津などという学も悟道もある僧もいたのに、今はどこにもいないと言う。学のない僧が何となくありがたく感じられる俗情を衝いている。

羅山の「惺窩先生行状」（『林羅山文集』巻四十）には次のように記されている。天正十九年（一五九一）、関白秀次が相国寺に五山の詩僧を集めて聯句の会を催した。藤原惺窩も出席したが、のち二度と行かなかった。聯句の会をともに催すだけの人がいない、というのがその理由だった。秀次は悦ばなかった。惺窩は避けて肥州の那護屋へ赴いた。

また、同じ羅山の『野槌《のづち》』下之五六には次のような話がある。

> 私は弱冠の頃、大相国（家康）に二条の御所で拝謁した。相国寺承兌《しょうたい》・元佶《げんきつ》二長老、清原秀賢なども伺候していた。大相国は「光武は高祖より幾代へだゝりける」と尋ねられた。「各おぼえ申されざりければ汝は覚えたるかと仰事あり光武は高祖九世の孫也と後漢の本紀に見え侍ると申す」。

「させる事なき事ども自讃するためしに」と書き出されているが、僧の無知、教養の時代的な変遷がうかがえる。

この二つの記事はのちの稲葉黙斎の『墨水一滴』にも「藤欽夫方正」「他日大成」と題されて収録されている。

イエズス会士の報告によれば、キリシタン宣教師の天文知識などにふれた民衆は、仏僧の知識が、支離滅裂、荒唐無稽な嘘だと知り、嘲笑したという（平岡隆二「南蛮系宇宙論の成立と展開」、『長崎・東西文化交渉史の舞台　ポルトガル時代　オランダ時代』所収、勉誠出版、二〇一三年）。

三　日用現実

道と日用

山鹿素行は「聖人の道は唯だ日用事物の間に在るのみ」と言って格物を強調する（渡辺浩『近世日本社会と宋学』第三章「儒学史の一解釈」。東京大学出版会）。伊藤仁斎の倫理学は日用そのものである。「道とは、人倫日用当《まさ》に行くべきの路、教えを待って後有るにあらず」（『語孟字義』「道」）。また、貝原益軒は「学者《がくしゃ》、文学《ぶんがく》言句に求むるつとめは常《つね》に多く、日用徳行《にちようとくかう》に心を用ふるつとめは常にすくなし。是学《これがく》問《もん》の本意《ほんい》を失へり。」と述べている（『大和俗訓』巻二）。[3] 室鳩巣の考えを引いて念を押しておこう。

もとより聖人の道は、日用事物《にちようじぶつ》を外にせねば（しないから）、父母につかへ君につかうまつり、朋友に交《まじは》るより、其外世にあらゆるもろ〳〵の応接《おうせつ》に至るまで、一事一物、いづれか致知の地にあらざる。（室鳩巣『駿台雑話』巻一「諸道わざより入」）

聖人の教えは日用事物の外にはないのだというこの鳩巣の意見は、日用の学が格物致知につながることを示している。

されば事に大小ありて理に大小なければ、時となく所となく格物の地にあらざるはなかるべし。さりきらひすべきにあらず。よりて天下の物に即て其理をきはむとはいふなり。さりとて先後《せんこう》

緩急《くはんきう》の序はあるべき事なり。日用親切の事をすてゝ、一草一木の理をきはめよといふにはあらず。（同前）

宮崎安貞も同じように言う。

農家此書をよみ其大概をしるといふとも、日々にいとなむ農事について心を尽し力を用ゐて、実に其理を事の上に執行し勤めて修練会得せずば、唯是無益の徒事なるべし。（元禄十年刊『農業全書』凡例）

この『農業全書』を読んで理解したとしても、実地に生かさなければ何の意味もないと宮崎安貞は言う。こういう言い方、考え方は、江戸時代を通じて事をなすときの常套になっていく。

山鹿素行や貝原益軒、室鳩巣、宮崎安貞の時代から百年ほどたった文化七年に、『近語《きんご》』という本が伯耆の横田氏によって刊行された。全体の内容は横田氏の師の「中正」の教えであるが、その冒頭部分は次のように日常への注視である。

道は其近き者を察するに在り。今夫れ飲食衣服、宮室器械、皆日用身に近き者也。水穀絲麻、棟梁之材有りと雖も、以て各其取る所を精にせざれば、郊野之品に属し、以て常用和楽之度に適する無し。故に火薪之烹飪《ほうじん》（煮る）に於けるや、刀尺之裁縫に於けるや、縄墨之斲截《たくせつ》（切る、削る）に於けるや、皆其中正を取らんと欲す。

日用の事物に全力で立ち向かう思考と態度が、このようにして浸透していった様子を察することができる。

朱熹の著作と言われる『童蒙須知《すち》』を宇都宮遯菴が和刻出版している（元禄十六年）。遯菴は、この本は子弟の日用に不可欠のもので、私も常に教えて家訓としていると言う。たしかに「衣服冠履」「語言歩趨」「雑細事宜」などの項目が並んでいる。その「読書写文字」の項に次の一節がある。字は子細分明にはっきりと見て、一字も誤ることなく、一字も少なくまた多くせず、一字もさかさまにせず、

牽強暗記すべからず。只だ是れ多誦遍数を要せよ。自然に口に上ること久遠にして忘れず。古人の云く、読書千遍其の義を自ら見ると。読得て、熟するときは解説を待たず、自ら其の義を暁ることを謂ふなり。余嘗て謂く、読書に三到有り。謂る心到、眼到、口到。心此に在ざるときは眼子細を看ず。心眼既に専一ならず、却て只漫浪に誦読すれば決して記すること能はず、記すれども久しきこと能はざるなり。三到の中《うち》心到最も急なり。心既に到らば眼口豈に到らざらんや。

（原漢文）

「牽強暗記すべからず」（むりやり暗記してはいけない）という読書論は、日用と「甚解を求めず」という考えに並行するもののように見える（本書第二章）。

四　みずからの人生を切り開く

陰騭

幸田露伴は運命と人力の関係について次のように述べている（大意）。

とにかく運命前定論などには屈伏し難いのが、人の本然の感情であるということは争われない。吾人はあるいは運命に支配されて居るものであろう、しかし運命に支配さるるよりは運命を支配したいというのが、吾人の欺かざる欲望であり感情である。然らば則ち何を顧みて自ら卑《いやし》うし自ら小にせんやである。直に進んで自ら運命を造るべきのみである。是の如き気象を英雄的気象といい、是の如きの気象を有して、終《つい》にこれを事実になし得るものを英雄というのである。（「運命と人力と」『努力論』。『露伴全集』第二十七巻）

では「運命に支配さるるよりは運命を支配」するにはどうしたらいいのか。露伴は次のように断じる。

好運を牽き出す人は常に自己を責め、自己の掌より紅血を滴らし、而して堪え難き痛楚を忍びて、その線を牽き動かしつゝ、終に重大なる体軀の好運の神を招き致すのである。（同前）

「英雄」でない私たちも運命は自分の手に握りたいと感じるだろう。そしてこの「運命前定論」否認の動きは、自立の一歩であり、啓蒙に不可欠の要素であった。そしてそれは、すでに中世の宿命感を克服しようとした江戸時代から始まっていた。「陰隲《いんしつ》」の思想であり、「功過格」のはたらきである。陰隲とは、天が人間の行為に応じて禍福を与えることである。もちろん、これらは江戸期の秩序の中でみずからを計量しながら生きることではあったのだが。

『陰隲録』は江戸期たいへんよく読まれた本である。それは『功過格』とともに、善悪の内容、程度を指定し、人々の実践活動に寄与した。運命前定の考えから抜け出し、みづからの努力によって運命を切り開いていく陰隲の考えは、もっとも広範な場において底流する啓蒙活動となっていた。これまで十分に論じられてきたので、本書ではことさら取り上げないが、一言しておきたいのは、『陰隲録』や『自知録』の刊行流布に戒律僧がかかわっている事実である。僧としてのありかたに自立を求めた律僧は、自らの力で運命を切り開く活動に共感を覚えたのではなかろうか。(4)

ここで運命に関し、さきに引いた『啓蒙の弁証法』の考えを示して、その分析の仕方を対比しておこう。「運命という概念を消去したのは啓蒙だったのだが、啓蒙の道具である抽象作用がその諸対象にかかわる態度は、個々の対象を清算してしまうという点で、運命と異るところはない。自然における一切を反復可能なものと化す抽象的なものの支配と、支配が自然における一切をそのために整えてやる産業の下では、すべてが水平化され、結局解放された人々自身が、啓蒙の成果としてヘーゲルが指摘したあの「群《トルップ》」になってしまった。」(『啓蒙の弁証法』「啓蒙の概念」)。この「群《トルップ》」に対する訳者徳永恂の注に随ってヘーゲルの『精神現象学』の文章を引いておく。

ともあれ、人間にとって一切が役に立つとすれば、同様に、人間もまたそういう存在であって、みんなの役に立ち、だれにでも利用できる集団の一員となるべく努めねばならない。自分のことを配慮するのと同程度に、自分を他のためにさしだきねばならず、他にさしだすのと同程度に、自分のことを配慮しなければならない。世の中はもちつもたれつなのだ。いまある人間の位置が正当な位置であって、他人を利用するとともに他人に利用されるのが人間である。（「精神」の項の「啓蒙思想と迷信とのたたかい」。長谷川宏訳）

運命を清算し得たものの、みずから水平化され、集団の一員となった人間の目に、他人が入り込んでくる。そこに生じるのは、他人の役に立つという事態とともに、人がみずから他を欺く可能性を持つようになる事態である。人はみずから欺瞞を創り出し、他を欺く。つまり、人は仮構を生きることができるようになる。仮構はその煩瑣さに耐えきれず、一切を清算して、復性復初という欲望を生み出す。その欲望は、国家、民族、性別、文化、宗教などに居直ることに鈍感にさせる。はなはだしい場合は、現状に居すわる思考停止の倒錯した喜びをもたらす。

みずからの人生を切り開くための困難な問題については、本書第五章で少し見ることにしよう。

五　公論に非ざるの公論

中国の二十四孝は日本でも大いに流行した。そのうち非現実的な部分が合理的な精神によって批判されることもあった。郭巨の場合、貧しさの中で、母を生き伸びさせるために我が子を地に埋めようとする行為が、母に苦渋を強いるという点も含めて批判の対象となった。管見の範囲でも、明の林俊の「郭巨弁」（『古今文致』所収）、林羅山の『儒門思問録』第一下、天台僧恵空の「郭巨」（『閑窓倭筆』上――雲棲袾宏の『直道録』の「郭巨」によるもの）、西鶴の『新可笑記』巻三―五、『琅邪代酔編』巻二十「埋児刺股」などがある。羅山は『二十四孝』全体を認めていない。「俗に所謂二十有四孝は恠異を語ることを嘉ぶ。寔《まこと》に有道の者の述る所に非ず。昔、程夫子（程子――引用者注）謂へらく、十哲は世俗の論なり。余（羅山――引用者注）二十四孝に於て亦云ふ。」（『林羅山文集』第六十五巻）。

しかしここに、単なる孝行という観点のみではない郭巨擁護論がある。妙幢浄慧《みょうどうじょうえ》（一六五〇頃―一七二五）の『儒釈雑記』（宝永四年序、国会図書館蔵の写本）巻二十七に記された文章である。非常に長い文章だが、本節の趣旨の骨格になるものなので、少しずつ分けて引用しておこう（原漢文）。

幻（妙幢浄慧）按ずるに、世に郭巨が其子を埋むの事を是とせずして、以て弁を為《つく》る者有り。余偶《たまたま》之を読て、慨然として嘆じて謂らく、凡そ此の如くの事は則ち常理を以て論じ難し。

妙幢は世の郭巨批判を意識しつつ、仏者らしく郭巨などの行為は「常理を以て論じ難」いのだと言う。次に妙幢は安東省菴の「公論の論」に及ぶ。

夫れ人の世に在るや、其君臣父子及び兄弟夫婦の際《あいだ》に於て、則ち太《はなはだ》処し難き者有り。熟《つらつら》和漢古今の事蹟を視るときは、自得の期有るべし、若し深く権道に達する者（方便というものがよくわかっている人）に非ずんば、則ち与《とも》に語るに足らず。近世の儒生安東守約公論論を撰す。云ること有り、「或ひと問て曰く、公論は何をか謂ふ。曰く、天を天と曰ひ、地を地と曰ひ、東を東と曰ひ、西を西と曰ふ、南北亦然り。夏を夏と曰ひ、冬を冬と曰ふ、春秋亦然り。暑を暑と曰ひ、寒を寒と曰ひ、昼を昼と曰ひ、夜を夜と曰ひ、火を火と曰ひ、水を水と曰ふ、五行皆然り。白を白と曰ひ、黒を黒と曰ふ、五色皆然り。是を是と曰ひ、非を非と曰ふの類、之を天下の公論と謂ふなり。天を地と曰ひ、東を西と曰ひ、夏を冬と曰ひ、暑を寒と曰ひ、昼を夜と曰ひ、火を水と曰ひ、白を黒と曰ひ、是を非と曰ふの類、之を一人の私言と謂ふなり。曰く、此れ童子と雖ども弁じ易し。何ぞ教を待んや。曰く、是非の心は人皆之有り。我れに善有れば人之を誉め、我れに悪有れば人之を毀るは、是を是とし非を非とするの公論なり。我れに善無し、人之を誉め、我れに悪無し、人之を毀るは、非を是とし、是を非とするの私言なり。己れ何ぞ与らん。然れども喜怒の心無きこと能はず、心一《ひとた》び外に誘《みちび》かるゝときは、則ち顚倒繆迷上下四方、位を易ふるに至らざる者は鮮し。忠を忠とせずして不忠を忠とし、善人を善人とせずして不善人を善人とするの類、古より皆然り。況んや是に似たるの非、智者と雖ども弁じ難し。昭公礼を知らず、夫子（孔子）以て礼を知れりと為す。子、父の羊を攘《ぬす》むを證《あら》はす、夫子以て不直と為す。蓋し君の悪を諱《い》み、父子相隠すは、天理人情の至なり。是の非を是として、非の是を是とするは亦公論の公論に非ずして、公論に非ざるの公論なり。知らずんばあるべからず。夫れ学は是非を明らかにする所以なり。群弟子孔孟に問ふは是非を明らかにせんと欲してなり。孔孟之に告ぐは真是真非の謂なり。何ぞ弁じ易しと謂ふや。然れども未だ之を知らざるときは、之を知らんことを求め、既に之を知るときは宜しく之を忘るべし。人是と言へば、我も亦是と言ひ、人非と言へば、我れも亦非と言ふ。此れは是世に処するの道なり」と。此の論 酷《はなはだ》 鄙懐に愜《かな》へり。

安東省菴の「公論の論」は『訓蒙集（平仮名本）』（柳川文化資料集成第二集『安藤省菴集 翻字篇』）や、『省菴先生遺集』巻一に収録されている（享保六年序。同上『安東省菴集 影印編Ⅰ』所収）が、妙幢は『博《ふ》桑《そう》名賢文集』（林義端編、元禄十一年刊）から取ったのであろう。[5] 妙幢はその全文を引いている。「昭公礼を知らず。夫子以て礼を知れりと為す」は『論語』「述而篇」。魯の先代昭公は呉の女性をめとった。魯と呉はともに姫という姓であった。古来、同姓の結婚は禁じられていた。それで昭公は呉姫と言うべき妻を呉孟子と呼んだ。孔子は、昭公は礼を知っているとしたのである。「父の羊を攘《ぬす》むを證《あら》はす、夫子以て不直と為す」は『論語』「子路篇」からである。これも、父の罪は子として隠すべきであるという考えで、近世期の文章に多く引用される。

安東省菴の「公論の論」を要約しておこう。天を天と言い、白を白と言うのは「天下の公論」である。これに対して、東を西と言い、火を水と言うのは「一人の私言」である。なんで私言に加担しようか。しかし、是と非の弁別は言うほど簡単なことではない。感情的になっているとき、外物に影響され、とらわれているとき、判断は間違えやすい。是に似た非を是としてしまうこともめずらしいことではない。だから、君子や親の悪を隠す『論語』の孔子の言葉は、「天理人情の至」と言うべきである。是の中に非があってもそれを是とし、非であってもそこに是があればそれを是とする。それは「公論の公論」とは言えないにしても、「公論に非ざるの公論」である。学問は是非を明らかにするところにあるが、孔子の言葉は一般的な是非を超えた「真是真非」というものがあることを示している。

妙幢はこの「公論の論」に共感し、それに基づいて、以下、郭巨擁護論を展開する。

今夫れ郭巨吾が子を埋む、若し其所以を知らざるときは、天下豈に之を是とする者有らんや。黙して其意を察するときは啻《ただ》之を非とせざるのみに非ず、世挙げて却って感嘆する者は何ぞや。蓋し是れ中《うち》に誠あつて而も能く其の処し難きに処し、其の為し難きを為すの故のみ。然るに容易に惟《ひとり》之を非とする者は所謂る公論に非ざるの公論に達せざる者か。或人の云く、「之を非とする者は其由《ゆへ》無きに非ず。恐らくは、後世之を偽り慣らふ者の有て、而も其大倫を乱らんことを。是れ之を弁ずる所以なり」と。余以為《おもへ》らく、然らず、何となれば、夫れ其子を愛して其の親を遺《わす》るゝ者は、比々として（みんな同様に）然り。親を思ふが為に而も我が子を遺《わす》るゝ者を聞くこと少《ま》れなり。何に況んや親を養ふに一《もつぱらにして》而も将に我が子を殺さんとする者をや。天地之が為に感賞する者は所謂る之れに百祥《もゝのさいはひ》を降すの理灼《しやく》然として間《ま》に髪を容れず。下民何ぞ浪《みだり》に議することを得んや。凡そ是の如きの事、後世よりして之を観るときは其時代を察し、其人に代りて之を思はゞ、覚へず涕《なんだ》流れて而も独り之を頷《うなづ》かん。豈に尋常無事の心を以て軽しく其の是非を論ずることを得んや。未だ後世之に倣ふ者、万が中に一有ることを聞かざることは何ぞや。是れ他無し、其為し難きを以ての故なり。奚《な》んぞ、偽り為す者有らんことを恐るゝことを用んや。縦使《たとひ》千万世の下、一人偽り倣《なら》ふ者有るも亦不可と為さず。何となれば、其の割《さ》き難きの私愛を割《さい》て、将に其孝に倣はんとすればなり。豈に以て大倫を乱るゝの慮《おそれ》を以て而も強《しい》て之を弁じて以て其の進路を塞ぐべけんや。

妙幢は郭巨批判があることを承知のうえで、郭巨の心に寄り添って擁護する。妙幢は言う。子を埋む郭巨の行為は、その理由を知らずに行動だけを見るならば、誰もよい行為だとは言わないだろう。しかし、彼の心中を察するならば、誰も非とする者はいないだろう。郭巨の行為を讃嘆する理由は何なのか。対応しがたい状況の中で誠意をもってなしがたい事態に対応したからである。それにもかかわらず郭巨を非難する者は、いわゆる「公論に非ざるの公論」というものがわかっていないのである。郭巨を非難する理由として、後の世の者が郭巨の真似をして人倫を乱すおそれがある、と言う者がいる。しかし、私から言わせれば、その心配は無用である。なぜなら、子を愛して親を忘れることは、みんなそうであるが、親を思って子を忘れる者はまれだからである。まして親を養おうとして子を殺す者などいるだろうか。もし、郭巨の真似をする人がいたならば、それは不可とは言えない。「割《さ》き難きの私愛を割《さい》て」、郭巨の孝行にならおうとするものだからである。

妙幢は「公論に非ざるの公論」をよりどころにして以上のように郭巨の行為を解し、その直後に次のような文章を配している。老父を負って養う孝子を見た薩摩藩侯が、感心して金銭を与えたところ、偽ってそれを真似する者が現れた。しかし藩侯はそれにも金銭を与えた。

或人余に謂て云く、近曾《サイツゴロ》薩州の太守某し公、偶《たまた》ま郊外に遊覧す。一襤褸《ランル》（つゞれ）の老翁を負ふて逃竄《にげかくる、》者有るを見る。公、人をして之を問はしむ。答て曰く、此れは是れ我が父なり、年老ひ腰瘻《カヾマレリ》、之の故に負戴して以て之を養ふと。使者反て守公に告《ま》ふす。公感じて遂に命じて之に貫銭を賜ふ。尓の後一鄙夫有り。竊かに公の野に出るを窺て、予《アラカジメ》一賤老翁と謀て、時に及て之を駄《ヲフ》て公駕の左右に徘徊す。意《ここ》ろ其の慈問を待つと。公果して人をして之を問はしむ。具さに対るに、我が老父なるを以てして、詞は太《ハナハダ》哀切なり。使者其の辞気を察して、是れ妄搆にして実に非ることを知りぬ。乃し反命して且つ告るに、其の実父に非ざるに似たるを以てす。公又之に賜ふに千銭を以てして且つ曰く、凡そ人の孝心自ら肺肝より出る者は至て鮮し、多は是れ習て成る者なり、彼れ利の為なりと雖も、而れども其善に慣ふ、亦た可ならずやと。闔《カツ》国（国中）其寛仁にして能く物を容《イル》ゝに服すと云ふ。余以謂《をもへ》らく、嗚呼《アヽ》温なるかなや、公の言や。若し此言《コト》を聞く者は翅《タヽ》慚て妄りに作さざるのみに非ず、却て感じて進む者多からん。然れば則ち警懲《イマシメコラス》の言に優《マサレ》ることや遠し。今因みに之を記す。宜しく前章と併《アハセ》観るべし。（『儒釈雑記』巻二十七）

薩摩藩侯は、いつわりの孝行に対しても「彼れ利の為なりと雖も、而れども其善に慣ふ、亦た可ならずや」と言ったという。

最後に、妙幢の郭巨擁護を理解するために、大岡昇平『レイテ戦記』十「神風」の一節を援用しよう。

不時着半数という数字が最後の特攻を指揮した五航艦司令長官宇垣纏中将の『戦藻録』に記録されている。命中率が七パーセントに落ち、特攻打切りを提案する技術将校もいた。

しかも特攻という手段が、操縦士に与える精神的苦痛はわれわれの想像を絶している。自分の命を捧げれば、祖国を救うことが出来ると信じられればまだしもだが、沖縄戦の段階では、それが信じられなくなっていた。そして実際特攻士は正しかったのである。

口では必勝の信念を唱えながら、この段階では、日本の勝利を信じている職業軍人は一人もいなかった。ただ一勝を博してから、和平交渉に入るという、戦略の仮面をかぶった面子《めんつ》の意識に動かされていただけであった。しかも悠久の大義の美名の下に、若者に無益な死を強いたところに、神風特攻の最も醜悪な部分があると思われる。

しかしこれらの障害にも拘らず、出撃数フィリピンで四〇〇以上、沖縄一、九〇〇以上の中で、命中フィリピンで一一一、沖縄で一三三、ほかにほぼ同数の至近突入があったことは、われわれの誇りでなければならない。

想像を絶する精神的苦痛と動揺を乗り越えて目標に達した人間が、われわれの中にいたのである。これは当時の指揮者の愚劣と腐敗とはなんの関係もないことである。今日では全く消滅してしまった強い意志が、あの荒廃の中から生れる余地があったことが、われわれの希望でなければならない。

大岡の特攻に関するこの見解は、郭巨に関する妙幢浄慧の理解に似ていないだろうか。そう見えるのは、大岡もまた、苦渋のうちに「公論に非ざるの公論」を書いたからである。おそらく大岡も妙幢も、人がいかんともしがたい状況の中で自己犠牲を決断する姿を注視した。大岡も妙幢も、あくまでも合理性を貫く記述のうちに、合理性を瞬時に超える人の決断の容易ならざる様相を理解しようとしている。

「公論に非ざるの公論」の視点は、さらに、これらの記述を超えて、特攻兵を追い込む軍律、郭巨に子を捨てさせようとする貧困を見出すだろう。そして、江戸期の支配服従関係（これは武士だけのものではない）の圧迫を見出すだろう。

個人の感懐のレベルにまで入り込んだ近代の例を、たとえば、太宰治『桜桃』冒頭の有名な一節、「子供より親が大事と、思ひたい。子供のために、などと古風な道学者みたいな事を殊勝らしく考へてみても、何、子供よりも、その親のはうが弱いのだ」という言い方に見ることができるだろう。親孝行という「古風な」道徳がはるかに遠くなってしまった近代の「公論に非ざるの公論」の香気と言ってよい。近代のみならず、「文学」は大なり小なり「公論に非ざるの公論」につながっている。その視点は、たとえば、リーダーに依存するだけで、リーダーなき集団を想定すらしない社会を見出し、私たちはまだ成人の社会を作り上げていないことに気づくだろう。郭巨を見る妙幢も、特攻兵を見る大岡も、その視線が外からの規範的な「公論」と無縁なものであったからこそ、「当事者」を見出すことができたのである。

本章は、西洋の啓蒙の概念を一応参考にしながら、そういうものから落ちこぼれていく啓蒙のあり方もあることを示して、日本の江戸時代に焦点をあてた啓蒙活動への助走とするものである。

注

（1）　次は『荀子』「解弊篇」の一節である（新釈漢文大系の藤井専英による現代語訳）。
心というものは肉体の君主であり精妙の主体である。自分自ら命令を出し、外部から命令を受けることがない。自分自ら禁じ自ら使い、自ら失い自ら取り、自ら行き自ら止まるのである。故に口はおどしつけて黙らせたり言わせたりすることが出来るし、体はおどしつけて屈《かが》ませたり伸びさせたりすることが出来るが、心だけは外から働きかけてその意志を変えさせることは出来ない。心が自らよしと思えば受け入れ、わるいと思えば受け付けない。だから言うが、「心の内状は、その選択する場合に外から何物も制止するものがなく、必ず自分自らの意志で認識する。外界の事物は実に万物万様であるが、心の精一状態を極めればその認識判断に少しも疑惑を生じない」と。

この『荀子』の、人間の構造の理解をつきつめていくと、自立の根拠が得られる。「解弊」は「啓蒙」と同義である。『荀子』は「勧学篇」で、この状態をつきつめた者を「成人」と言っている。

(2) これに対して、ホルクハイマーは言う。「理性は実在に内在する原理であるとするこの理論と、理性とは精神の主観的機能にすぎないとする説のあいだには根本的な相違がある。後者に従うと、主観だけが真実に理性をもつことができる。われわれが、一つの制度あるいは他の実在が理性を備えている（合理的である）と言うとき、それは通例、人々がそれを合理的に組織したのである、多かれ少なかれ技術的な方法で、論理的計算能力を人々がそれに適用したのだ、という意味である。結局、主観的理性は、諸可能性を計算し、それによって、与えられた目的とその適切な手段を整合的たらしめる能力であることがわかる。」（『理性の腐食』「手段と目的」山口祐弘訳、せりか書房、一九八七年）。

(3) 李芝映《イチヨン》「元禄期における「日用」言説の展開」は、同じく「日用」をキーワードとして持ちながらも、仁斎は日用における「対面的人間関係を重視し」、益軒は日用における「天地・万物・人の理を窮めることを重視」し、浅見絅斎は日用を「敬による主体的形成の場として規定」したというふうに、その違いを指摘している（『京都大学大学院教育学研究科紀要』五十八号、二〇一二年）。

(4) 拙稿「功過格と律僧」（『雅俗』十五号、二〇一六年七月）

(5) 詳しい考証は拙稿「安東省菴と妙幢浄慧」（『雅俗』十六号、二〇一七年七月）。

第一章　格物の喜び——勉強することについて——

江戸時代に『方法序説』はなかった。その代わり、「格物致知」という言葉があった。

「格物」という言葉は『大学』から出たものだが、流布した段階で、私たちがいま普通に使う「勉強する」「研究する」という語義を獲得していくとともに、具体的に「物」の範囲を広げていった。『近思録』巻三に「史を読むには須く聖賢存する所の治乱の機、賢人君子の出処進退を見るべし。便ち是れ格物なり。」と言う。「機」は「事の由《よ》りてはじまる所」（中村惕斎『近思録示蒙句解』）。また、正保二年刊「人物図」は「四十カ国の人物と風俗が画かれ」たものだが、図の上辺にその趣旨が記され、趣旨の末尾に「是亦格物致知一助爾」と記されている（若木太一「金銀島異聞——初期オランダ通詞——」『長崎文化』七十二号、二〇一五年五月）。世界の人物の様子を知ることが「格物致知」の「一助」になり得たのである。この流布された意味こそ、啓蒙としての「格物」の意義でなければならない。なぜそのように意味を拡大し、流布したのか。「物有りて万《よろず》天地を塞《ふさ》ぐは皆物なり。涯無く吾が心に充ちるを知るは皆知なり。一物を知らざるは君子これを恥とす。故に格致（格物致知）は尚し。其の物を用いる、これを事と謂い、其の物を称する、これを名と謂い、其の物を聚める、これを類と謂う」（清の陳元龍（一六五二―一七三六）撰『格致鏡原』序――一七三五年。江蘇広陵古籍刻印社刊の影印による）のだからである。ここには「物」とその知への興味があふれている。この興味こそ、格物の喜びの原動力であった。本章で言いたいのは、格物が喜びであったことと、江戸時代を特色づける現象とも言っていい厖大な考証随筆が格物の現れであったことの二点である。

一　『大学』

『大学』の八条目は、古本でも新本でも、「格物」をもってその折り返しとしている。すなわち、明徳を天下に明らかにしようとする者の行為の順序と連鎖として、治国、斉家、脩身、正心、誠意、致知、格物をあげ、さらにもう一度、今度は次のように、格物から始めて治国平天下に至るのである。

物格《ただ》しくして後《のち》知至る。知至りて後《のち》意誠なり。意誠にして後心正し。心正しくして後身脩《おさ》まる。身脩まりて後家斉《ととの》う。家斉いて後国治まる。国治まりて後天下平らかなり。（古本）

格物、すなわち物の道理を理解することがすべての前提であり、帰結である。

貝原益軒は次のように述べる。『大学』八条目は、「明徳を天下に明にする」から始まり、「知を致し物に格る」にいたる。これは末から本にいたる過程で、逆に、本から末にいたるのは、「物格て后知至る、漸次に天下平に至る」過程である（『慎思録』巻七。原漢文。『貝原益軒資料集上』所収）(1)。益軒はさらに書いている。「格物《かくぶつ》とは万事万物《ばんじばんぶつ》の道理にきはめ至《いた》るを云ひ、致知《ちち》とはわが心《こゝろ》の知をきはめて明《あきら》かにするなり。」「其次《つぎ》は誠意にあり。意とは心《こゝろ》のはじめておこる所の苗《なへ》なり。心《こゝろ》の体《たい》はしづかにして、善悪《ぜんあく》いまだあらはれず。其初《はじめ》てうごく時、善《ぜん》も悪《あく》もあらはる。意のおこる時に、このむと悪《にく》むとの二ツあり。悪《にく》むとはきらふなり。此時善《このときぜん》をこのみ悪《あく》をきらふ事、真実《しんじつ》にしていつはりなきを、誠意といふ。」「格物は知のはじめなり。誠意は行《おこなひ》のはじめなり。」（『大和俗訓』巻之二）

格物について、益軒はわかりやすく「万事万物《ばんじばんぶつ》の道理にきはめ至《いた》る」ことであり、「知のはじめなり」と言っている。つまり、格物は物事にある理の追究である。ではなぜ格物が必要なのか。『大学』の朱子の説を見よう。

蓋《けだ》し人心《じんしん》の霊《れい》なる、知《ち》有らざるは莫《な》く、而《しこう》して天下《てんか》の物《もの》、理《り》有らざるは莫《な》し。惟《た》だ理に於いて未《いま》だ窮《きわ》めざる有るが故《ゆゑ》に、其の知《ち》も尽《つ》くさざる有り。是《ここ》を以《もっ》て大学《だいがく》の始《はじ》めの教《おし》えは、必《かなら》ず学者《がくしゃ》をして凡《およ》そ天下《てんか》の物《もの》に即《つ》きて、其の已《すで》に知《し》れるの理《り》に因《よ》りて益《ます》ます之《これ》を窮《きわ》め、以て其の極《きょく》に至《いた》るを求《もと》めざること莫《な》からしむ。力《ちから》を用《もち》うるの久《ひさ》しき、一旦豁然《いったんかつぜん》として貫通《かんつう》するに至《いた》りては、則ち衆物《しゅうぶつ》の表裏精粗《ひょうりせいそ》、到らざる無く、而《しこう》して吾が心《こころ》の全体大用《ぜんたいたいよう》も明《あきら》かならざる無《な》し。此れを物格《ものいた》ると謂《い》い、此れを知《ち》の至《いた》りと謂《い》うなり。（『大学』伝第五章。「中国古典選」）

「格物」に関する朱子の理解は「物に格《いた》る」というものであるが、その「物」は「事」を含むもので、「格《いた》る」先は、物事の理である。少し敷衍すれば、その理は、「所当然の則」（まさに然るべき所の則）と「所以然の故」（然る所以の故）で構成される。前者の「当に然るべき所の則」とは、たとえば親には孝でなければならないということであり、なぜ親には孝でなければならないのかという根拠が「然る所以の故」である。

王陽明にとっても、朱子と同様「事」は「物」の中に含まれるが、その「物」は「意」の発する所にあるものとして、朱子のように客観的に、「意」とは無関係に存在するものではなかった。王陽明は「凡そ意の用いる所、物無き者有る無し、是の意有れば、即ち是の物有り、是の意無ければ、即ち是の物無し。物は意の用に非ざるか。」と説明する（『伝習録』中巻、「答人論学書」）。この解の結果として、「物に格《いた》る」という朱子の読みを「物を格《ただ》す」と読み変えなければならなかった。そして「物」は心との相関としてのみ存在するのであるから、「物を格《ただ》す」はすなわち心を正すことにほかならない。だから次のような教えとなる。

陽明は、仕事が忙しいから学問ができないと嘆く一人の役人に、仕事を離れて学問はない、仕事の上で学問をなすことが真の格物であると述べる。すなわち、正確に、誠実に、感情をまじえず、私意をはさまず、人の意見に惑わされずに仕事をすることが、「這《こ》れ便ち是れ格物致知にして、簿書訟獄《ぼしょしょうごく》の間も実学に非ざる無し」なのである。「若し事物を離了して学を為さば、却て是れ著空《ちゃくくう》なり」、つまり、具体的な物事を離れた学問はただの空理空論にすぎない（『伝習録』下巻「陳九川所録」の第十八項）。ここに王陽明における格物の日常性とそれゆえの緊急性が現れている。

「格物」における朱子と王陽明の違いは、「物に格《いた》る」と「物を格《ただ》す」という点にあることは間違いない。ただ、格物論議は必然的に物に迫る認識の論議である。物に格《いた》ると解しようが、物を格《ただ》すと解しようが、物が探索の対象あるいは認識の試練、あるいはその場であることは変わりはない。では物とは何か。

赤塚忠は、新釈漢文大系『大学　中庸』の「大学」第二段第一節の「余説」で、「物」について次のように記している。

『大学』は明智を主要な問題としており、その議論は必然的に「物」の認識・処理を不可欠の論題とするということである。しかもそれはまた古代哲学の重要問題でもあった。「物」とは、『荀子』正名篇に「万物衆しと雖も、時ありてこれを徧く挙げんと欲す。物なるものは大共名なり」とあるように、最も顕著には日月山川・草木鳥獣・人・器物などそれぞれの具体的存在物をいい、またそのすべてを一括していうのであるが、それらは人が認識することによってその存在の意義をもつので、その点から演繹して、人が認識し、名づけ、処理すべき対象は、抽象的現象でも「物」のうちに含まれる。時に法則・課目などをも「物」というのは、特に人の取り扱う対象として強く示すことから起こったのであろう。

つまり、「物」の始原として「日月山川・草木鳥獣・人・器物」など「具体的存在物」が想定されるのであり、ここで「物」は「個物」というものの意味をになって登場している。個別具体の物が八条目の連結の視界の中に入ってくるのである。むしろ、そう考えなければ、八条目は全世界を覆うものとはなり得ないし、格物をもって折り返し点とする構想も成り立たない。こうして、『大学』八条目の連鎖の中に格物をおいて考えてみると、王陽明の「格物」観は、朱子の「格物」観にすでに含まれている。朱子にとっても「物に格《いた》る」にはさまざまな人間の能力、感覚や認識の能力、想像する能力などが必要とされていたのである。もちろんこれらの能力は心（良知）を含むが、「良知」を超える。同時に、朱子が物に「至る」と読んだ「格」は、陽明の「正す」という解を含んでいる。朱子の「格物」観は体系として広い射程を持つのである。

格物の論義は江戸時代を通じてつきなかった。朱子の格物に対する批判も多かった。そのきわめてわかりやすい例を徂徠に見ておこう。

所詮君子之学問と申候は、国家を平治する道を学び候事ニて、人事の上の事学び尽しがたく御座候。格物致知《かくぶつちち》と申事を宋儒見誤り候てより、風雲雷雨の沙汰、一草一木の理までをきはめ候を学問と存候。其心入を尋ね候に、天地の間のあらゆる事を極め尽し、何事もしらぬ事なく、物しりといふ物ニなりたきといふ事迄ニ候。（『徂徠先生答問書』上。河出書房新社『荻生徂徠全集』第六巻による）

徂徠の「国家を平治する道」からの批判にもかかわらず、「風雲雷雨の沙汰、一草一木の理までをきはめ候を学問」と見ることが、格物の出発点であり、啓蒙の初発のはたらきであったことは疑いようがない。

二　貝原益軒とスピノザの喜び

汎神論の立場から、個物の意味あるいは位置に神経を使ったのがスピノザ（一六三二―一六七七）であった。スピノザは、「神」という自然とその認識を徹底させる思考において、個物の存在とその認識を特別な性格を持つものと考えていた。したがって、スピノザの神の認識プロセスはスピノザに限りない喜びを与えた。貝原益軒（一六三〇―一七一四）における格物の喜びにいたる前に、スピノザの喜びを見ておこう。ほぼ同じ頃に生まれたこと以外何の共通性もない両者ではあるが、事物に居住する益軒の格物の喜びが「理」に基づいているとしたら、それは概念から出発するスピノザの「神」の存在に対応するからである。

スピノザは、『エチカ』で認識に三種の別をもうけている。第一種の認識は経験的な認識（意見・表象）、第二種の認識は普遍的認識、第三種の認識は直観的な認識である。スピノザは、第一種の認識には非妥当で混乱したすべての観念が属するから、虚偽（誤謬）の唯一の原因であるのに反して、第二種及び第三種の認識には妥当なる諸概念が属するから、必然的に真であると言っている。そして、『エチカ』第二部定理四十の「備考二」で、以下のように、多くのものの知覚から一般的乃至普遍的概念を形成するための手段を示し、この三種の認識を具体的に説明している（以下、畠中尚志訳、岩波文庫）。

一　感覚を通して毀損的混乱的に且つ知性による秩序づけなしに我々に現示される諸々の個物から。この故に私は通常かうした知覚を漠然たる経験による認識と呼び慣れてゐる。

二　諸々の記号から。例へば我々が或語を聞くか読むかすると共に物を想起し、それについて物自身が我々に与へる観念と類似の観念を形成することから。

事物を観想するこの二様式を私はこれから第一種の認識、意見《オピニオ》若しくは表象《イマギナチオ》と呼ぶであらう。

三　最後に、我々が事物の特質について共通概念或は妥当な観念を有することから。そしてこれを私は理性《ラチオ》或は第二種の認識と呼ぶであらう。

これら二種の認識のほかに、私が後で示すだらうやうに、第三種のものがある。我々はこれを直観知《スキエンチア・インチュイティヴァ》と呼ぶであらう。そしてこの種の認識は神の若干の属性の形相的本質《エッセンチア・フォルマリス》の妥当な観念から事物の本質の妥当な認識へ進むものである。

スピノザは最終的に神の認識に達したいのであるから、精神が適した第三種の認識を欲することになる。第五部定理二十六に、「精神は、物を第三種の認識に於て認識することにより多く適するに従つて、正にこの種の認識に於て物を認識することをそれだけ多く欲する。」と言う通りである。そしてここに喜びが発生する。

この第三種の認識から、存在し得る限りの最高なる精神の満足が生ずる。

証明　精神の最高なる徳は神を認識することにある。即ち物を第三種の認識に於て認識することにある。そしてこの徳は精神が物をこの種の認識に於てより多く認識するに従ってそれだけ大である。故に物をこの種の認識に於て認識する者は人間の最高の完全性に達し、従ってまた最高の喜びに刺戟される。しかもこの喜びは自己及び自己の徳の観念を伴ったものである。従ってこの種の認識から、存在し得る限りの最高の満足が生ずる。Q・E・D・（証明終わり、の意――引用者）

（第五部定理二十七）

この喜びは究極のところ、永遠からくる。

第三種の認識は、永遠である限りに於ての精神をその形相的原因とする。

証明　精神はその身体の本質を永遠の相の下に考へる限りに於てのみ物を永遠の相の下に考へる。換言すれば精神は永遠である限りに於てのみ物を永遠の相の下に考へる。従って精神は永遠である限り神の認識を有する。そしてこの認識は必然的に妥当である。故に精神は永遠である限り、与へられた神のこの認識から生じ得る一切のことを認識することが出来る。（第五部定理三十一）

つまり、この喜びは究極のところ神の観念からくる。

我々は第三種の認識に於て認識するすべてのことを楽しみ、しかもこの楽しみはその原因としての神の観念を伴ってゐる。（第五部定理三十二）

ここから神（自然）への愛が生じる。

『エチカ』における第三種の認識の喜びをまとめて言えば次のようになる。

第三種の認識から生ずる神に対する知的愛は永遠である。

証明　何故なら、第三種の認識は永遠である。従ってそれから生ずる愛も亦必然的に永遠である。Q・E・D・（第五部定理三十三）

スピノザはこの喜びを別の所でも書いている。『神学・政治論』第四章「神の法について」。畠中尚志訳、岩波文庫）である。

自然の中に存する一切物は自己の本質と自己の完全性とに応じて神の概念を自らの裡に包含し且

つ表現するといふことが確実である。だから我々は、益々多く自然物を認識するに従つて神に関する益々大きな又益々完全な認識を獲得することになる。換言すれば、（結果を原因に依つて認識するといふことは原因の或特性を認識することに外ならないから、）我々は、益々多く自然物を認識するに従つて益々完全に神の本質（それはあらゆる事物の原因である）を認識することになる。

スピノザの第三種の認識である「直観知」の「直観」について、ベルクソンは、「われわれの精神が完全に真理と認識するための作用と神が真理を生み出すための操作とのあいだに存する一致の意識」だと説明している（河野与一訳「哲学的直観」『思想と動くもの』所収、岩波文庫）。そうだとすると、この「直観」に喜びのないはずはないだろう。

朱子学の「窮理」には「造化」に対する畏敬の念がある。そして朱子学はその「造化」の根底に「理」を見出した。したがって、「窮理」のアプローチには、スピノザの「神」に対する認識と同様、「理」に対する畏敬の念がある。ここでスピノザの「神」を「理」と言いかえれば、益軒の格物はスピノザの第三種の認識と対応することになる。格物も第三種の認識も、それぞれに物を認識しつくして「理」と「神」にいたろうとするのである。

三　格物と近世随筆

スピノザは物の認識によって神のはたらきを知り、大いなる喜びを感じた。孟子も「理義《りぎ》の我が心を悦《よろこ》ばすは、猶芻豢《なおすうかん》（牛や犬など）の我《わ》が口《くち》を悦《よろこ》ばしむるがごとし」と言った（『孟子』「告子上」。新釈漢文大系）。貝原益軒も次のように格物に限りない喜びを感じていた。

古人、一事を知らざれば以て深き恥と為す。蓋し学者、格物致知の功、博学広聞の事に於て、其の力を用ふるの久しきに及ぶなり。豈に唯日用倫常の道、人身性情の理に於て通ぜざる所無きのみならんや。抑も天地の間に於て、其の見る所聞く所、万事の理、皆遂って一貫通、知らざる所無く、疑惑する所無きときは、其の楽しみ豈に窮まり有らんや。是れ博学の功、以て貴ぶ所以なり。（『格物余話』）

益軒の根本には「和楽　楽は是れ人心の固有する所、天機の発生する処也。須く常に之を存して失無からしむべし」という思いがあったのであろう（『慎思続録』、『貝原益軒資料集上』所収）。「和楽　楽は是れ人心の固有する所、天機の発生する処也」には、格物の喜びが根本的に天地の「仁」に発していることを示している。「天機」は天のはたらき、造化の妙の意。

『格物余話』の「格物」と「余話」との関係について、元禄九年に刊行された岡本一抱の『格致余論諺解』という本が参考になる。この本は、宋の朱彦脩（震亨《しんこう》）の医学書『格致余論』の解説、注釈であるが、その諺解のはじめに「格致」「余論」を説明し、「格致ノ二字ハ大学経ノ一章ニ、欲《スル》レ誠《ニセント》二其《ノ》意《ヲ》一者《ハ》先《ツ》致《ス》二其《ノ》知《ヲ》一、致《スコトハ》レ知《ヲ》在《リト》レ格《スニ》レ物《ヲ》云ヲ以号《ナヅケリ》。余論ノ二字ハ、文選東京賦《ノ》二云《ニ》、得《ト》レ聞《クコトヲ》二先王之余論《ヲ》一ノ筆勢ヲ以テス。蓋シ此レヲ格致余論ト号ルノ旨趣ハ、左ノ序文ノ末ニ於テ必ス弁ズル所アリ。故ニ是ニ贅セズ。」という一節がある。そして「余論」について「序文」で次のように言う。

余論ニ説アリ。一ニ曰ク、此ノ書ニ弁ズル所彼ノ格物致知ノ便《タヨリ》トモナルベキ、医道ノ余《アマリ》、ハシ〳〵ヲ論ジタルト云。丹渓（朱彦脩）卑下ノ篇題ナリ。又一説ニ、前哲ノ未レ発トコロヲ述ルガ故ニ余論ト云トハ誤也。

つまり「余論」とは、その道の余り、端々を論じたものの意と解している。益軒の『格物余話』の「余話」も、格物の余りという意味であろう。

以下、益軒の『格物余話』からいくらか格物の具体を例示してみよう。

○足の筋を違えるとか、痺《しび》れて立てなくなったときなどはどうすればよいか。古老に聞いたところによると、時々両足の親指を屈伸させ、常の習慣のようにしておけば、終身転筋の心配はない。転筋したとしも、このことを行えば効果はあると言う。また、公会に出席して、長く坐っていたために、足が痺れて床に立つことができず、転倒する者がいる。立とうとする前に、あらかじめ両方の親指を屈伸させるると、しびれ転倒の心配はない。

○世俗好んで偽書を造って古書となす者が多い。券契（地券、手形など）の場合も同様である。これを見破る方法に三つある。一つは、その文辞の古今を察すること。二つは、手跡の古今を観ること。三つ目には、紙箋の古今を視ることである。これを実行すれば、その真偽は紛れようもなくなる。また、写字の古今を調べるには、水に浸して指でこすってみる。古いものは剝落しないが、新しいものはすぐに落ちる。

日常卑近の場での理の解明の一端であって、「格物余話」にふさわしい。貝原益軒の、ある意味では真面目である。

○本邦上世菊無し。故に万葉集に菊を詠ずる歌を載せず。古今集に昉《はじめ》て菊を詠ずるの歌有り。源順和名鈔に砂糖を載せず。蓋し夫《か》の時砂糖未だ吾が邦に来らず。

これもまた卑近な日常に歴史的な展望をかぶせて見た結果である。『万葉集』に菊が詠まれていないことは、『燕居雑話』巻三、『傍廂《かたびさし》』巻二、『比古婆衣』巻十七などに見える。ここでは日尾荊山の『燕居雑話』（天保八年序。「日本随筆大成」による）から引いておこう。

○万葉集菊なし

或抄に、後水尾院の御製なりとて、

ならの葉の古きためしに洩し菊梅をわすれし恨やはなき

といへるは、万葉集には、世の人の愛るほどの花を詠ぜざるはなきに、唯菊のみ詠に入らず、こはまさしく、屈原離騒経に、種々の香しき花を云ひつくしぬるに、清雅なる梅を忘れたる恨なからむやと詠じ給へる也、

有名な話材だから、結論だけの継承もあっただろう。次は文字の穿鑿である。

爾雅翼《じがよく》に曰く、蛇字古えは但《ただ》它に作る。上古草居、它を患う。故に相問うに它無きを以てするか。篤信（益軒）謂《おも》えらく、上古穴居して野処。草中穴裏、是れ蛇の蟠居する所なり。此の時に方《あた》りて畏るべきは蛇のみ。蛇の害を患うるは、其の理此の如くあるべし。風俗通に云く、恙は毒虫なり。喜んで人を傷つく。古人草居露宿、相労りて問うて曰く、恙無きか。愚謂《おも》えらく、恙虫は蛇

の害を為す類の如くあるべし。蓋し上古今世と世異に時に殊なると雖も、然し其の草野岩穴の中、在る所の虫類は今日在る所と異なること無かるべし。別に一物人を害する者有るべからず。然れば則ち、古書称する恙は便ち是れ蛇の属。爾雅翼言う所、理の当然。

はじめに宋の羅願撰の『爾雅翼』巻三十二の「蛇」の冒頭を引いている。このような文字の穿鑿も近世随筆においてよく行われた。次に、書記するときの言葉（文字）の使用に関する見解の例を示しておこう。

宋人語録、多く俗語を用う。是れ其の当世の語、故に平日人に対して説話するに、之れを用いることは宜し。当時其の語を記す者も亦聞く所に随って之れを録す。固《まこと》に此の如くあるべし。然るに近世の人、文字劄記《さっき》を作るに、言語多く宋人の俗語を用う。是れ何の謂《いい》ぞや。習いて察せざると謂うべし。

この項目は、益軒が日本語で思想を書くきっかけになったものであろうか。もっともこの『格物余話』は漢文で書かれている。

あらためて、益軒の仮名書きの意識を確認しておこう。

今の世の俗をさとさんため、からの文字を作りて、聖の道をとかんことは、わが輩のちからになしうべからず。況や、もろこしのもろもろの先正の説、すでに明らかに備はれるをや。漢字をしれる人は、よんでしるべければ、今更贅言を用ふべからず。夫れ聖人の道の、至りて広大にして、ふかくおくまりたるは、此の国のをんなもじを以て、其のかたはしをもまなびて、説かんことおほけなくて、管にて天をうかがひ、蠡《ハマグリ》にて海をはかるが如くなれば、つたなき筆にてしるさんこと、飛鳥川のふかき淵の変じてあさき瀬となり行きなんうれひに、猶まされりといへども、高きにのぼるには、必ずまづふもとよりし、遠きにゆくには、必ず近きよりはじむる理あれば、世の不幸にして漢字をしらざる人の為に、いささかむかしきける所のことはりを、今の俗語を以てかき、あつめて八巻とし、名づけて大和俗訓といふ。（『大和俗訓』自序）

仮名書きが漢字より一段低く見られていたことは、現在も続く一般的な受け取りかたであった。真宗の智洞如達（一七二八―一七七九）は、『説法微塵章』（宝暦五年刊、所見寛政十年刊本）の巻二の冒頭の「興由ノ科文《かもん》（起りについてのまとめ）ニ付テ仮名書ノ由来ヲ弁ス」の項で、「サテ此《ノ》一枚起請文ヲ仮名《カナ》書《カキ》ニ認《シタヽ》メ置カセラレタニ付テ、動《ヤヽモス》レハ軽々《カロ〴〵》シク存スル衆中ガアルニ依テ」「天竺大唐日本ノ文字ノ根元」を説明すると言っている。また、片仮名と平仮名にも差別があった。延宝四年刊『往生捷径集』は、「法然の教誡に依り兼ては恵心の要集を引き、半字の仮名を以て浄教大旨を記す」（原漢文）という永正四年（一五〇七）の延暦寺丹信の「叙」を引いている。半字は仏語として悉曇の字母を示す言葉であるから、半字仮名は片仮名のことである。しかし、天保十年刊の『往生捷径集』重刻本では、「しかはあれど、真字半仮名にては婦女子のために便りならす。法道和尚是を憂ひあらたに平仮名にかへて梓にのほせ世に弘めけれは閲する人々諸悪の道閉て衆善の門ひらけ」（序文）、「然に常にあつかはぬ片仮名にうとき男女まゝありてうれふるよしきゝをよひしかは此度同社（淡海蓮社）にかたりあひて平仮名にうつしかへ」（跋文）とある。「法道和尚」は大日比《おおひび》三師の一人の法道であろう。

ドイツの例だが、平仮名で書いた益軒のように、ヴォルフはラテン語ではなくドイツ語で書いた。ヴォルフを評価するヘーゲルの文章を引いておこう。

自分のことばで考えることはこの上なく大切なことで、ルターの宗教改革は聖書のドイツ語訳なしには完成しなかったといえるし、自分のことばで考えるのでなければ主観的自由はなりたたないといえるのです。（ヘーゲル『哲学史講義』第二部第三編「C，宗教改革」。長谷川宏訳、岩波文庫）

学問が一民族の財産となるには、その民族のことばで書かれねばならないのであって、他の学問にもまして哲学ではそのことが大切です。というのも、思想というものが自己意識のもっとも内奥に属するという側面をもっていて、ラテン系の Determination（定義）や Essenz（本質）のかわりに、ゲルマン系の Bestimmung（定義）や Wessen（本質）という慣れしたしんだことばがつかわれるとき、この概念がよそよそしいものではなく、いつも身近にある自分のものだと感じられるからです。（同上第三部第二編第一章第三部門「二、ヴォルフ」長谷川宏訳）

『格物余話』にもどろう。

皇明通紀に、僧道衍、燕王の謀臣たり、後太子の少師と為る、姓を姚に復し、名広孝を賜う、亦終に髪を蓄え妻を娶らず、居止多くは僧寺に在り。篤信（益軒）按ずるに、本邦豊臣秀吉公の初めて起つ時、安国寺の僧恵瓊《えけい》という者有り。毛利家より出で、遂に秀吉公の謀臣と為り、軍事を輔佐す。甚だ寵遇を蒙り、采邑（領地）頗る多し。亦髪を蓄え妻を娶らず。和漢相類すること此の如き者有り。

『格物余話』に「和漢同類」「和漢同情」という和漢に共通する事象をとりあげた記述が多い。和漢に共通する話を探し出して比較することは一般的にも多く行われた。『桑華蒙求』『和漢駢事《べんじ》』『彼此合《ひしごう》符《ふ》』という本が書かれているくらいである。この和漢同情の説話を一つだけ、『和漢駢事』下巻から引いておこう。

松永久秀　南唐後主

久秀《ヒサヒデ》和州志貴《シキ》ノ城ニ憑《ヨリ》テ信長ニ叛《ソム》ク。城陥《シロヲチイル》ニ及テ年頃秘蔵セシ茄子《ナスヒ》ノ茶《チヤ》入平蜘《ヒラクモ》ノ釜ヲ信長ノ手ニ渡《ワタサ》ンコトヲ恚《イカリ》テ打砕《ウチクタキ》テ捨《ステ》ケリ。南唐《ナントウ》ノ元宗後主《ゲンソウコウシュ》皆筆札《ヒツサツ》ニ妙ナリ。好《コノミ》テ古迹《コセキ》ヲ求ム。図籍万巻《トセキマンクハン》アリ。城危《アヤウ》キニ臨《ノソミ》テ所レ幸《チヤウアイ》ノ宝《ハウ》儀黄氏《ギクハウシ》ニ謂《イ》ヘラク、此皆《コレミナ》吾宝惜《ハウセキ》スルトコロナリ、城若不《シロモシズ》レ守《マモラ》ハ爾《ナンチ》マサニコレヲ焚《ヤ》ケ、散逸《サンイツ》セシムルコトナカレト。城陥《シロヲチ》イルニ及テ黄氏皆ヤキ焚タリ。（『三楚新録』）

自分が大切にしている物は絶対に渡さないという行為が共通していると言うのである。「和漢同情」ではないが、『格物余話』には、昔は「三韓」と風俗が同じものが多いと述べて、その理由を探っている記事もある。

本俗古昔の風俗、三韓と相同じき者多し。此れ古は彼邦と通信往来絶えず、故に視傚う所有りて然るか。抑も又国俗暗に彼と相同じくして然るや。按ずるに、東国通鑑、彼国俗の日本と相協《かな》う者多し。

好奇心とも知識欲とも言っていいのだが、それらを喚起する精神のはたらきもまた、格物の考えと並行して生じてきたものであろう。

益軒の『格物余話』は、他に、文字、書物、歴史、詩歌、飲食、地理、怪異の正体、自然現象、薬、博物等に関する断片的な考証を集録したものである。それは江戸期の他の随筆と変わるところはない。それが「格物」の「余話」として意識されていたことに注意しなければならない。

益軒の「格物」は別の形でも跡を残す。畑鶴山『四方の硯』(享和四年刊)「花」の巻は益軒の活動の徳を記録している。

先年浪華に田鶴樹《タヅキ》といへる隠士あり。俳諧歌を好みて西州に歴遊し筑前の山村にまよひいたりぬ。日暮ければ農民の家をたのみてやとりぬ。あるしあつくもてなし飯なとあたへて一間にやすましむ。隠士うれしく思ひ一間にふしぬ。しはらくありて外より人の来る音しぬ。大男子年わかきものとも剣をおひてその家にいたりぬ。内より老翁出て対坐す。壮年者とも劔をときてかたへにおき懐中より書籍《ジヤク》とおほしきものを出し、翁につゐて首をたれてものまなひぬ。四五人はかり入かはり来りてものよみす。おはりておの〳〵家にかへりぬ。隠士いふかしく思ひ、かゝる山家にかくものよみするはいと殊勝なることなりと独言してふしぬ。翌日翁にゆうへの少年のふるまひ感賞すへき人々なり、翁の口授し給ふはいかなる書にて候哉、書名をきかせ給へといへは、翁云、貝原先生のつくり給へる農業全書といへる書なり。農家にはいつれも所持いたし、年老ぬれは少年のものへ口授し且つは論孟なとも読書をおしゆるなりとこたへけり。隠士これより益々貝原翁の徳沢の残れることを感賞しぬ。

この光景は考証随筆と同様の活動として、「格物」の拡張の実際を伝えるものである。
益軒の意識において、各種の考証随筆は「格物」の結果だった。そして江戸期の随筆等の書き手は、儒者に限らない。仏者も文芸家も読書人も、多くこの種の随筆を書いた。それにともなって考証があらゆる領域に広がった。事さらしく『大学』の「格物」の定義を穿鑿する必要はない。それはむなしい作業だ。正確な事実を求めて多くの人が調査し、考証していたのである。そしてこのことが、格物の活動が浸透していた結果なのである。『日本随筆大成』などに活字化されて残されているおびただしい数の江戸随筆こそ、格物が人々の欲求であり営々と行われていた何よりの証拠なのである
江戸期の格物の拡がりの裾野は考証随筆に尽きるのだが、以下、その後の格物の展開を付け加えておこう。

四　格物と科学――佐久間象山と津田真道――

江戸期の儒学による格物がその後の西洋科学の受容に際し有効にはたらいたことは十分に指摘されている。ここでは、佐久間象山と津田真道の発言を引いておこう。
○学をなすの要は格物窮理にあり。しかうして、方今の人士は皆格窮の訓《おしえ》を誦《とな》ふるを知る。正学の旨は大いに世に明かなるがごとし。しかれども、その実は日に雑擾《ざつじょう》・偏固《へんこ》に就き、旋《やが》て晦盲《かいもう》に復す。余嘗て濬《ふか》くその故を思ふに、また学者の徒誦《としょう》・坐譚《ざたん》して、その実を務めざるの過なる

ことなからんや。今の人は、試みにこれと物理を言へば、すなはち曰く、「吾まさに人倫日用を窮むるにこれ暇あらず。しかるに何ぞ物の理を窮むるに暇あらんや」と。ああ、あに人倫日用にして、物理に外《そと》なるものあらんや。余いまだ、物理に昧《くら》くして人倫日用に周《あま》ねきものを見ざるなり。（佐久間象山「邵康節先生文集序」（天保十一年九月。「日本思想大系」による）

○此の即レ物而窮二其理一と云ふことは、西洋に於ける科学の方法なり、西洋に於ては一切理医の諸科学、例へば天文地質数理動植物重学光熱電磁生理心理化学等、一々皆其物に即きて研究至らざる所なく、遂に種々の発明を為すに至れり、故に西洋の諸科学は、悉皆実学なり、朱子の物に即《（ママ）》ちて其理を窮むと云ひしは善しと雖、実際実物に就て研究すること、西洋諸科学の如く深切ならず、終始惟性理の空論にのみ従事し、只管四書五経等今を距ること二千有余年前の古書のみ之講論せしを以て、其学一歩も前進する所なし。（津田真道「大学に所謂格物致知に就て」、『津田真道全集』下、みすず書房、二〇〇一年）

津田より前、司馬江漢も「わが日本の人、究理を好まず。風流文雅とて文章を装り偽り信実を述べず。」と言っていた（『春波楼筆記』）。

かくて格物は、自己に対しても他に対しても、ほとんど啓蒙活動そのものであった。

注

（1）李退渓も、「我々が物理の極処に窮め至る」ことを「格物」とし、「物理の極処が我々に来たり至る」ことを「物格」とする（友枝龍太郎「李退渓の物格説」「西南学院大学・文理論集」一五巻二号）。

第二章　甚解を求めず――本の読み方について――

真山青果は、『西鶴雑話』の「四十年と六十年」という文章の中で、『日本永代蔵』巻六―五「智恵をはかる八十八の升掻《ますかき》」冒頭の「世界のひろき事、今思ひ当れり。万《よろづ》の商《あきなひ》事がないとて、我人年《われひととし》〴〵くやむ事、およそ四十五年なり」の四十五年について、注釈書の説を批判し、「読書に甚解を求むれば、かならずその大体において喪はれる」と書いている（『真山青果全集』第十六巻所収）。すなわち、「明確に四十五年と書いたは、理由があると思はれる」と考えて、『日本永代蔵』執筆時より四十五年前を、寛永十九年の大飢饉に当てる説を槍玉にあげ（真山は明示していないが、これは大藪虎亮の『日本永代蔵新講』の説である）、寛永十九年の飢饉がその後四十五年間の「万《よろづ》の商《あきなひ》事がない」原因にはなり得ないと指摘し、『世間胸算用』巻一―三「伊勢海老は春の栬《もみぢ》」の「商ひ事がない〳〵といふは六十年此かた」を対置する。西鶴は、商い事のないのは四十五年前からと一方では言い、また一方では六十年前からと言う。つまり、西鶴は特定の年時を指して書いているのではない。「わざわざ指など伏せて寛永の十年とか、十九年とか、そんな局限的年次を穿鑿する必要はない。文字にねばらず眼をひろく、『永代蔵』出版より四十五年前をもって終末を告げたところの寛永期の三都商業の繁栄期、『胸算用』出版より六十年以前に相当する家光将軍御上洛の豪奢ぶりなどを、西鶴と共にきはめて漠然と承認してゐれば、それで事は足りるのである」。だから、「読書に甚解を求むれば」、必ず大旨をとらえられないことになる。真山はこう述べている。

「甚解」は、もともと「甚」という過度の解を意味するから、井蛙の見、木を見て森を見ず、といった精神の偏向、狭隘、バランスの欠如等を結果すると考えられたのである。だから、それらを避けるために「不求甚解」が要請された。「甚解」の手前でとどまり、隘路の解に陥らないということなのである。これは啓蒙の根底にある物事の理解の仕方、人生の生き方と言ってよい。思い返せば、すでに『孟子』離婁下篇に「智に悪《にく》む所の者は、其の鑿《うが》つ為なり。もし智者にして禹《う》の水を行《や》る若《ごと》くならば、則ち智に悪《にく》むことなし」と、「甚解を求めず」と同旨のことが述べられていた（「禹《う》の水を行《や》る若《ごと》くならば」は、自然にというくらいの意）。

一　読書の方法

本を読む時、どこに重点をおくか。たとえば、近世中期に生きた小倉《おぐら》無隣は、『牛の涎』（後編巻四）の中で次のように言う。

凡《ヲヨソ》読書の法に文義意の三ッ有といへども、意ハ義に勝《カツ》ことあたわず、義は文に勝事あたわず。道を知らざる人ハ、文を軽んじて意を重んずる也。

もっとも表面に現れる語文の理解が大切だと言うのである。帆足万里《ほあしばんり》も、文字、語の意味の把握が読解に際して何よりも有効であったと述懐し、『肄業《いぎょう》余稿』巻下の末尾で次のように言う（文化七年跋。ぺりかん社版『帆足万里全集』巻一所収。原漢文）。

予、年十四年、蘭室先生（脇蘭室）に見《まみ》え、業を受く。先生授くるに作文法を以てす。（私は）魯鈍の質、文に於て成すこと無しと雖も、今に至って書を読むに、太《はなは》だ解し難きにも苦しまざるは、先生の徳なり。

「作文法」は語文中心の教育だったのであろう。同様の体験を皆川淇園に師事した田中大蔵が記している（文化七年刊『学資談』。続日本儒林叢書第一巻所収。原漢文）。

淇園先師毎《つね》に読書について謂う、日に数紙を読了するは日に数字を知得するに如《し》かず、此れ迂回に似て、還って甚だ便捷と。余因りて又云う。万巻を粗渉するは一巻き精通するに如かず。此れ狭隘に似て、亦実に博達す。世に多く書を読む者を謂って以て博学と為し、輒《すなわ》ち之を欽羨す。知らず、是れ此の多識なるを博と謂うべからず。（略）余常に児童に誨《おし》ゆるに、初め句読を授けず、但《ただ》日に数字を課授す。其の書を読むを見るに及んで、大いに殊効あり。労を省きて、功勝る。益《ますます》師言の卓れたるを覚ゆ。

これらの読書法に対して、別の読み方もあった。『晋書』の列伝十九巻によれば、阮瞻《げんせん》は「書を読むに甚だ研求せず、黙して其の要を識る」（読書不甚研求、而黙識其要）人であったらしい。阮瞻《げんせん》のこの態度は、『蒙求』の「阮瞻三語」や『世説新語』「賞誉」の劉孝標注（『名士伝』を引く）にも記されている。日本でも、『故事俚諺絵鈔』（元禄三年刊）巻三「阮瞻三語」も、さきの『晋書』の列伝十九巻を注記して、以下のように、紹介している。「書巻ヲ読トモ、強《シヒ》テ其ノ理ヲ暁《サト》サント研求《ミガキモト》メズ。然レドモ、黙然トシテモ、其ノ箇要ヲ、識《シリ》明キラメ、理ノ詮議ハ、能ク弁別ス」。

しかし、日本の江戸時代には、阮瞻は、有鬼無鬼をめぐって鬼と対話した話の方が知られていて、このような読書の態度は、阮瞻よりも少し後の時代に生きた陶淵明の、「書を読むことを好めども、甚解を求めず」（好読書不求甚解）という言葉の方がよく流通していた。もとは、陶淵明の「五柳先生伝」の中に出てくるものである（『陶淵明集』巻六）。

先生はいづこの人なるかを知らず。また、その姓字を詳らにせず。宅辺に五柳の樹あり。よってもって号となす。閒靖にして言少なく、栄利を慕わず。書を読むことを好めども、甚解を求めず。意を会するごとに、便ち欣然として食を忘る。

「五柳先生」は陶淵明その人である（『晋書』の列伝六十四巻「隠逸伝」）。陶淵明は、「子の儼等に与うる疏」でも、「少《わか》くして琴書を学び、偶々《たまたま》閒静を愛す。巻を開きて得ること有らば、便ち欣然として食を忘る」と書いている。

釈清潭は、「五柳先生伝」の「甚解を求めず」に「書は読むを主とし、解を主とせず」と注し、「会意あるごとに」（毎有会意）に「若し書中の真旨を解得したる時は」と注したあと、「書を読むことを好めども、甚解を求めず」について、次のように評している。

千古読書法の秘訣にして、達人の読書は皆是れなり。古人曰ふ、甚解を求むるときは穿鑿に渉る、

会意する時は章句に死せずと。(続国訳漢文大成)
これは、自分にわかったことは章句にとらわれずに自分のものにし、わからない所は解をあなぐり求めない、ということである。吉川幸次郎は次のように言う。

当時一般の哲学は、煩瑣哲学の風があった。貴族たちの書斎《サロン》では、「易《えき》」、「老子」、「荘子」が、三玄、三哲学書と呼ばれて、その講義が、討論の形で行われ、煩瑣な議論を生んでいた。しかし先生はそのひそみにならわず、書を読んで甚解《じんかい》を求めない。過度の分析によって、古典の言語のもつカオスを分解して、むりなコスモスを作ることを、希求しない。ただし書物を読んでいて、気に入った条に出くわすと、欣然として反復熟読し、そのため食事を忘れることさえある。(吉川幸次郎「陶淵明伝」三。『吉川幸次郎全集』第七巻所収、筑摩書房、昭和四十九年)

「不求甚解」は陶淵明の生き方そのものである。能の『三笑』は、文字通り虎渓三笑の故事を仕組んだものだが、そこで陶淵明は官をやめ「日夜に酒を愛し、松菊《しやうきく》を翫《もてあそ》ぶ、菊を東籬の下《もと》に採って、南山を見る事も……」と、謡われている。

同様に、江戸時代前期の白幽子という人も、「不求甚解」をモットーにしていた。白幽子は、石川丈山の弟子石川克之の弟慈俊（一六四六―一七〇九）らしいが（宗政五十緒校注『近世畸人伝・続近世畸人伝』、平凡社)、彼もまた隠逸を好んだ（『近世畸人伝』巻五)。『続近世畸人伝』の「附録」に、白幽子の「謹志箴」が載せられている（原漢文)。

それ、雲壑《うんがく》青松の下《もと》に長じて

游観広覧の知なし
顧うに至愚孤陋の累有りて
晏然として吾が生の須臾なるを哀れむ
平日、書を読むことを好めども、甚解を求めず
聖賢の道を窺って、栄利を慕わず
貧に安んじて、風日を蔽わず
一褐一瓢しばしば空
今日を憂えず、天命を俟《ま》つのみ

伊藤和男「白幽子墨跡たずねある記」によれば、関西大学図書館蔵の「謹志箴」（元禄巳卯〈十二年〉三月三日の日付がある）の「原本」では、「甚解を求めず」の箇所の「甚」が「其」になっている（「日本美術工芸」二八二号、昭和三十七年三月）。「其解を求めず」の方がより過激な表現になるが、おそらく何らかの事情による勘違いであろう。「書を読むことを好めども、甚解を求めず」や「貧に安んじて、風日を蔽わず、一褐一瓢しばしば空」など、「謹志箴」には、生き方のみならず、字句においても陶淵明の影響が見られる。白幽子のことは、白隠の『夜船閑話《やせんかんな》』巻上、同じく『闡提記聞《せんだいきぶん》』巻一、『益軒叢書』や浅加久敬『都の手ぶり』にも出ている（岩波文庫『近世畸人伝』の森銑三注）。次は『譚海』巻十一の記事である。

同じ和尚（白隠――注）在京の時、白川の奥へ行れけるに、岩窟にすむ人あり。入口にはよし簀

一枚を寄かけて有。入て見れば五十歳計成男、白髪はおどろのごとく乱れ、浅黄単物一つ着て有、机一脚有て其上に金剛経一巻のせて有、此外に随身の器物一つも見えず。和尚暫物語せしに、此人年来食する事なく、喝すれば渓水を飲て暮すといへり。冬月単物一つにて寒くはおはさずやといはれければ、此人すねをかきあげて見せしに、汗うるほひ肌暖にして、酷暑に坐する人の如し。丹田をねりて如レ此成由、養生の術を語りぬるを、和尚書記して野仙閑語と題号せし書あり。此人白幽先生と号するよし、三百八十歳に至るといへり。和尚別を告て辞する時、此人十町余りも送りてわかれ去れり。後かげを見送りたるに、冰雪の山路を分て行事、鳥の飛如く速に見えたり。其後又和尚尋行たるに其所にあらず、行方を知らずと云ふ。（『日本庶民生活史料集成』第八巻）

「野仙閑語」は「夜船閑話《やせんかんな》」のこと。また、益軒は、『雑記』「陽巻」の「旧識」の「京」の項に、「白幽住于白川山岩窟中凡三十年　元禄五年初見」と記している（『益軒資料　三』。横山俊夫「達人への道——『楽訓』を読む」に指摘がある。『貝原益軒　天地和楽の文明学』所収）。

白幽子について、尾張の岡田挺之（新川）は、『畸人詠』（寛政十年刊）で、『近世畸人伝』巻五の記述をそのままとめて「二百年来碧嶂に住す、朱顔蒼髪猫壮の如し、長生の要訣他に求めず、自ら軟《なん》酥《そ》の頂上に在り」と詠んだが、よく知られているように、馬琴は白幽子に批判的である。『玄同方言』第二集（文政三年刊）下巻で、かって見た『雪斎紀事』という古写本の内容から、白幽子はただの俗人であったと言い、白幽子自筆のさきの「謹志箴」について、「余がしる所にあらず。よしや真迹《しんせき》也とも、さばかりのものは書きもしたらんかし。これを隠者《いんざ》といふは可《か》なり。これを神仙といふは不可《ふか》也。これを小文才《こもんざえ》ありし人也といはゞ、猶可《なほか》也。これを博識通達《はくしきつうたつ》の士《し》といはんは過《すぎ》たり」と記している。馬琴が『雪斎紀事』を文金堂番頭の曹七から教えられただろうことは、文化九年十一月二十五日付けの馬琴宛曹七書簡によって推定できる（『馬琴書簡集成』第六巻、八木書店）。

揖斐高「大田定吉伝」（「国語と国文学」七十六巻十号、のち『近世文学の境界』所収、岩波書店、二〇〇九年）によれば、昌平黌の儒者友野霞舟の書いた「白蓮居士伝」にも「不求甚解」の態度が記されている。白蓮居士は大田南畝の子大田定吉のことで、霞舟は「白蓮居士伝」の末尾で、「畸行異迹は往々にして人を驚かせ、人皆な以て狂と為す。狂か仙か吾れ得てこれを知らず」と書いた。その大田定吉も、次のような人物であった。

　生まれて異質有り。靖虚寡欲にして妄りに交遊せず。好みて書を読み、然して甚だしくは解を求めず。（同前）

また、荒井堯民『談鋒資鋭』（文政十二年序）は「それ昔人《せきじん》は書を読《よむ》を以てはなはだ解《げ》すことを求めず陶淵明。これ語言文字《ごげんもんじ》の外《ほか》に楽《たのし》みあればなり」と、やや違う視点から陶淵明を引いている（下巻）。白幽子や大田定吉の「不求甚解」には幾分か彼らの気質も関係しているように思われるが、「不求甚解」には、他の条件が関係している場合もある。

柳川剛義の編集した『静坐集説』について、三田村鳶魚が「静坐調息」という文章を書いて朱熹の言葉を引いている（『三田村鳶魚全集』第二十巻）。『静坐集説』は一面、朱熹の読書法とも言っていい本だが、ここでは、享保二年佐藤直方序、同年柳川剛義自跋『朱子静坐集説』から引いておく。

熹（朱子）、目の昏きを以て敢て力を著けて書をよまず。間中静坐し、身心を収斂し、頗る力を得るを覚ゆ。間々起きて書を看る。聊《いささか》復《また》眼に遮る。心に会する処有るに遭ふ時、一喟然するのみ。（原訓点付漢文）

「喟然」はためいきをつく様子。これは、老後における読書の実態でもあるだろう。心に会することがあった時の喜びは，陶淵明に通じる。国木田独歩の『都の友へ、B生より』（明治四十年。『定本国木田独歩全集』第四巻所収）も、「敢て力を著けて書をよまず」の一例であろう。

ごろりと転《ころ》げて大《だい》の字なり、坐布団《ざぶとん》を引寄せて二つに折《をっ》て枕にして又も手当次第の書《ほん》を読み初める。陶淵明の所謂《いはゆ》る「不レ求二甚解一」位《くらゐ》は未《ま》だ可《よ》いが時に一ページ読むに一時間もかゝる事がある。何故《なぜ》なら全然《まるで》他《ほか》の事を考へて居るからである。

ちなみに、陶淵明を「最も好む詩人」と言った独歩は、陶淵明の詩集中から「会心の句」の一つとして、「好読書。不求甚解。毎有会意。便欣然忘食」を引いている（『病牀録』の「第三恋愛観」）。

二　受用の本意

伊藤仁斎は、書を読むには何が肝要かという問いを設定して言う（『童子問』下巻　第三十四章）。

識見《しつけん》を要《よう》と為《す》。書《しょ》を読《よ》んで識見《しつけん》無きは、猶《なお》読まざるがごとし。苟《いや》しくも識見《しつけん》を得んと要《よう》せば、当《まさ》に其の帰宿《きしゆく》する所を尋《たず》ぬべし。徒《いたず》らに渉猟《しょうりょう》すること勿《なか》れ。

一直線にその書の言わんとする所へ赴くことだ。そう言った仁斎は具体的なやり方を示す。

先《ま》ず其の有用無用《ゆうようむよう》を弁《べん》じ、其の学術政体《がくじゅつせいたい》に関《かかわ》り、己《おの》れを修《おさ》め人を治《おさ》むるの切要《せつよう》なる者を取《と》って、其の泛然切《はんぜんせつ》ならず、実用《じつよう》に益《えき》無き者は、之を闕《か》いて可なり。古人《こじん》の書、或《あるい》は議論《ぎろん》聞《き》くべくして之を実用《じつよう》に施《ほどこ》すべからざる者有り。或《あるい》は古《いにしえ》に宜《よろ》しくして今《いま》に宜《よろ》しからざる者有り。或《あるい》は彼《か》れに宜《よろ》しくして此れに宜《よろ》しからざる者有り。一一体察《いちいちたいさつ》せんことを要《よう》す。放過《ほうか》すべからず。

ここで要請されているのは有用、無用の弁別、その選択力および選択への意志である。

藤井懶斎は、『睡余録』上巻（国文学資料館マイクロ資料）で、みずからの読書の仕方が間違っていたとして、次のように述懐している。「先儒の云く、書を読むに、了へんと欲する底の心有るべからず、此心有れば、便ち心只背後白絡の処に在て了に益無しと。余少《わか》きより、此の病有り、病根最抜き難く、衰朽此に至て方に始て其害を知る。嗚呼晩《おそ》いかな」（原漢文）。『睡余録』の大阪府立中之島図書館蔵本（第四冊目）では、「了へんと欲する底の心」は「了せんと欲する底の心」と読み、「背後白絡」に、「謂経絡流注不得其所之意」という朱筆による注がついている。「経絡流注不得其所」とは筋道に沿ってスムーズに流れないという意味であるから、若い時の懶斎はすべてを理解しようとしてつじつまを合わせるべく、無理な解を施していたということになる。

熊沢蕃山の場合も、受用の本意を貫こうとして、当為としての「不求甚解」を主張している。『集義和書』巻四において、経書を始めから終わりまですべて理解しようとすると、心気を労してかえって不可能になる、肝要の所だけを見てよいか、という質問を設定した蕃山は、以下のように答える。

「始より終まで句々皆解せんとするは、書を解するにて候へば」「受用の本意にあらず候。又要を得たりと思ひて、他を疏《おろそ》かにするも弊《ツイエ》あり」。なぜなら、経伝はわが心の道理を解したものであり、わが心の道理は無窮であり、自分にとって大事だと思う所は時によって変わっていくものだからである。蕃山は「受用の本意」をこのように考えているから、当然、「甚解」を否定する。だから、「甚《はなはだ》解《げ》すべからず。甚解する時は書を本行として、我心を失ふの弊あり」（同前）ということになる。

蕃山にとって、「受用の本意」と、「書を解する」「書を本行」とすることとは別の事柄であった。蕃山はさらに言う。経伝は、「其中十が七八までも解し残すとも妨《さまた》げなく候。要は、書中にあらず、我心にあり。大意を得《うる》時は天下疑ひなし。何ぞ書の文義を事とし候はんや」（同前）。ここに陽明学者としての蕃山の面目を見てもいいだろう。

同様のことは、江戸時代後期の学者に多く見られ、あるいは実行された考えでもあった。たとえば、広瀬淡窓は、『約言或問《やくげんわくもん》』の第十八条「書無二定義一ノ弁」の中で、四書五経の註解はどういう本に従ってもよいと言ったあと、読書の法に関し、一つの心得を書いている。それは、「書無二定義一人有二切用一」ということである。たとえば、『論語』「為政篇」で、孟武伯が「孝」を問うたのに対し、孔子は「父母唯其疾之憂」と答えた。古註では、「是レ憂ヘシメヨ」と読んで、父母に対しては疾のこと以外は心配をかけるな、という意味に解する。つまり「其疾」は自分の病気のことだが、新註では、「コレ憂フ」と読んで、親の病気を心配するという意味に解している（「其疾」の「其」は親を指す）。この二説は正反対の意味だが、文義はどちらでも通じる。「書ニ定マレル義ナキ也」。したがって、これを自分の身に用いる場合、その人に切実な意味でとればよい。切実なことは人によって異なる。だから、『論語』の孔子の答えも「人ニヨリテ異ナル也」。それなのに、今時の学問は、「定義ナキトコロニモ強イテ定義ヲ立テ、学ブ人ノ身切ナルト切ナラザルトハ顧ミズ」。これは、教える人が章句訓詁をもっぱらとして、道を教えることを任としないからである。ことはもちろん淡窓に限らない。二宮尊徳、西郷隆盛、吉田松陰、大塩平八郎、渋沢栄一など、多くの学者に、儒学の自己本意の受用が見られる。

このような理解は、本当は宋学の根本でもあった。彼らは、訓詁注釈を宗とした漢儒の理解を脱して哲学を打ち立て、儒学古典に現実の事態で対応しようとした。宋学の努力の中心はそこにあったはずである。朱子は「書を読むには須らく聖賢の言語を将《もっ》て、自家の身上に就きて工夫を做《な》すべし」(『朱子語類』巻三十四「道夭」)、「若し是れ字字にして求め、句句にして論じ、而うして身心の上に於て着切体認せざれば、則ち又益する所無し」(同上、「壮視」)という意味のことをくり返し述べている。「大抵書を読は当に其の意を会すべし。当に其の詞に泥むべからず。意を会するときは、通じて聖賢の心を得、詞に泥むときは滞て作者の志を害す」という考えが一般的だったのである(明の馮柯著『求《きゅう》是《ぜ》編』第二巻。慶安二年刊の和刻本。柳川文化資料集成第二集『安東省菴集　影印編Ⅱ』による)。

いま述べたように、時代はくだって日本の江戸時代後期の儒学者にも、宋学の当初と相似た精神の動きがあった。彼らにとって儒学の典籍は、宋学における漢儒の訓詁注釈のように映っていたはずである。だから彼らは、儒学の古典を、現実の自分の身と自分の人生と自分の社会から見た。そして独自の解釈をした。陽明学が江戸時代後期から幕末明治にかけて盛んになるのと軌を一にしている。

ここで五井蘭洲（一六九七―一七六二）の仏教論難の書と言っていい『承聖篇』の下巻末尾の一節を引いておこう（宝暦七年十月自序、大阪府立中之島図書館蔵）。

ある人、余にいふ、子、このんで仏法を議す、あらゆる仏書を見尽して、さはいへるにや。こたへていふ、我仏書を見ず、然れ共、仏教は、この心法をとき、三界六趣をたてゝ、輪廻報応をとく、これ仏教の大旨なり、あらゆる仏書、みなこの事をときのべたり、あまねく見るに及ばず、猶聖人の道、天と性にもとづき、身心を治め、父子君臣夫婦長幼朋友の道をとく、四庫無量の書籍、皆この事をいへり、仏者も、聖人の道を非議せば、これを論ずべし、経伝をあまねく見るに及ばずともうしけり。

思想は大旨をつかみ議論すればいいと言うのである。ここには、自由闊達な五井蘭洲の「受用の本意」が自由闊達な言い方によって示されている。

自由闊達な言い方なら負けていない海保青陵（一七五五―一八一七）の、読書に関する意見を引いておこう。

故ニ国ヲ治ルニハ、何カ知レヌ六ケ鋪《むつかしき》コトヲバヨケテ仕舞フコトナリ。学文ガハヤレバ国ガ富ム。如何ナル訳デ富ムカ、一向六ケ敷コトナリ。民ガ孝悌忠信ニナレバ国ガ富ム。何ノ訳デ富ムヤラ六ケ敷コト也。上ガ下ヲ愛スレバ国ガ富ム。ドウ云訳カ知レヌ也。学文ガ天行（はやり――引用者注）タラバ民ガ字ヲ知ベシ。字ヲ知レバ何ノ訳デ国ガ富ムヤラ知レヌナリ。字ヲ知テ書ヲ読ムナリ。書ヲ読ミテ義理ヲ弁ヘルナリ。義理ヲ弁ヘレバ業ヲ出精スルナリ。若シ又字ヲ知リテ、字ヲ知リ自慢ニ書ヲ読ミタラバ、三年ヤ五年業ヲ止メテモ腐儒《ふじゅ》程モヨメヌナリ。一生掛リテモ、マダ〳〵真ニ読メルト云テモ有能カ未ダ知レマジ。扨、書ヲ読ミテモ、書ハ幾万巻モ有ユヘ尽ルコトハナキ也。一生掛リテモ、読仕舞ヘヌナリ。先多クハ義理ヲ弁ヘル処迄ハ寿ガ無キナリ。況《いわん》ヤ業ヲ出精ト云処ヘユク時分ニハ、最早《もはや》大ニバク〳〵タル親父ニナリテシ、バ、（尿糞——引用者注）居ナガラ洩ルカ、朝云タルコトヲ昼ハ早忘ル、様ニナルベシ。（海保青陵『経済話』。蔵並省自編『海保青陵全集』）

字を知って本を読むようになれば、本の意味がわかり、ものの道理を理解するようになる。そうすると、仕事に精を出すようになる。しかし、ここでもし「字ヲ知リテ、字ヲ自慢ニ書ヲ読」むようになったら、おしまいだ。本はいくら読んでもきりがない。本の意味がわかり、ものの道理を理解し、それをもとに、さて仕事に精を出そうと思う時分には、もう老いてしまって、排泄もちゃんとできないようになり、もの忘れもひどくなっているよ。

ここで、五井蘭洲や海保青陵らとは遠い世界に生きたイギリスのバークリ（一六八五—一七五三）の言葉を引いておこう。バークリもまた広い立場からの理解を推奨している。

（書物を読むさい）賢明な人は言語の文法的注意を熱心に考えるより、むしろ意味を考えることに専念してこれを実用に応用する方を選ぶであろう。それと同様に、自然の書巻を閲読するさい、特殊な現象を一つ一つ正確に一般規則へ還元することを衒《てら》うのは、換言すれば、特殊な現象が一般規則から生ずる模様を一々正確に明示することを衒《てら》うのは、心の品位を汚すものと思われる。（『人知原理論』、大槻春彦訳、岩波文庫）

もちろんバークリは、こうして、自然の美や秩序や広がりを展望し、造物主の荘厳、智恵に関する私たちの思念を広め、被造物仲間の維持と愉悦に役立つように考えようと言っているのである。

三　疑わしきは闕く

荻生徂徠は「不求甚解」に関し以上の考えと少し異なる観点を持っていたようである。徂徠における「甚解を求めず」の具体例を、『蘐園随筆』によって見ておこう。『蘐園随筆』は伊藤仁斎批判が大半をしめている本であり、「甚解を求めず」の例も、仁斎の論を「甚解」と断じることにあるのだが、ここでは一般論を引いておこう。西田太一郎の読下しによる（『荻生徂徠全集』十七巻、みすず書房）。カッコ内は西田太一郎によるものである。

講説もまた学者の祟《たたり》をす。凡そ書を読むことはもと思ひてこれを得んことを欲す。古人曰く「強《し》ひて解することを求めず」（陶潜、五柳先生伝「不求甚解」）、曰く、「誤書を思ふはこれ一適」（世説新語、文学下「誤書思之、更是一適」）と。しかるに講師みな一場の説話を作《な》し、務めてその明鬯《めいちやう》にして聴く者の耳に愜《かな》ひて阻滞あることなからんことを要《もと》む。それ道理はあに一場話の能く尽くす所ならんや。これ必ず学者を浅迫に導きて、それをして深遠含蓄の思ひ、従容自得の味はひに乏しからしむるなり。故に予嘗て謂ふ、已むことを得ざれば、則ち略略字義を解して、それをしてほぼ通ぜしめて廼《すなわ》ち已まんと。大氐、耳に由りて目に由らざる者は、能く己《おの》が用をすること鮮《すく》なし。

（巻二）

徂徠はここで学問における講説の限界（聴衆の気に入るように、面白く、一気呵成に、その場かぎりに「道理」を解説する）を述べて、読書に対比させている。その上で、読書の要諦を、「思ひてこれを得んこと」に求め、その態度方法として、「強ひて解を求めず」「誤書を思ふは是れ一適」という古人の言葉を引いている。「誤書を思ふは是れ一適」とは、誤字のある本を読んで、その誤りを推考するのも一興だ、というほどの意味で、『世説新語補』文学下の那子才の言葉が出所である。大秀才の那子才はたくさんの本を持っていた。しかし、厳密な校合はしなかった。ある時、「誤書、これを思ふ。更にこれ一適」と言った。『斉書』によれば、この時、那子才の妻の弟（これも才学の士であった）が、「誤書を思いて、何に由ってか便ち得る」と聞いた。那子才は答えた。「もし、誤書を思ってそれがわからないのなら、本など読まない方がいいね」。

徂徠が古人のこの二つの言葉を並べていることは何を意味するだろうか。字の誤りに気がつくということは、すでに内容の枢要を理解しているからである。その認識力によって、誤書を誤書として認定し、「ああ、ここは甲という言葉を使っているが、論旨からすれば乙の言葉でなければならないね」と推考する楽しみを持つというのである。つまり、「不求甚解」は、むしろ積極的な意味合いで、甚解による（穿鑿による）誤りに気がつく能力を前提にしているということである。「不求甚解」は、わかる所だけをわかってよしとする隠逸者の春風駘蕩たる態度を象徴するだけでなく、甚解による誤りを防ぎ、解決する能力と態度を含んでもいる表現なのであり、言いかえれば、誤書に対する一つの対応策であった。渋江抽斎が「不求甚解翁《ふきうじんかいをう》」と名乗っていたことは（森鷗外『渋江抽斎』「その六十五」）、そのような意味であっただろう。『渋江抽斎』のこの箇所に、筑摩書房版の『森鷗外全集』第四巻の「語注」は、「考証学者が好んで口にしたことばである」と記している。

六書（漢字の成立及び使用に関する六つの分類）のうちの「転注」に関して、狩谷棭斎は『転注説』という本を書いた。その本の「附録」で、渋江抽斎は「ソノ差別ノ審《ツマビラカ》ナルニ至リテハ、今ニアリテ悉ク知リ得ガタキモノ多シ」と述べ（日本古典全集『狩谷棭斎全集』第三所収）、岡本況斎は、さらに「ソモソモ文字製造、取ㇾ義多端ナルウヘニ、許君（『説文解字』の著者許慎）スデニ某声トノミ云ヘバ、タダ声トノミ、オホラカニ心得ベシ。シカラザレバ、ナカナカニ解キヒガムコト出来ヌベシ」（同前）と記している。許慎の説に対して私意をさしはさまないようにしなさい、漢字の音に意味をまぎれこませないようにしなさい、ということである。考証学者は無理な穿鑿、牽強附会を誰よりも強く排除した。

『彦根市史稿』61「人物史」Ⅰに、小泉休逸という人のことが記されている。「名は信盈字は巨海、初め弥太郎尋で弥一右衛門と改む。休逸は致仕号なり。父に継ぎ食禄三百石、物頭なり。（略）後疾ありて仕を致し、家を弟に譲り、自から風雅を事とし疾を養ふ。時に年三十六、天保二年なり。学和漢を兼ね、詩歌を善くす。其居をなづけて不求甚解書屋と曰ふ。人と為り真率洒落、物に拘泥せず」

（句読点引用者）。

小泉休逸も、「不求甚解書屋」主人にふさわしく、『武門要鑑抄』を註釈して『異見』と名づけ、「古来諸家の説に異なり。而して仮字用格言語活用の正しき、従来諸家の企て及ぶ所にあらず」ほどであったという。小泉はさらに、飲水器を多く製作して時勢騒然の時期、それに対応する藩士の用に供したらしい。これも「不求甚解書屋」主人にふさわしい行為と言えよう。

井上蘭台（一七〇五―一七六一）もまた、「闕疑は孔子の教なり。穿鑿《せんさく》して牽強附会するはなまものじりの著者の説なり。決して致さぬ事なり。心に義理の通ずる所ばかりを読て楽むべし」と言ったらしい（中野三敏『近世新畸人伝』毎日新聞社、昭和五十二年。原漢字片カナ）。「闕疑は孔子の教なり」とは、『論語』為政篇の「多く聞いて疑わしきを闕《か》き、慎しみて其の余を言えば、則ち尤《とがめ》寡《すく》なし」（多聞闕疑、慎言其余、則寡尤）をさす。「闕疑」とは、疑わしい箇所はしばらくさしおく、という意味である。『近思録』巻三「致知類」に、「書を読む者、当に聖人経を作る所以の意と、聖人心を用ふる所以と、聖人の聖人に至る所以にして吾が未だ至らざる所以の者、吾の未だ得ざる所以の者とを観るべし。句句にして之を求め、晝《ひる》誦して之を味はい、中夜にして之を思ひ、其心を平かにし、其気を易《やす》らかにし、其疑ひを闕くときは、則ち聖人の意見《みて》ん」と言う。「其心を平かにし」以下について、中村惕斎『近思録示蒙句解』（元禄十四年序）の説明を引いておこう。「其ノ心ヲ平カニスルハ。心中ヲムナシクスルナリ。其ノ気ヲ易ラカニスルハ。ソノ気象ヲユタカニスルナリ。コレミナ。文義ヲウガチテ求メザルコトヲ云。而シテナヲ疑ハシキコトアレバ。コレヲカキテ。其ノ義ニシヰテ通《ツウ》ゼントセズ。カクノ如クニスレバ。ヨク聖人ノ意趣《イシュ》ヲ見《ミ》得ルナリ。」というものである。

また、『論語』為政篇の「これを知るはこれを知ると為《な》し、知らざるは知らずと為《な》す。これ知るなり」や、子路篇の「君子はその知らざる所においては、蓋闕如《かつけつじょ》（黙っている）たり」や、『孟子』離婁下篇の「智に悪《にく》む所の者は、その鑿《うが》つが為なり」（智が嫌われるのは、穿鑿するからだ）も、同様の態度である。『荀子』巻十「議兵篇」からも引いておこう。将たる者の道としてだが、「知は疑（疑謀）を棄つるより大なるは莫《な》く、行は過なきより大なるは莫く、事は悔なきより大なるは莫し」と述べている（『荀子増注』の本文より）。

徂徠は『学則』六の最後で、次のように書く。

　故に学問の道は、いやしくもその大なる者を立て、博《ひろ》きを貴び、雑を厭《いと》はず、むしろ疑はしきを闕《か》きて、以てかの生ずるを竢《ま》つ。（日本思想大系『荻生徂徠』。特記ない場合以下同じ）

徂徠がこのように言う理由は、「（物を）養ひてこれを成し、その所を得しむるは善なり」と考えるからであり、人に「その所を得しむる」ゆえに、「聖人の世には、棄材なく、棄物なし」と考えるからであった（本書第四章）。それが可能であったのは「聖人の道は、人の情を尽くすのみ」だったからである。「故にいやしくもその大なる者を立て、撫《ぶ》してこれを有《たも》たば、孰《いづ》れか聖人の道に非ざらんや」。漢の儒学は解釈が多岐にわたる。「あに謬誤《びゅうご》なからんや。失得こもごもこれあり」。しかし、それらも何かを伝えているのであるから、「並べ存してこれを兼ぬるは、道の棄てざるなり」。時代が下るにしたがって、学問はせまくなる。「学のますます陋《ろう》なる、古《いにしへ》に及ばざる所以なり」。徂徠はその現状をもとに戻そうとしている。だから「博《ひろ》きを貴び、雑を厭《いと》はず」と言う（以上『学則』六）。その条件は「疑はしきを闕《か》」くことだけである。「疑」があるからそれを捨てるのではない。「疑」の箇所は除き、大成を期すのである。この態度が日本の古典注釈の伝統と共通することは言うまでもない。宣長は、初心者に対して「文義の心得難きところを、はじめより、一々に解せんとしては、とどこほりて、すゝまぬことあれば、聞えぬ（理解できない）ところは、まづそのまゝにて過すぞよき」「たゞよく聞えたる所に、心をつけて、深く味ふべき也」と教えている（『うひ山ぶみ』（ヨ））。

ここで、一般論として、言葉の理解に関する孟子と告子の考えの違いを見ておこう。

告子《こくし》は曰《いは》く、言《げん》に得《え》ざれば、心《こころ》に求《もと》むること勿《なか》れ。心《こころ》に得《え》ざれば、気《き》に求《もと》むること勿《なか》れ、と。心《こころ》に得《え》ざれば、気《き》に求《もと》むること勿《なか》れとは、可《か》なり。言《げん》に得《え》ざれば、心《こころ》に求《もと》むること勿《なか》れとは、不可《ふか》なり。夫《そ》れ志《こころざし》は、気《き》の帥《すゐ》なり。気《き》は體《たい》の充《じゆう》なり。夫《そ》れ志《こころざし》至《いた》り、気《き》次《つ》ぐ。故《ゆゑ》に曰《いは》く、其《そ》の志《こころざし》を持《ぢ》し、其《そ》の気《き》を暴《ばう》すること無《な》かれ、と。（『孟子』公孫丑上）

これは告子の「言《げん》に得《え》ざれば、心《こころ》に求《もと》むること勿《なか》れ。心《こころ》に得《え》ざれば、気《き》に求《もと》むること勿《なか》れ」という態度に対する孟子の批評である。告子の態度は、人の言葉が理解できない場合は、その理解を心に求めてあくせくする必要はないし、心で理解できなかったら、それを気分で理解してはならない、というものであった。これに対し、孟子は、告子の態度の後段は納得したが、前段、つまり、言葉が理解できなかったら、それを心で理解しようとあくせくするなという教えには反対した。孟子にとって、気は心の次位にあるものだから、告子のいう後段に抵抗はなかったが、言葉の不理解をそのままにして心の安泰を得ることは承認できなかったのである。

『孟子』のこの箇所に関する平均的な理解として、毛利貞斎の『孟子俚諺鈔』（元禄十二年刊）を引いておこう。

言は外なり。心は内なり。外の言に達すること能はざるが如きは、皆内の其の理を明にすること能はざるに由る。言に得ずんば、正《まさ》に宜《よろし》く之を心に反し求むべし。告子、言に得ずんば心に求むること勿れと云は、言の理終に達せずして、心も亦無用の地に舎《す》て置く。既に外に失して、遂に其の内を遺《わする》。不可なること決せり。

ちなみに、伊藤仁斎は、「言」を「聖賢の言」と解し、「言に得ざるは、我心、聖賢の言と相得て和順なること能はざるを謂ふ」とする。したがって、告子の「言に得ずんば心に求むることなかれ」という教えは、結果として「我心先にして道と離る。それ不可なるや必せり」ということになる（享保五年刊『孟子古義』）。『孟子』のこの段は、もともと不動心をいかに獲得するかという文脈におけるものである。だから次のような比喩も持ち出される。「孟子の不動心は、鏡の万物の影をうつして跡をとどめざるが如く、告子が不動心は、鏡を返して影をうつさゞるが如し」（羅山『梅村載筆《ばいそんさいひつ》』人巻。「日本随筆大成」による）。

以上は、「甚解を求めず」という態度が含む言語観と補完的に考え得る。さらに次のような現象も「甚解を求めず」と補完的に考え得るだろう。佐久間象山は、書物を携行できず、記憶しているものしか役に立たない状況になって、読書についてどう思い、どう反省したか。

凡そ書を読むには、すべからく熟誦すべし。（略）日日黙念して、因りて以て薬石となし、針砭《しんへん》となす者は、平素に精読暗記せる者に過ぎず。少時には、専ら博渉《はくせふ》を務め、多く群書を読みしが、率《おほむ》ねみな存《そん》するが如く亡《ばう》するが如くにして、今記《き》し起さんと欲すれども、卒《つひ》に能はざれば、多しといへどもまた何ぞ以て為さん。（『省諐録《せいけんろく》』）

象山にとって役に立ったのは、「平素に精読暗記せる者に過ぎ」なかった。

四　古文献の扱い

「疑はしきを闕《か》く」ことに関し、曹洞宗の独庵玄光（一六三〇―一六九八）は次のように言う。

大凡《おほよそ》、仏経儒典を解する者、其の知る所を解して其の知らざる所に於ては則ち焉《これ》を闕て可なり。己れの見聞を以て限りと為し、文義解し難きに逢ふときは、或は以て脱簡と為し、或は以て舛誤と為し、敢て塗注を加え、彝章《いしょう》を玭類《しらい》し、句字を改め易え、後学を疑誤す。是れ経典の災なり。

（『護法集』「俗談下」）

文意がわからない時はそのままにしておくべきなのに、みずからの限界のある見聞をも顧みず、それを脱簡、誤りとして、勝手に解釈し、守るべき則を書き変える。経典の災難以外のものではない。「玭類《しらい》」は欠点の意。

独庵玄光と同様のことを、幕府儒医であった中村蘭林（一六九七―一七六一）も言っている。『間窓雑録』巻一「文義疑処闕レ之」の項を引いてみよう（『日本儒林叢書』第二巻所収本によって書き下しておく）。

羅整庵曰く、「およそ経書文義、解説して通ぜざる処あれば、只これを闕《か》くべし。蓋《けだ》し、年代悠《ゆう》邈《ばく》にして、編簡錯乱、字画差訛《さか》たること、勢い、免れることあたわず。必ず、多方索補《さくほ》して強いて解し、通ぜんことを求めようと欲すれば、すなわち、鑿《うが》つのみ。昔より聡明博雅の士、多く喜んで此等の工夫を做《な》す。枉《ま》げて心力を費すに似たり。若し真《まこと》に道を求めんとすれば、断じてここにはあらず」と。余謂《おもえ》らく、この言、是なり。

古書は遙か昔に書かれたものである。時がたち、伝来が重なるに従って、書物に錯簡が生じ、字に間違いが生じることはいかんともしがたい。そのようにして、あやふやな箇所を含むことになった文章を、絶対的なテキストとして理解しようとすれば、当然のことながら、牽強附会とこじつけによらざるを得ない。それを穿鑿というのである。だから文義に怪しい所があったら、そのままにしておくのが、かえって正しい読み方なのである。それなのに、秀才たちは、何とか統一的な解釈を施そうとして、むだな労力を費やしてきた。本当に道を求めようとする態度は、そのように穿鑿する所にはない。

中村蘭林は、以上のような、羅整庵（明代の儒者、一四六五—一五四七）の考えを是とし、さらに朱子の言葉（「蔡仲默に答うる書」）を引く。朱子もまた、テキストの一貫した解釈を第二義的なこととし、聖人の心を感得することを第一義とする。したがって、「その通ずべき所は通じ、強いてその通じ難き所を通ずることなかれ」という考えになる。（同前）

その朱子もまた同じ誤りをおかしていると言ったのが、王陽明である。中江藤樹『大学考』によると、次の通りである。

朱子が『大学』（『礼記』中の一篇）に錯簡誤脱があるとして改定したのに対し、王陽明はもとのまま『大学古本』として出版した。

其后陽明夫子ハ古本ヲ是トシテ宋本ヲ非トス。蓋シ竊ニ惟ミルニ古人作為ノ書ヲ千百年ノ后ニ生レテ其錯簡ヲ知テ旧本ニ改メカヘスコトハ、其作者復タ生ズルニ非ズンバ、聖人ト云トモ及バザル所ナリ。故ニ経ヲ解スルノ法ハ伝来ノ正経ヲ主トシテ其理趣ヲ明シ、若シ通ゼザル所アラバ疑ヲ闕キテ可也。強テ説ヲナスハ是穿鑿也。経文ヲ改メ換ルハ妄作ニ近シ。

王陽明によれば、朱子は無謀にも「其錯簡ヲ知テ旧本ニ改メカヘ」した。しかし、「経文ヲ改メ換ルハ妄作ニ近シ」というものの、その作業が一種の快楽になることを、新井白蛾は見逃がさない。『聖学自在』下「論語の異字」で、「先進」篇の「沂《き》に浴す」の「浴」は「沿」の間違いだとする韓退之の説など、具体的に『論語』の異字の例をあげ、次のように言う。

世儒此等を見ては妄《みだ》りに喜び自見のごとく称して童蒙に誇り、童蒙も加様の事のみ学問ぞとおもひて、聖人の教といふ肝要の場は一向他所《よそ》の事にして、一生文字の間に往来し、徒《いたづ》らに力を費し終る也。

このようにして、「童蒙」だけでなく、「世儒」においてもまた、大義を忘れて「文字の間に往来」することが安楽で快い作業になる。

服部蘇門『赤倮倮《せきらら》』（天明五年刊）は、そのような作業が成り立たない漢訳仏典の例を明快に指摘している。

東流の諸経の中、同経異訳有る者に就て考ふるに、品（編の分類構成）の添減、文句の異同、参差《しんし》として一様ならず。是天竺流行の梵本、既に一種に非ざる上、且翻訳の三蔵、筆授潤文の諸学匠の意楽に由り、凡そ百の名物より、行文用字に至るまで、必しも旧を襲はざるが故なるべし。然れば今経を解する者、只其大綱を得ば已《やむ》べし。若文文句句を逐て義理を求めば、支離破砕、反って本意に戻る者多かるべし。（原漢字片仮名）

もともと十全なものではないテキストを、いくら厳密に読解しても、それは空しい作業である。空しい作業が空しいままで終れば、作業の空しさが残るだけであるが、その空しい作業が、結果的に、人を惑わすことがある。上田秋成は、『胆大小心録』第四項の中で、次のように具体例をあげてその点を指摘する。

秋成が『霊語通』という仮名遣いの本を寛政九年（一七九七）に出版した時、江戸の村田春海が「学問に私《わたくし》めさるよ」（私見が多い）と批判してきた。秋成は「わたくしとは才能の別名也」と言って、堯が舜に天下を譲った「よき私」以下、多くの「私」の例を出して、軽くあしらった。そして次のように述べる。

書典をとく事は有るまじき業なれど、世久しくなりては、言語たがひ、文字にも仮借転注《かしやくてんちゆう》など云ひて、たとへやら何やらをいふてとく事じやが、それはよし、此便りに我が思はくをくはへてかしこげ也。陶淵明云ふ。「書は其いふ所の大意をよみ得たるにて、其余はしれぬ事は其儘にしておけ」といひし。絃のかけたらぬ琴をかいなでゝ、「趣をのみ知りて遊びし」と云ふと同談也。

此ことわりよし。（『胆大小心録』四。日本古典文学大系『上田秋成集』）

秋成は古典を解くことそれ自体は、必ずしも否定しているわけではない。歳月を距ててしまった古典を可能なかぎり考証し、さかのぼって理解すること自体は、やむを得ないことだと考えている。しかし、その作業のついでに、「我が思はくをくはへ」ることがさかしらなのだと言う。その考えに沿うものとして陶淵明の主張を引き合いに出す。その中で、淵明の無絃琴を出して、音律を解しなくても、「趣をのみ知りて遊びし」という態度にも言及している。極端な喩えであるが、穿鑿を排する徹底的な態度の表明としてわかりやすい。なお、陶淵明の無絃琴の楽しみ方を、『宋書』巻九十三「隠逸伝」は、「潜（陶淵明）は音声を解せず、而れども素琴一張を畜へ、弦無し。酒適有る毎に、輒ち撫弄して以て其の意を寄す」と伝えている。

前記『胆大小心録』四の中村幸彦頭注がすでに指摘しているように、秋成は『遠駝延五登《をだえごと》』一でも、陶淵明を引く（中央公論社版『上田秋成全集』第一巻。引用者の私意で濁点、振り仮名を付し、句読点を区別した。以下特に断わらないかぎり、秋成の引用は『上田秋成全集』による）。

陶淵明云、書を読てしひて解得ん事、吾は求めず、羲皇《ぎこう》一画を引し始に、解説あらず、文王、周公、是を演《のべ》て爻象《こうしょう》をなし、孔子、是に辞を繫て致らしむに倣《なら》ひ、書典ことぐ〵、解をつとむとて私をくはへ、いにしへの伝へ有が如に云は、なべてさかし人の心也、其大意を会して、詳なる事を索《もと》めざれとぞ。絃無き琴をかいさぐりて趣を楽しまれしと云は、是也。

「爻象」は易の爻《こう》辞と象《しょう》辞。同様に、広瀬旭荘の「無字の書を読め」という主張もわかりやすい。

　人有レ字ノ書ヲ読ムコトヲ知ル。無レ字ノ書ヲ読ムコトヲ知ラズ。明道先生ノ、文章ノ学ト、訓詁ノ学トヲ嘆ゼラレシモ、宜《むべ》ナルカナ。論語ヲ以テ見ルニ、夫子ノ学而不レ思則罔トハ、即此病ヲ治スルノ良薬ナリ。思フトハ、無レ字ノ書ヲ読ムコトナリ。（日本儒林叢書第二巻所収『九桂草堂《きゅうけいそうどう》随筆』巻一）

「学而不レ思則罔」は、『論語』為政篇では「学びて思わざれば則ち罔《くら》し、思うて学ばざれば則ち殆《あや》うし」と対になっている。程明道は、「文章ノ学」「訓詁ノ学」に対して、道の学を対置している。旭荘はそれらを引きながら、「字無きの書」を読むことの必要を訴え、言葉の穿鑿にふけり、そこにとどまる学問をいましめている。

　秋成は、『胆大小心録』五では、陶淵明だけでなく、或人の「しいてしれぬ事をしらんとするは、かへりて無識じや」（雨森芳洲の『橘窓茶話』。日本古典文学大系『上田秋成集』の中村幸彦注）という言葉を引いて、「しらぬ事に私はくはへぬ也」と自己の態度を表明し、反対に「又此古言《ふること》をしいてとく人あり」と言って、宣長の「私の意多かりし」「ひが事」を批判する。

　雨森芳洲の同旨の言葉を秋成は他の著作でも引いている。「雨伯陽茶話に云」（『遠駝延五登』一の異文）、「雨森某が云」（『金砂』四）、「雨伯陽と云博士。の茶話と云ふみに」（『金砂剰言』）。

『金砂』四では、芳洲の言葉を引いたあと、万葉の「久かたのあまのさくめか岩舟のはてし高津はあせにけるかも」の歌の取り扱いについて、次のように言う。

哥は風流の遊びなれば。伝へをかしと思ふ事は。よみて玩ぶに。科あるべきにあらず。この物がたりは。つたへてよみつべき事也き。

秋成は、この万葉の天若日子が天くだった歌に関しては、「伝へをかし」と思うから、「よみて玩ぶに、科あるべきにあらず」、しかし、「物がたりは。つたへてよみつべき事」と、区別している。秋成にとって、歌と歴史書の真偽の扱いは異なっていいものであった。『金砂』四の他の箇所で、「いともたしかならぬ事も、哥にはよみて玩ぶ事、和漢ともに同じきをや」と、同じ趣旨のことを述べている。

秋成は必ずしも、古代の事が現在は用いられないことが多いからという理由で、それを無益の学問と考えていたわけではない。ただ、古代の文献を論定することの絶望的な困難さを言ったのである。たとえば、と秋成は言う。『源氏物語』の「梅が枝」巻に、「嵯峨のみかどの、古万葉集をえらびて書せたまへる、四巻」とあるが、これを根拠に、万葉集のうち四巻は古いと言っても、その巻は現在のどの巻にあたるのか、と問われれば、知らないと答えるしかない。また、万葉二十巻のうち家持の家記が多いと言っても、家持の歌が残ったのは僅かだと思わざるを得ないのは、万葉では天平宝字三年（七五九）正月の歌が最後だが、家持はその後二十七年間も生きていたからである。『古今集』の、万葉の成立時期を問われて詠んだ文屋有季の「神なづき時雨降おけるならの葉の、名におふ宮の古ことぞ是」という歌を読めばわかるように、この頃すでに根拠は不確かだった。「かゝる古書は、こゝのみならず、西土に、文字に書て、まことしく伝ふるにさへ、代々の乱に失はれて、わづかに散のこれるをもて、私の捕ひわざするとや」。こういうことは日本にもあると具体例を記した秋成は、次のように古文献の不完全さを歎く。

古書籍と云も、村上の天徳四年の火にかゝりて、原書は世にとゞまらず。今伝へしは、撰者の家記の余燼か、或はこゝかしこに散残れるを、輯録して、全を成せる者なれば、いかで補闕脱漏のなからんやは。（『金砂剰言』）

天徳四年（九六〇）の内裏の火災で古典籍の原書はすべて焼けてしまった。復原は、編者の家記の残欠か、世に散在したものの輯録によるしかなかった。こういう認識を持っていた秋成は、だから次のような態度を最もよしとした。

（古代という）楢の林に分入しが、落葉に埋れし下途は、こゝと踏つけて、跡とむべき方無き事どもは、朽はめるまゝにかきよすべからず。たゞ色よきを取つみ、目に見さだむべきを、心にしるしとゞめて、遊び敵とせんものぞ。さるは損益にも拘はらねば、時に利無くとも、功あらずとも、薄禄不遇に安んぜんとのみ思へば、何の憤りも歎きもあらずかし。（同前）

落葉におおわれて道が分からなくなったら、適当に見当をつけて進み、跡をそれとはっきり尋ねられない事柄はそのままにしておき、意味のあるもの、確実なものだけを心に刻みとどめて、慰みとすべきである。そうすれば、現実的な利や功がなくても、損益にかかわらないのであるから、現実の「薄禄不遇」とは無関係に、つまり、憤りや歎きとは無関係に、楽しむことができるのである。

天徳四年の内裏火災のことは、『遠駝延五登』にも言及がある。その中で、秋成は、古書が焼けてしまった現状に対する態度を、「切たえし絃の足はぬに心をやれるぞまどひなからめ」と、ここでも陶淵明の無絃琴の比喩をもち出して語っている。
新井白石もまた古文献（旧事本紀、古事記、日本書紀等）の記述を鵜のみにすることを警戒している。その理由は、古来日本人の間で言い継ぎ語り継いできた事柄を、漢字で表記しているからである。だから、「本朝上古の事を記せし書をみるには、其義を語言の間に求めて其記せし所の文字に拘はるべからず」ということが必要になってくる。漢字で表記する際に種々の工夫をしてきたのだが、漢字が仮に用いた文字であることに変わりはない。では、「其義を語言の間に求め」るとはどういうことか。たとえば、我が国上古の俗に、海を「阿麻」と呼び、天を「阿毎」（転じて「阿麻」）と言う。ここに「高天原」と記されている文献を見る人が、これは上天・虚空を指すと解するとしたら、「仮用ゆる所の字（この場合は「天」）其の疑似に渉れるが故なり」。この解は「天」という文字にひきづられたものである。だから、文字に拘わらず、上古の俗に「多珂阿麻能播羅」（タカアマノハラ）と言った語言によって、その意味を求めるならば、「多珂間」が海上であることが明確になるのである。語言には、古言、今言があり、そのそれぞれに方言があり、その方言の中にそれぞれに雅言、俗言がある。それらを十分にわきまえて意味を求めなければならない。では、複数の史料の中からどのように意味を確定していったらよいのか。（『古史通』「読法」。『新井白石全集』三巻）
昔、孔子が魯の国史春秋の書を筆削した。それを伝える三書も世に伝えられてきた。この『春秋』を学ぼうとする者は、孔子の「筆削の意に於て能く得る所あるを以て能くその学を伝ふるとはいふべき事勿論也」。本朝の国史を学ぶことにも似た所がある。『旧事本紀』『古事記』『日本書紀』はすべて勅旨にかかるが、記述にはそれぞれに異同がある。『春秋』伝に異同があることと同じである。だから、『日本書紀』の説だけに従うのはよくない。

いづれの書に出し所なりとも、其事実に違ふる所なく、其理義におゐて長ぜりと見ゆる説にしたがふを、稽古の学とはいふべきものなり。

事実かどうかを確認し、その上で、理義の面から見てよりすぐれていると見える説に従うのが古きを考える学問のやり方である。こう白石は述べている。（同前）

ここで書物の校訂に関する蘇東坡の考えを見ておこう（『東坡志林』巻五。中国古典文学大系「記録文学集」所収）。

近世の人は軽々しく自分の考えで書物を改める。浅薄な人間は好みも大抵似たり寄ったりであるため、その尻馬に乗って賛成し、かくて古書は日に日に誤謬が多くなる。まことに腹立たしくも憎むべきことである。私の少年時代をふりかえって考えてみても、先輩たちは決して軽々しく書物を改めるようなことはしなかった。だから蜀本（宋の時代、四川省で刻印された本）の大字の書はみな善本である。蜀本の『荘子』に「用志不分、乃疑於神」とあり、この「疑」の字は『易』の「陰疑於陽」や、『礼記』の「使人疑汝於夫子」と同じである。ところが今の四方の本はみな「凝」に作っているのである（用志不分、乃疑於神」は『荘子』外篇「達生編」。「志を用いて分かたざれば、乃ち神に疑《ぎ》（擬）す」の意）。

また、陶潜の詩に

菊を採る東籬の下

悠然として南山を見る

とある。菊を採るついでに、偶然山を見たのである。全く意識しないで、しかも境と意が一致したのであって、だからこそ嬉しいのである。ところが今本ではみな「南山を望む」に作っている。(1)

杜子美(杜甫)に

白鷗　浩蕩に没し

万里　誰が能く馴らさん

とあるのは、つまり煙波の間(浩蕩—引用者注)に滅没するの意である。しかるに宋敏求《そうびんきゅう》は私に向かって、「鷗が水に没することは解せぬ。これは『波』の字に改めるがよい」と言った。右の二つの詩をそうした二字に改めると、一篇は全く味も素気もなくなってしまう。

蘇東坡は同じ趣旨のことを十二巻本『東坡志林』巻七、『仇池筆記』巻上「以意改書」でも書いている。また、詩語を勝手に変えることを批判した『冷斎夜話』(宋の恵洪著。寛文十年刊和刻本)も、杜甫の詩の「没」を「波」に改めた点に言及している。杜甫の詩は、「韋左丞《いさじょうじょう》丈に贈り奉る、二十二韻」の末尾で、「白鷗」に自由への願いが託されている。

五　無為に至る道

貝原益軒は『楽訓《らくくん》』巻下「読書」の項で、詩歌は、自分で作るより、その折々にふさわしい古い詩歌を口ずさむほうが面白いと書いている。それは、自分で作る労がなくてすむし、「つたなき詞《ことば》を以て」作り出せば、自分ではなかなかの出来栄えだと思っても、「詩歌を知れる人の見る目も恥《はづ》かしいことになるからである。

大坂懐徳堂の中井甃庵《しゅうあん》もまた『とはずがたり』（『不問語』）で次のように言う。

詩をも歌をも、つくりならひて、大かたよしと、人もいはんころには、かならずをのれつくらずとも、ふるきあと誦し出して、たのしむがよし。をのれかならずとすれば、心をつからし、あるはほまれを求めて、のどけからず。心をのどめんとするものをもて、せはしくするなり。（懐徳堂堂友会刊）

「心をのどめんとする」詩歌において自己の価値に執するならば、まさしくその詩歌によって自分の心を「せはしくするなり」と、甃庵は言い放つ。

詩人として知られる広瀬淡窓もまた、「平生多病ニシテ、心思鬱悶《ウツモン》スルコト多シ。此ノ如キ時ハ、必ズ古詩ヲ諷詠シテ、思ヲ遣《ヤ》ルナリ」「故ニ予ハ古詩ヲ誦スルコトヲ好ムノミ。自ラ詩ヲ作ルコトハ、必シモ好マズ。是其平生ノ作ル所、甚ダ多カラザル所以ナリ」と言う（『淡窓詩話』上巻）。

清田儋叟《せいだたんそう》も同じ口調である。『芸苑談』で作文について次のように言う。

文はほし蕪ほし大根の如くに作るべし。煎餅の如くにすべからず。排比鋪陳《はいひほちん》（順序よく詳述する）はおのづから軽薄を生むと知るべし。其上排比鋪陳に過ては本意を取失ふ事多し。虎よりは龍強し、龍よりは雲、雲よりは風、風よりは垣、垣よりは鼠、と段々にいふて、猫を鼠猫と名づけしといふ事、秘笈にいづ。米芾《べいふつ》が聖人の賛に、聖人を十迄連呼したり。媟狎《せつこう》（なれてあなどる）にして不敬甚し。金の粘没喝《ねもか》、中国へ打入し時、軍士の中に聖人の御墓を掘かへさんといゝし者あり。粘没喝、通事高慶裔に問て曰、孔子とはなに人ぞ。高慶裔が曰、古今大聖人。粘没喝が曰、古今大聖人ならば、其墓をば掘かへすべからずと。凡そ、古今の聖賛、此一句の外にいでず。排比鋪陳の無益なる事、右にても知るべし。

聖賛は、「其墓をば掘かへすべからず」という一句で十分で、「排比鋪陳《はいひほちん》」はくだくだしいだけでなく、誤りに導くことがある。もちろん、これらの見解は儒者に限ったことではない。正法律を唱えた慈雲《じうん》飲光《おんこう》（一七一八―一八〇四）も、次のように言った。

典籍を読まば略《ほぼ》其の義に通じて可なり。其の隠れたるを索《もと》むべからず。（『十善法語』第五「不綺語戒」）

本はほぼその意味がわかればいい、穿鑿は不用と言っている。慈雲飲光がこのように言う背景は、次のような人間観、人生観である。

正しく云はゞ、出家人にもせよ、在家にもせよ、大人たる者は渾然として璞《あらたま》の未だ磨せざる如く、淵の浪だたざる如く、此の処、道の存する所じや。伎芸の徳を損ずるを看る。文采《ぶんさい》の性《せい》を傷《そこな》ふを看る。詩は古詩を誦《しよう》して可なり。時あつて志を述ぶる、工拙は所論ではない。歌は古歌を詠じて可なり。時あつて懐を寄する、工拙は所論ではない。善言善行は古の聖賢を称して可なり。我言を立つべきならず、我行を飾るべきならず、事に触れて唯過《あやまち》少なからんことを思ふべきじや。（同前）

慈雲が言っていることは、ほぼ、陶淵明も白幽子も大田定吉も熊沢蕃山も言いたかったことである。素朴で静かな深さに人間の価値を見、技巧が人の徳や性を損なうがゆえに、詩歌は古詩歌を誦し、時に素朴に志懐を述べるだけでよく、工拙は論ずるところではない、善言善行も「我」を立ててしまうとまずいから、ただ、誤りが少ないように心がけるだけでよいと言う。ここには、『論語』述而《じゅつじ》篇の「述べて作らず、信じて古《いにし》えを好む」という態度が遠く響いているだろう。

津の藩儒であった斎藤拙堂（一七九七―一八六五）は、大坂の朱子学者篠崎小竹（一七八一―一八五一）の言葉を次のように伝えている（「小竹先生墓碣銘」、『拙堂文集』巻五）。

経学は習いてこれに熟するに在り。苟《いや》しくも習いてこれに熟すれば、胸中おのずから得る所有り。宋以後、講学する者各々発明する所有り。これを要するに、朱子の完善なるに若《し》くは莫《な》し。文離拘泥はすなわち学者の過ちのみ。文詩を作るに、甚しく刻意せず。いわく、文は意を達するのみ、詩は志を言うのみ、何ぞ巧を弄んでこれを為《な》さん。（原漢文）

篠崎小竹もまた、経学の「受容の本意」を「習いてこれに熟すれば、胸中おのずから得る所有り」というところに求めている。「文離拘泥」（バラバラで意義が通じない）は学ぶ者の誤りだと言っている。しかも、小竹はその態度を、読書だけでなく、書くことにも適用させて、「文詩を作るに、甚しく刻意せず」と言うのである。文章や詩を作るに際して、言葉の彫琢にこだわり技巧を弄することに苦心しない。なぜなら、文は意味が通じればいいのだし、詩は志が表出されていればいいからだ。ここで、読書における「甚解を求めず」（不求甚解）が、作文作詩における「甚しく刻意せず」（不甚刻意）に対応している。

　このことを篠崎小竹自身の言葉で確認しておこう。『小竹斎文稿』弘化三年分の中に収録されている「龍護師詩鈔序」と「跋絹洲林谷遺稿題言」に見える考えである。「龍護師詩鈔序」で小竹は次のように言う。龍護上人の詩を「いまだ甚しく工《たく》まず」（未甚工）と批判する人がいる。しかし、「甚しく工まず」（不甚工）という性格こそ、上人たるゆえんなのである。昔、李伯時は馬を画くのに巧みであった。円通師がこれを叱って「汝は馬を画き、その技の神妙さを誇るのなら、馬の腹の中へ入るがよい」と言った。黄山谷は詞を作るのに巧みであった。円通師はまた叱って、「汝、艶語をもって世の人々の婬心をゆり動かすのなら、泥犂《でいり》（地獄）の中に生まれるがよい」と言った。僧が大事にするものは、芸の巧拙にはない。今、龍護上人に帰依する人は多い。その詩は遊戯の余の玩びであって、苦心して彫琢し、巧みをもって人に勝とうとしているのではない。その自在さは巧拙の外にある。円通師も私と同じ評をするだろう。人のいわゆる「甚しく工《たく》まざる者」（不甚工者）は「甚しく工《たく》む者」（甚工者）の上にあるのである。

　小竹は、龍護の詩の性格およびその評価に託して、みずからの考えを主張している。また、「跋絹洲林谷遺稿題言」では絹洲林谷を評して、「絹洲林谷は平生文に刻意せず、しかもその体を自得す」（絹洲林谷平生不刻意於文而自得其体）と言っている。これも小竹自身の考えの反映とみることができる。なお、「絹洲《けんしゅう》」は阿部温（一七九三―一八六二）、頼山陽の弟子。「林谷《りんこく》」は細川（広瀬）潔（一七八二―一八四二）。林谷は、阿部絹洲の父良山に篆刻を学んでいる。ともに讃岐の出。龍護上人は真宗の僧（一七九三―一八五六）、亀井南冥に漢学を学んだという。

では、ここであらためて無為とはなにか。

扨無為とは。有為に対する語にて。何もせずに居るといふではなし。自己流の無きといふこと也。天理に従ひて。己れを用ひぬといふこと也。有為は理の外をすること也。こしらへごとゝ云ふこと也。故に無為といふも。理といふも。天といふも。道といふも。神といふも。同じこと也。皆左なければならぬ理といふこと也。（海保青陵『老子国字解』巻一、「是以聖人処無為之事」の注解）

無為とは、可能なかぎり自己流から脱する態度を言う。本節の「無為」もこの意である。「無為」は太宰春台が、衰世に無為の道を提唱したことによっても知られるが（『経済録』巻十「無為」）、ここでは明治の星野天知の言葉を引いておこう。「蓋し無為とは「行はざる」の意味に非ず、己れの小才覚《しょうさいかく》即ち最小なる人類の知識を以て同類の人類を制服せんとするの誤ちを醒《さま》し、無心にして己れを道の上に修養せば人自《おのづ》から治まらんと言ふにあり」（「老子を読む（上）」「女学雑誌」三十二号）。

六　葛藤を打す

「甚解を求めず」という態度を以上の如く理解すると、「甚解」は禅で言う「葛藤」に似て見えてくる。経典や祖師の言葉を絶対的な規範とするゆえに、悟りへの道筋が、つたかずらが樹にからみつくように、錯綜することである。文字言句にとらわれて、にっちもさっちもいかなくなることである。

禅は何よりもその葛藤を忌避する。「見ずや、釈尊云く、法は文字を離る、因にも属せず縁にも在らざるが故なりと。儞が信不及《しんぷぎゅう》なるが為に、所以《ゆえ》に今日葛藤す」（『臨済録』上堂一）、「座主は会せずして、葛藤窠裏《かり》（穴の中）にあり」（『碧巌録』第十四則）というわけである。したがって、禅では、文字言句は不用な反故紙にたとえられる。「三乗十二分教も、皆是れ不浄を拭うの故紙なり」（同前、示衆十）。

「甚解」が「葛藤」に似ているのであるから、「甚解を求めず」は「葛藤を打す」態度に似て見えるのは当然である。禅では、まとわりつく文字言句を蹴散らして、切り裂いて、自由な境地が目指される。真宗の粟津義圭もまた同じことを言う。『大経《だいきょう》和讃二十二首　即席法談』（安永二年刊）下巻から、義圭が説教の材料とした話を見てみよう。そこには、以上のことが取り揃えられている。

「百年鑽《キリテ》古紙《ヲ》何《イヅレノ》日《カ》出頭《ノ》時ト云語《ゴ》ガアル」。これは昔、古霊《これい》の神讃《しんさん》禅師という人が小僧の時、三人の兄弟弟子がいた。禅宗のことだから、三人とも師匠の手を離れて諸方を遍参することになった。三年後、三人は寺に帰って、師匠に対面した。師匠が、この三年の間に何を学んだかと問うた。一人は「コレ〳〵ノ録」「詩文章」を学んだと言い、もう一人も「学問」も「詩作」もできるようになったと言った。しかし、神讃は「私儀ハ何《ナン》ニモ学ビマセナンダ」、詩も作らず、講釈も聞かず、手習いもせず、「唯《タダ》遊ンデヲリマシタ」と答えた。師匠は怒って、それからは小厮《でっち》代わりに召し使った。ある時、師匠は行水して、神讃に背中を流させた。神讃は背中を流しながら、「惜哉《アツタラ》仏檀ニ仏ガナヒ」という意味のことを、唐話《からことば》で、「好箇《カウカ》仏堂無仏」とつぶやいた。その後、師匠が窓前で本を読んでいると、一匹の蝿が窓障子の夾間《さま》でぶうぶうと言っている。これを見た神讃は次のような四句の偈を作って唱えた。「空門不㆓敢《アヘテ》出《デ》㆒　投窓《タウサウ》也《マタ》　太《ハナハダ》奇《キナリ》　百年鑽《キリテ》㆓古紙《ヲ》㆒　何《レノ》日《カ》出頭時」。この偈の意味は、あの蝿は障子が明るいから向こうへ出られると思っているのだが、紙に隔てられて出られない、後の方の広境《ひろみ》へさえ出れば自由に出られるのを知らない愚かさよ、我が師匠もこの蝿と同じことで、「学問シテ悟《サト》ラルモノ、様ニ常住書物ヲ読テ居ラル、ガ、其様ニ文字葛藤《カツタウ》ニク、ラレテハ悟道スル時節ハアルマヒ。立返《タチカヘリ》テ我ガ身ノ心法胸《ムネ》ノ中ノ広海《ヒロミ》ヲ証ルコトヲ知ラレヌト㆓云師匠ヘノ風諌《アテコト》ギヤ」。師匠は大いに驚き、のち二人は相弟子となって、ともに百丈禅師の弟子となった。

義圭は以上のように語ったあと、「今モ亦復《チヤウド》其如ク」と、この話材をみずからの他力の説教につなげていくのであるが、義圭の説教によって、禅の話題はより広い場で展開されることになる。

なお、この話は、『五燈会元』巻四「古霊神賛禅師」によれば、三人の兄弟弟子のことはなく、神賛は行脚して百丈禅師に遇って開悟し、もとの寺に帰って来た時の話になっている。また、神賛が「好所仏堂而仏不聖」（さきの「惜哉《アツタラ》仏檀ニ仏ガナヒ」にあたる）と言った時、師がふりむくと、神賛はさらに「仏雖不聖、且能放光」と言ったという。また義圭の「蝿」は「蜂」に、偈の一句目の「敢」は「肯」、「太奇」は「大癡」となっている。

七　実学

見てきたように、「甚解を求めず」の展開は、江戸期の啓蒙の精神を指し示している。先入見を排し、勝手な夢想に陥らないという精神は、「甚解を求めず」という態度に内在する二つの側面、理性的な常識によって過不足のない認識に達することと、誤りを生産し、伝えないという態度において、徳川時代においても、啓蒙の精神が深く静かに潜行していたという認定に導くだろう。ただ、西欧における啓蒙が、自然や社会や個を貫く認識から発したのとは異なって、徳川時代は、儒教や仏教の古典籍が西欧の場合の自然や社会や個に相当したということは言っておかなければならない。たとえば、山崎闇斎学派の佐藤直方は「中国論集」（日本思想大系『山崎闇斎学派』所収）で、中国・夷狄の分かちは地形の問題にすぎないと断じつつ、しかし「今聖賢ノ書ヲ読デ居敬究理ノ学ヲスル人ハ、唐ヲウラヤミシタフベキコト也」と言う。なぜなら、「日本ノ書デ天地自然ノ道ヲ求ムル書アラバ幸ナル事ナレドモ、吾不才、イマダ其書ヲ考ルコトナキユヘ、若年ヨリミツケタ儒書ヲ日本口ナガラ読デ道ヲ求ルル外ハナシ」という事情だったからである。「日本口」は、漢文の日本風の読み方のこと。佐藤直方が「天地自然ノ道ヲ求ムル書」と言っているのは、ここで言う自然や社会や個を論じた書物のことである。日本にそういう書物がなかったということは、端的に、そういう思考がなかったということを意味する。だからこそ、自然や社会や個を支配することに対してまず書物の支配ということが端緒にならなければならなかった。書物をどう支配するか。それが徳川時代の啓蒙の核心にあった。つまり、儒教や仏教の古典籍は、ものを考える人間の頭の中にはっきりと自然や社会や個として（あるいはそれらの代替物として）現存していたのである。古典籍が自然や社会や個に相当していたから、古典籍をどう扱うかが啓蒙の核心になった。ここから始めるしかなかった。

三浦梅園の次の言葉はそのあたりの事情を皮肉っぽく語っている。

又こさかしき男の是もがてんゆかぬ事も、うけ合ぬ人もあれども、其のうけ合ぬに証拠もなし。さあればどち《ママ》もをなじ証文もたずの人〻なり。それを押してなじりて見れば、何の経にある何の論にあると云が証拠の根元なり。其うけ合ぬ人もなじりて見れば何の経書にある誰先生の云れたと云は《〔が〕》うちどめなり。然《しかれ》ば証拠の本は書物なり、書物の本は古人なり。其古人と云ふは、古の世の今の人なり。父や母の躰をかり、針たつれば血のたる身を持たる人にて、むかしより造物者の云へるごとく思ゐるは僻事なり。（「洞仙先生口授」。岩波文庫『三浦梅園自然哲学論集』所収）

このような安易な書物依存は、針を立てれば血の出る、我々と同じ人間にすぎない古人の言葉を造物者の言ったことのように考える思い違いによる。

富永仲基（一七一五―一七四六）は「天下儒仏の道、また儒仏の道のごとくんば、これ何の益かあらん」（『出定後語』序）と言う。儒仏の道は、日本の現在に実効性がなければ、何の意味もないというわけだ。そして誠の道を提唱する。「益」があるためには、現実の場において「儒仏の道」をとらえ直すしかなかった。そこにいわゆる実学が胚胎する。

自然科学者、経済を中心とする実学者、そして農学者たちの活動にとって、古典籍はむしろ害であった。三浦梅園は、先入見を強く排した哲学者であった。先入見は、書物だけから出来上がるものではないにしても、書物が理性を錬磨する訓練の機会であると同時に、先入見の保持に大きな役割を果たしていたことは間違いない。永富独嘯庵の『漫遊雑記』（明和元年〈一七六四〉刊）の冒頭を引いておこう。書物との付き合い方を述べて、さまざまな領域の技術習得に共通する方法を示している。

凡そ古医方を学ばんと欲する者は、当《まさ》に先づ傷寒論を熟読すべし。而して後、良師友を撰びて、之に事《つか》へ、親しく諸《これ》を事実に試むること、若《も》しくは五年若しくは十年、沈研感刻して休《や》まざるときは、自然にして円熟す。而して後、漢唐以下の医書を取て之を読むときは、則ち其の信妄良《しんもうりよう》窳《ゆ》、猶《なを》明鏡を懸けて、而して妍媸《けんし》を弁ずるが如し。然らざるときは、則ち億万巻の書を読み尽くすと雖ども、先づ要するに術に益無し。

「良窳《りようゆ》」は善悪、「妍媸《けんし》」は美醜。

実学者海保青陵は、その徹底した経済思想から、儒学を全く無効のものとみなした。農学者も書物を不要のものとした。ライプニッツは、デカルトの学徒が「先生の著書に頼って、理性や自然を後廻しにする癖がつきはしまいかと心配してゐる」と書いている（『形而上学叙説』十七。河野与一訳、岩波文庫）。

ここでは、『二宮翁夜話』から、二宮尊徳の考えを確認しておこう。尊徳にとってもまた、書物との関係は、その活動のはじめの段階で決着をつけておかなければならない事柄であった。

尊徳は、誠の道の本体は、「学《マナ》ばずしておのづから知《シ》り、習《ナラ》はずしておのづから覚《オボ》へ」るものであり、書籍も記録も師匠もなくて、しかも「自得《ジトク》して忘《ワス》れ」ないものだという（巻一―一〇―引用も通し番号も、日本思想大系『二宮尊徳 大原幽学』による。ただし振り仮名は省略した所がある）。喉がかわけば飲み、腹が減れば食い、疲れたら寝、さめたら起きるという生活が誠の道の本体なのであるから、「我教《ワガオシヘ》は書籍《シヨジヤク》を尊《タフト》まず、故《ユヘ》に天地《テンチ》を以《モツ》て経文《キヨウモン》とす」（同前）。

汲めどもつきぬ誠の道が貫かれている場は、書物ではなく、天地である。ここで「誠の道」とは生活の本源という意味で使われている。尊徳は、さらに「音《ヲト》もなくかもなく常《ツネ》に天地《アメツチ》は書《カ》かざる経《キヨウ》をくりかへしつゝ」という自作の歌を引き、このように尊い天地の経文を外にして「書籍の上に道を求《モトム》る、学者輩《ガクシヤハイ》の論説《ロンセツ》は取《ト》らざるなり」と断言する。

ある儒学者に尊徳は言う。君たちの学問は「仁義を行んが為に学ぶにあらず、道《ミチ》を踏《フマ》んが為に修行せしにあらず、只書物上の議論《ギロン》に勝《カチ》さへすれば、夫にて学問の道は足《タ》れりとせり、議論達者《ギロンタツ》にして人を言伏《イヒフ》すれば、夫にて儒者の勤《ツト》めは立と思《オモ》へり」と言い（巻一—一一）、ある村の富農が自分の怜悧な子を湯島の聖堂へ入れて勉強させたいという話に対して、「道を学んで、近郷村々の人民を教へ導き、此土地を盛んにして、国恩に報いん為に、修行に出る」ならいいけれど、「祖先伝来の家株を農家なりと賤《イヤ》しみ、六かしき文字を学んで只世に誇《ホコラ》んとの心ならば」、それは間違いだと言っている（巻四—一六六）。

以上のことは、書物の上の学問が、実地に活用されているかどうかの問題であって、さきに見たように、読書において、「受用の本意」が目的とされているかどうかと同じ検証の仕方だと言ってよい。だから、尊徳は、以下のように、学問は活用だとくり返した。「学問は活用を尊《タフト》ぶ。万巻の書を読むといへ共、活用せざれば用はなさぬものなり」（巻二—三九）、「大道は譬《タトヘ》ば水の如し、善く世の中を潤《ジユン》沢《タク》して滞《トヾコホ》らざる物なり、然る尊き大道も、書《シヨ》に筆《ヒツ》して書物と為す時は、世の中を潤沢する事なく、世の中の用に立つ事なし、譬ば水の氷りたるが如し」「而て書物の注釈と云物は亦氷に氷柱《ツラヽ》の下りたるが如く」（巻二—六二）、だから、書物を活用するには、氷や氷柱をとかして水にしてからでなくてはならず、そのために必要な胸中の温気《うんき》がなくて用いれば、水の用をなさないのは当然で、「世の中神儒仏の学者有て世の中の用に立《タ》ぬは是が為なり」（同前）。「神儒仏の書、数万巻あり、それを研究するも、深山に入り坐禅するも、其道を上り極《キハム》る時は、世を救ひ、世を益するの外に道は有べからず」「縦令《タトヒ》学問するも、道を学ぶも、此処に到らざれば、葎蓬《ムグラヨモギ》の徒《イタヅラ》にはい広がりたるが如く、人世に用無き物なり、人世に用なき物は、尊《タフト》ぶにたらず」（巻四—一四九）、「学者書を講ずる悉《クハ》しといへども、活用する事を知らず、徒《イタヅ》らに仁は云々義は云々と云り、故に社会の用を成さず、只本読みにて、道心法師の誦経《ジュキャウ》するに同じ」（巻五—二一三）。

ちなみに、北村透谷は「二宮尊徳翁」で、尊徳に従っていた小山《おやま》春山の「翁は書を以て講ぜず、古人に随って遊ばず、説くところ談ずるところ一々其胸臆より発す」という言葉を伝えている（『透谷全集』第一巻所収）。

ざっと以上の通りである。だからと言って、尊徳は神儒仏の書を無視したのではない。書物を一度実地に返し、そのうえでかみくだいて解釈し直し、新しい意味を与えたのである。その例を『二宮翁夜話』からいくつかあげてみる。

仏教の説く三世の因縁を、尊徳は草の成育で語る。現在は若草であるが、過去を悟れば種であり、未来を悟れば花が咲き実がなる状態である。この、種→草→花実で三世の因果はわかりやすく理解できるとして、「而て世人此因果応報の理を、仏説と云へり、是は書物上の論なり、是を我流儀の不書の経に見る時は、釈子未《ダ》此世に生れざる昔より行れし、天地間の真理なり」（巻二—四四）。「不書の経」とは、先述の「書かざる経」のことである。『論語』顔淵篇に、「礼にあらざれば視ることなかれ。礼にあらざれば聴くことなかれ。礼にあらざれば言うことなかれ。礼にあらざれば動くことなかれ」という、「礼」を強調した言葉がある。尊徳は、これを引いたあと、「通常汝《ナンヂ》等の上にては夫にては間に合ず、故に予は我が為になるか、人の為になるかに非れば、視る事勿れ、聴く事勿れ、言ふ事勿れ、動く事勿れと教ふるなり、我が為にも、人の為にもならざる事は経書にあるも、経文にあるも、予は取らず」と言い切る（巻五—一三七）。日常を必死になって生きていかなければならない人間にとって、視聴言動が「礼」にあたるかどうかは迂遠な事柄である。まず、自分の為になるか、人の為になるかという観点からでなければ、視聴言動は言わない。その観点がなければ、経書、経文にあることでも私には無縁の言葉である。尊徳はそう言っている。したがって、「予が説く処は、神道にも儒道にも仏道にも、違《タガ》ふ事あるべし、是は予が説の違へるにはあらざるなり」（同前）という見解になる。

尊徳は、文政五年から小田原藩主大久保忠真の懇請によって、下野国の桜町四千石の復興にとりかかった。その時の心構えを次のように語っている。

皇国開闢《カイビヤク》の昔、外国より資本を借りて、開きしにあらず、皇国は、皇国の徳沢にて、開たるに相違なき事を、発明したれば、本藩（小田原藩）の下附金を謝絶し、近郷富家に借用を頼まず、此四千石の地の外をば、海外と見倣《ナ》し、吾神代《レ》の古に、豊葦原《トヨアシハラ》へ天降《クダ》りしと決心し、皇国は皇国の徳沢にて開く道こそ、天照大御神の足跡なれと思ひ定めて、一途に開闢《カイビヤク》元始の大道に拠《ヨ》りて、

勉強せしなり。（巻四―一二三四）

神代の昔に神が日本に降臨して日本を開いた時の状況に思い到った尊徳は、自分もそのように、まったくの独力で、桜町の復興に務めようとする。まさしく、自分が日本開闢の神となったつもりで桜町の仕法を行うと言うのである。

二宮尊徳の、実地の活用を何よりも優先させる活動は、やはり「甚解を求めず」の一つの態度だと言わなければならない。尊徳ら、実学者、科学者によって、「甚解を求めず」の意味がさらに拡大したと考えてよい。

同様に、徳富蘇峰は『吉田松陰』の「第十三　松下村塾」の中で、松下村塾の学問教育を、蘇東坡の留侯論中の「其意不レ在レ書」の一句に尽きるとして、こう言う。「彼等が学問は、書物の上の学問に非ずして、実際の上の学問なり。其の活事実を捉へ来りて直ちに学問の材料と為したるが如き、時勢の然らしむる所とは云へ、其の活ける精神を人に鼓吹したるもの豈に少しとせんや。」、「然ば彼等が学問は、他日の用意に非ず、今日学ぶ所は、即ち今日の事にして、今日之を行ふを得べし。」。なお、『文章規範』巻三所収の「留侯論」は、張良が橋上の老人から書物を授かる話で、「其意不レ在レ書」（其の意、書に非ず）は「老人の真意は書を授ける点にはなかった」意（新釈漢文大系による）。

ドイツ、ゲッティンゲンの自然科学者リヒテンベルク（一七四二―一七九九）は、センチメンタルな文章、パトスのこもった文章、教え聞かすような先生調の文章ではなく、短く簡潔な文章を身につけるために、書斎と本の生活を出て、人々と交流する必要がある、と述べている。「なぜなら世間と交際し、経験においてはるかに優れている人々と交わることを抜きにしては、いかなることについても深く考えることなしに判断できるよう教えてくれる感覚を身につけることは不可能だからである」（エンゲルハルト・ヴァイグル『啓蒙の都市周遊』第七章。三島憲一・宮田敦子訳、岩波書店、一九九七年）。「いかなることについても深く考えることなしに判断できる」知的感覚は、「甚解を求めず」という態度の背景をなす知的感覚と別のものではない。同時に、ひたすら甚解を求める態度は、一見、合理性の追求のように見えて、実際はあやふやな根拠に基づいて、深い穴蔵に陥っていく迷蒙、迷信に通じるものということになる。

ここで西洋における「自然という書物」の概説を示しておこう。トマス・リード（一七一〇—一七九六）の哲学を論じた文章の一節である。

リード自身の哲学的探求の道筋にも始祖たちの印が残されていた。失われた世界の真の知識を再興しようと、書物を離れて世界に立ち向かったフランシス・ベーコンやガリレオ・ガリレイのような「自然という書物」の解釈者の目に映ったのは、虚心の感覚に自ずとたち現れてくる単純な真理ではなく、彼らを混乱させ惑わせる、複雑で混沌とした、「迷宮」としての自然の姿だった。この創設者たちの迷宮のメタファーは、ベーコンやガリレオの方法の後継者である「ニュートンの方法」によって道徳哲学の領域を探求しようとした、この一八世紀の哲学者にも受け継がれた。

（長尾伸一「ニュートン主義と薔薇十字団員の月世界旅行」３「迷宮の中の灯火」。『啓蒙の運命』第四章、名古屋大学出版会）

たしかに、探索者たちにとって、自然は「迷宮」そのものであっただろう。日本の神道書にも「天地を以て書籍とす」という言葉はあるが、もちろん近代西洋における意味とは別である。一応引いておこう。

○大職冠曰下以二天地一為中書籍上。色布知《シコフチ》曰二万物《ハ》文字也一。（源敏通編『啓蒙弁』「日本儒林叢書」第十二巻所収）

○　五十三　神道書籍　江家説

一　大職冠云、神道ハ天地ヲ以書籍トシ、日月ヲ以テ証明トス。然バ神代ニハ文字不レ可レ有。神祠ヲ請来《うけきたり》、（林羅山『神道伝授』「日本思想大系」『近世神道論　前期国学』所収）

『神道伝授』の文章に対する校注者平重道の頭注は次の通りである。

以下の鎌足の言葉というものは、兼倶の名法要集に引くところで、「吾唯一神道者、以二天地一為二書籍一、以二日月一為二証明一」というもの、これを兼倶は説明して、「是則純一無雑之密意也、故不レ可レ要二儒釈道之三教一者也」と述べ、儒釈道の説を以て解釈したり、附会する必要がないという意味だとしている。

八　精神のバランス

以上、本章で述べてきたことの趣意を、あらためて確認しておこう。佚斎樗山《いっさいちょざん》の談義本『田舎荘子』

巻下の「荘右衛門《そうゑもん》が伝」である（享保十二年刊）。

田村荘右衛門は、中国の荘子の落とし種で、数代ののち日本へ渡ってきた者である。猖狂《しょうきょう》（ものくるわし）にして物にかかわらず、魯鈍にして用いるべき才がない。思うまま言って、少しも隠さない。「好《このん》で書を読めども、はかぐ〳〵敷《し》く文字をだにも記得《きとく》（おぼえる）せず、懶惰《らんだ》にして昼も睡《ねむり》がち也」。人と付き合って協調的だが、離れてしまうと、もうそのことにはこだわらない。ある時、友人の儒士が荘右衛門に言った。お前さんはいったい何者なんだね。儒教を信じているような口ぶりだが、やっていることは子桑が箇（『荘子』「大宗師篇」の故事――貧しく、わけのわからないことを考えている子桑。あるいは『論語』「雍也篇」の子桑という寛大でこせこせしない男の連想もあるか）にならっているだけだ。とりあげるほどの善も悪もしない。ただ食べているだけ。儒者でも仏者でもなく、気ままで情がこわい。これを世にくたびれた者というのだよ。たまにものを書くと、訳のわからないたわ事だ。人を惑わすほどのものではないが、要するにむだ言だよ。ただ、お前さん、幸いなことに本を読むのが好きだから、これからは心をあらためて、聖人の教えを学び行って、少しは人に名を知られるようになってはどうかね。荘右衛門が答えた。私は聖人の教えが大切なものであることを知らないわけではないし、人の道を外れてでたらめに生きているわけでもない。また、荘子の教えが聖人の教えより勝れていると思っているのでもない。ただ、人の才力には相違がある。私は凡夫の一人にすぎない。とても君子には及ばないことぐらいは知っているよ。身にそぐわない欲のために、私に与えられた持ち分を見失わないようにして、死生も同じ、禍福も同じという境地になれたら、それで十分だ。暇をもて遊んで、言葉を修め、行いを飾って「人にしられん事を求めんや」。世間の是非得失は私の関与するところではない。ただ私の戯れ言にもおそらくそれなりの志は宿っていることだろうよ。

江戸期の戯文には、啓蒙の精神が潜行しているのである。幸田露伴は、細心精緻を欠く者に利用された「不求甚解」にふれている。

学問精密なることを尚ばぬ徒のやゝもすれば拠りどころとするのに、諸葛孔明が読書たゞ其の大略を領したといふことも、亦其の一つである。陶淵明が読書甚だ解するを求めずと云ったと云ふのも、亦其の一つである。（略）学問読書、細心精緻を欠いて可なりとしたのでは無い。孔明の大略を領すといふのも、領すといふところに妙味があるのである。（「修学の四標的」『努力論』。『露伴全集』第二十七巻所収）

「修学の四標的」とは、正、大、精、深で、ここは「精」の箇所の記述である。『三国志演義』第八十五回、死にゆく先主劉備が諸葛孔明ら臣下にこう言う、「朕は余り書物は読まなかったが、大略は心得ておるつもりじゃ」（立間祥介訳）。露伴はこれを孔明の言葉と勘違いをしたのだろう。

注

（1）しかし、石川忠久によれば、「見」よりも「望」が古く、全体は、「淵明が菊を摘んで南山を望む、と言えば、自然、養生を計って長生を願うという意味になるのである。」という（『陶淵明とその時代〈増補版〉』「内篇」第四章第二節「「見南山」と「望南山」」。研文出版、二〇一四年）。

第三章　他を欺かんや――うそについて――

一　「物語」は欺く

人を欺くことは、伝達や契約が成立しないことを意味する。つまり社会は成立しない。したがって、「人を欺くことなかれ」は、啓蒙の根本的な条件であるはずである。しかし、これはあまりにも基本的条件であるために（啓蒙の条件どころではなく、人類存続の条件だというふうに）、啓蒙思想の網の目からこぼれ落ちる。本書は、そのこぼれ落ちたものを拾う作業をしているのだが、本章も同様である。しばらく、江戸時代における「欺く―欺かれる」現象をめぐってみよう。

都賀庭鐘の『莠句冊《ひつじぐさ》』（天明六年刊）第一篇「八百比丘尼人魚を放生して寿《ことぶき》を益《ま》す話《こと》」に、「人の言を信《まこと》として人を欺《あざむ》くは多く善人なり。冬寒く夏暑きには誰か耳を側《そばだ》てん」という言葉がある。一方、奇談怪談を信じてそれを伝え、結果的に「人を欺《あざむ》く」ほど無邪気な「善人」ではなかった上田秋成は、自分は奇談怪談を語って他を欺いているのではないかという懸念（あるいは言い訳）を浮世草子『諸道聴耳世間猿』序や『春雨物語』序などで執拗にくり返している。『諸道聴耳世間猿』序では次のように言う。

竹林の七賢の仲間うちの取り決めに、偽りめかして真を語っても、真実めかした嘘は語らないということがあった。仏教の大蔵経にも、『荘子』にも、嘘も真もまじっているだろう。ふと、わが心に浮かんだ事柄が、人に伝わり、人の理解を経ると、とんでもないものに変形する。しかし、その変形したものがまた人の話の種となって流布していく。どうせ言い訳をしても詮ないことだと思って黙っていると、馬鹿な連中からも非難を受けるはめになる。どうせそうなるのなら、馬鹿な連中と同じレベルに立って、書きためた戯れ文を公にして、連中の慰み草に提供しよう。

秋成は、世の噂のとりとめのなさについて、『雨月物語』「浅茅が宿」の中でも、「まのあたりなるさへ偽《いつはり》おほき世説《よがたり》なるを」という感慨をもらしている。次に『春雨物語』(富岡本)の序を引いておこう。

はるさめけふ幾日、しづかにておもしろ。れいの筆研とう出たれど、(思めぐ)らすに、いふべき事もなし。物がたりざまのまねびは、うひ事也。されど、おのが世の山がつめきたるには、何をかかたり出ん。むかし此頃の事どもも、人に欺かれしを、我又いつはりとしらで人をあざむく。よしやよし、寓《そら》ごとかたりつゞけて、ふみとおしいたゞかする人もあればとて、物いひつゞくれば、猶春さめはふる〳〵。(『春雨物語』富岡本、序)

世は泰平であり、することが何もない。言うべきこともない。物語を作るなどということは私には初心者同然のことなのだが、自分にできるのはそれくらいのことだ。古今の事柄について、人に欺かれてきたのに、今度は、自分が知らないうちに人を欺くことになるのかもしれない。それも仕方がない。空事《そら》を語って歴史的事実だと言ってありがたがらせる人もいるのだから、自分の物語ざまの手すさびは許されよう。

秋成は、ここで、春雨を「いふべき事も」ない泰平の世の暗喩として使っている。

世の中のわるき若衆のふるまひをけふの雨中の徒然さに大かた爰に書つくる（『児教訓《ちご》』）

ある日の雨中のつれ〳〵に（説経『をぐり』）

ある日の雨中のつれ〳〵に（お伽草子『大橋の中将』）

弥生のはじめつかた、かのけんじゆびくに、あんぎやして越前の国に来りたまふ。おりふし雨ふりつゞきて、つれ〴〵のあまりに（鈴木正三『念仏草紙』上）

折ふし雨ふりつれ〴〵なるまゝに、日ぐれがたまで咄しゐてかへりけるが（『諸国百物語』巻一―三）

春雨しきりに降《ふり》つゞき、つれ〴〵なりしまゝに（仮名草子『杉楊枝』第二）

はるさめの。ふりすさぶともなき、つれづれに。みやづかへする女ばう、いとま、ありけるにや。三人あつまりて、こしかた、ゆくすゑの、ものがたりして。（仮名草子『をんな仁義物語』）

春雨の日、偶《たまたま》枕に倚《より》て休む。俗人来《きたり》て伊勢と日向の物語を説《とく》。予これを聞《きゝ》て云《いはく》、この説は列子の扁鵲が故事より出《いで》たるなるべし。（恵空《えくう》『梨窓二筆』「世俗の談話」）

朋友の埋口、素白、是も春雨の徒然をわすれんとの同じ心に入来り（浮世草子『怪醜夜光魂』序文）

春の雨いとしけく〵しくあやにくに降て徒然なる折ふしおなじこゝろの友三人四人わが庵にうち集ひ（『随筆奇事春雨譚』――『和漢嘉話宿直文』の改題本――の序）

明治二十一年刊の須藤南翠『緑簑談《りよくさだん》』の「著作の主旨及び凡例」の冒頭も、「春雨の日をふる籠居《こもりゐ》の徒然《つれ〴〵》。秋風の身にしむ長夜《ながよ》の寝覚。最と耐《い》へ難き無聊を慰《や》らんにハ小説稗史に及《し》くものぞなき」となっている。『枕草子』の「雨いたう降《ふ》りてつれづれなりとて」（八十一段）以来の、慣用句になるくらいの、「春雨」「雨」の暗喩の長い伝統を見ることができる。

「秋成」は秋のみのりという意味である。そう考えると、次の広瀬淡窓の『遠思楼詩鈔』初篇坤巻に載る「秋成」という題の詩は意味あるものに思われてくる。「炊煙穿レ樹日婆娑、村馬帰来総負レ禾、遺穂不レ妨施二鳥雀一、清時鰥寡本無レ多」。「婆娑」はぐずぐずしている意。僧五岳はこの詩を「太平之頌」と評している（同前）。詩の後半は、平安な世に寡婦は少ないから、落穂は鳥雀に食べさせてもいいね、という意味である。『詩経』小雅「北山之什」の「大田」の一章には、落穂は寡婦に拾わせるということが唄われている。まさに淡窓の「秋成」は、「太平之頌」である。『仕学斎先生文集』（安東守経の文集、安永二年刊。『柳川の漢詩文集』所収。柳川市）巻八「秋成」も君と民の共同としての豊作が詠われている。「苗にして秀で秀でゝ実る、春夏秋成る稼穡の功、百姓足る時君も亦足る、今年知ぬ去年の豊に勝ること」。君も百姓も、秋の実りに遇って泰平の世を寿いでいるのである。

『春雨物語』序文は、一読、虚実のあわいを揺れ動く心と、虚の伝播への心懸かりにおいて、『諸道聴耳世間猿』の序文と通じ合う。ここに共通しているのは、泰平の世を前提として、事実を伝える文章と、物語の文章や戯文を区別できない状況を強く意識しているという点だ。文章に書かれたものはすべて事実であると認定される状況が、秋成の懸念なのである。つまり秋成は、物語そのものの持つ嘘がそのまま歴史の真実として伝わっていくことを心配している。言いかえれば、寓言と嘘が混同されることを懸念している。

『春雨物語』の序文は、『徒然草』七十三段によっていると考えられる。[1]

兼好は、まず世に語り伝えられていることは多くは「虚言《そらごと》」だと言う。人は誇張する癖があるうえに、長い年月を距てた過去のことだと、「言ひたきままに語りなして、筆にも書きとどめぬれば」、そのままその話は事実として確定してしまう。また、知っている人にはどうでもいいことが大仰に語り伝えられることもある。すぐ化けの皮がはがれるのに、口にまかせて言う場合もある。兼好はさらに続ける。

> 我もまことしからずは思ひながら、人の言ひしままに、鼻のほどおごめきて（うごめきて——得意そうに）言ふは、其の人の虚言《そらごと》にはあらず。げにげにしく（いかにも本当のように）、所々うちおぼめき（不審な様子をして）、よく知らぬよしして、さりながら、つまづま合わせて語る虚言《そらごと》は、恐ろしき事なり。（略）とにもかくにも、虚言《そらごと》多き世なり。ただ常にある珍らしからぬ事のままに心得たらん、よろづ、たがふべからず。（略）かくはいへど、仏神の奇特《きとく》、権者《ごんざ》の伝記、さのみ信ぜざるべきものにもあらず。

兼好は、虚言が真実として定着していく現場を以上のように描いている。おそらく秋成もまた、兼好と同様の感慨をもっていたに違いない。特に、「我もまことしからずは思ひながら、人の言ひしままに、鼻のほどおごめきて言ふ」という態度は、秋成も免れ得なかったと自覚していたものである。なお、「ただ常にある珍らしからぬ事のままに心得たらん、よろづ、たがふべからず」は、本節のはじめに引いた『芳句冊《ひつじぐさ》』の「冬寒く夏暑きには誰か耳を側《そばだ》てん」を人生訓化したような言葉である。『春雨物語』の中の一篇「海賊」の末尾で、海賊となった文室秋津《ふんやのあきつ》を描き、時代の異なる紀貫之に対置した秋成は次のように書きおさめる（富岡本）。

是は、我欺かれて又人をあざむく也。筆、人を刺す。又人にさゝるゝれども、相共に血を不レ見。

物語によって自分は欺かれ、また自分も物語によって人を欺く。しかし、「相共に血を不レ見」。ここで言う「相共に血を不レ見」は、禅語の「血を見るべし」という言葉を対置させるとわかりやすい。たとえば『碧巌録』の第三十一則「麻谷振錫遶床」を見てみよう。麻谷《まよく》が章敬《しょうけい》に参禅した。禅床を三回めぐって立った。章敬は「是」と言った。麻谷は今度は南泉に参禅して同じことをした。南泉は「不是」と言った。麻谷はすぐに言った、「章敬は是と言ったのに、和尚はなぜ不是と言うのですか」。南泉は「章敬は是、汝は不是」（章敬はよい、お前はだめだ）と言った。ここでの圜悟克勤《えんごかくごん》の著語《じゃくご》は「也《ま》た好し、人を殺さんにはすべからく血を見るべし。人の為にせんには須らく為に徹すべし」というものである。ここで「血を見るべし」は、とどめをさす、命がけでやるという意味になる。以上は「本則」だが、そのあとに続く圜悟克勤の「評唱」には「欺き」の要素も入ってくる。龍牙《りゅうげ》和尚が、参学の人は祖仏を透過してはじめて意味があるのであって、そうでなければ祖仏に瞞《だま》されることになる、と言う。ある僧が、祖仏も人を瞞《だま》す心があるのかと聞く。龍牙は答えた。「江湖に人を碍《さまた》げる心はなくとも、人は渡ることができない。同様に、祖仏に人を瞞《だま》す心がなくても、人が祖仏を透過（のりこえる）できなければ、人を瞞《だま》したことになる。だから祖仏は人を瞞《だま》さないということはできない」。僧が聞いた、「ではどうしたら祖仏に瞞《だま》されないようになるのか」。龍牙は「自ら悟ることだ」と答えた。ここで圜悟克勤は、「これでいいのだ。なぜか。人の為にしようとするなら徹底的にやるべきだ。人を殺そうとするなら、血を見るべきだ」と本則を受けている。「風力転ずる所終に敗壊を成す人を殺すにすべからく血を見るべし」（『万松老人評唱天童覚和尚頌古従容庵録』第十六則「麻谷振錫《まよくしんしゃく》」――大正新修大蔵経四十八巻）も同様である。だから、血で書いた写経疏の「筆」は人を欺かない。独湛性瑩《どくたんしょうけい》は十六歳で剃髪したその日、「刺レ血書レ疏」（「遠州初山宝林寺性瑩伝」、『続日本高僧伝』巻五）。（釈迦の遺意によって）唐の楚金は血を刺して経を写した。今の人は血をそそいで写経しているが汚れのみ（文政十二年刊『談鋒資鋭』巻上）。

さらに、のちの時代の文芸作品だが、『南総里見八犬伝』第百四十二回で、樵六を殺して立ち去る際、竹林巽《たかばやしたつみ》は樵六の金を盗み、「毒を啖《くら》はゞ碟《さら》を舐《ねぶ》り、人を殺さば血を見るべし」とうそぶく。要するに、「筆端辨正《ふでさきくちさき》は。木太刀の芝居事。いづれ其しるしを見ずには。信じられぬ事どもなりけり」（秋成『癇癖談《くせものがたり》』上）ということなのである。つまり、「海賊」の「相共に血を不レ見」には、文字通り泰平の世を前提にした文辞の世界のことにすぎないという認識が示されている。泰平の世だから勝手なことを言う。しかし、泰平の世だから血を見るようなこともない。証拠がなければ、真剣に信じるようなことでもない。だからまた勝手なことを言う。その結果、「我欺かれて又人をあざむく」という事態が生ずる。ここには、さきの「春雨」の暗喩と同様、泰平によって弛緩した心が感じ取られている。

ここで物語というのは通常の意味ではなく、歴史の解釈という意味である。秋成は物語を書いたのではなく、自分の歴史解釈を物語のように書いたのである。「海賊」の議論に関しても、秋成は『金《こがね》砂《いさご》』『金砂剰言』等の論述で、同様の歴史解釈を示している。私たちは「海賊」を最初から物語だと思って読むが、そうではない。秋成の歴史解釈がどのように書かれるのかという視点から読み始めるべきなのだ。したがって、作品の形象性がきわめて薄いとか、作品としての形象性を犠牲にして、とかいう評は意味をなさない。「作品の破壊はおそらく意図的に行われているのである」（飯倉洋一『秋成考』第三章第六節「「海賊」考」、翰林書房、二〇〇五年）。

> 今の事は、目の前に在れば知やすし。古代の事は、師にあひて教へを受け。其師の言分明ならずは、書典探りて明らめ、さて心を是に遊ばんこそ、楽しかるべけれ。言語は心を通はす中立なれば、其古きをたづねて、言のすぢ違はずして玩ぶべし、（『金砂剰言』）

秋成の古代研究は、まず楽しみであり玩びである。その成果を書き記すこともそうである。その楽しみ、玩びの一つとして、想を構えてみるということがあった。しかし、それはあくまでも「物がたりざま」（『春雨物語』序文）なのである。想を構えて物語世界を創りあげていくことに主眼があるのではない。歴史解釈を呈示するための一つの工夫あるいは遊びにすぎない。、なぜそうするのか。本当の歴史は闇の中だからである。あなぐり求めても詮ない領域だからである。そう考えたうえで、初めて秋成は虚を構え、批評を書くことができた。「海賊」末尾の「血を不レ見」とは、これらの文章が所詮は楽しみであり、玩びものであるにすぎないという言明である。血を見るのは、泰平でない世の人々の間においてである。したがって、自分の歴史解釈も物語のような「作文」にすぎない。秋成はそう言っているように見える。もちろん、これは秋成の謙遜あるいは警戒の言葉である。泰平の世にいるがゆえに自分もまた宣長などと同じように勝手なことを言っているのではないか。血を見ないという気楽さの中で、根も葉もないことを書いているのではないか。そしてそれを人に伝えているのではないか。

秋成にとって、詩歌俳諧は文芸であっても、文章は必ずしもそうではなかった。文章は必ず何かの事実を伝える。したがってその真偽はつねに問題になる。現実生活のあり方や学問の意義や倫理の規範を説く思想家なら、欺くことなかれ、と言うだけでよい（後述）。しかし、詩歌俳諧の文芸の延長上に文章を考えた時、そこに必ず含まれるであろう虚偽は、放っておけない。

物語は欺くものという視点はうぶで無垢なものである。秋成はあえてその視点を序者に託して論じた。むしろ、無垢な視点を呈示するために「物がたりざまのまねび」を行ったと言ってよい。

『ますらを物語』にも同様の見解がみられる。この物語は、渡辺源太という若者が、妹の結婚に反対した結婚相手の家に、婚礼衣裳をつけた妹を連れて行き、その玄関先で妹を刺殺するという、いわゆる源太騒動といわれる実際の事件を記述したものである。秋成は、老人となった渡辺源太に会う機会があった。ここでもまた物語は、泰平の世の祭りの描写から始まる。

文化三年（一八〇六）四月十七日、徳川家康の追善（命日）の日、京都円光寺でもその催しがあった。

円光寺の開基閑室元佶《げんきつ》和尚が、家康が駿河大納言と言っていた頃近侍していた因縁により、家康の屍を乞うてここに納めたのである。寺には家康十六騎と言われた武士たちの姿絵も懸けられている。その催しの場に、六十をすぎてなお「わらは顔」の渡辺源太がいた。源太騒動はすでに四十年以前の夢物語であり、源太が生きていることすら知る人がいなくなっていた。秋成は、源太と対面できたことを長寿のお陰と感謝しつつ、次のように語る。

此事（源太騒動のこと）、西山物語（建部綾足の作品）と云もの、なまさかし人の作りなしたりしは、かへりてよき人をあやまついたづら文也けり。唐土の演義小説、此国の物がたりぶみ、其作りし人のさかし愚にて、世に遺れると、やがての時に（そのうちに）、跡なく亡ぶにいちじるければ、いふもさら也。是（西山物語）もはやくにほろびし数にぞ有ける。さて、此まさし事（本当のこと）、おろそけ（おろそか）の筆には書とゞむまじけれど、謌ならぬには、後長くつたへよとぞ思ふ。

読見ん人、くり言めきたるをおしはかりして、又かたりつげよかし。

私の筆では十分には伝えられないかもしれないが、偽りではないから、読者は、私のくだくだしい文章を適確に判断して、また後世に伝えてほしい。

ここでも秋成は文章が事実を伝えることの困難さに十分神経を使っている。(2)

欺く——欺かれる現象は、もちろん秋成だけの懸念なのではない。賀茂真淵は、秋成の国学の学統の祖と言っていい人だが、その「にひまなび」に次のような一節がある。

（万葉などはもう古いと言う人は）おのれがえ知らぬ事をかざらむとてうつけ人を欺くなり。凡古き史によりて古き代々は知るれど、其史には古の事或は洩れ或は伝へ違ひ、或は書く人の補ひ、或はから文の体に書きしかば、古の言を惑はれなどして、ひたぶるにうけ難きことあるを、古歌てふものゝことをよく正し唱ふる時は、千年前なる、黒人・人麿など、目のあたりにありて詠めるを聞くに均しくて、古の直にしらるゝものは古の歌なり、（『日本歌学大系』第七巻による）

日本古代の古言の研究の領域におけるこの真淵の発言は、古文献は必ずしも全幅の信頼のおけるものではないということで、古文献と異なって和歌は古言を正確に伝えているという表明と対になっている。「史」は書き記された歴史の意。ふみ。

二　欺きの場

秋成の懸念はみずからの「物語ざまのまねび」が欺きを呼び込むことに対してであった。秋成の懸念が過剰に映るとすれば、その分だけ、秋成が、「欺くことなかれ」という言説倫理が強固に張りめぐされていた江戸時代の環境に生きていたことを意味する。その環境を見てみよう。

聖人・古人・鬼神・英雄

聖人、鬼神、英雄が人を欺く、あるいは欺かないという言い方は、一種のレトリックに近いものとして、多用され、生き伸びた。

中国明代の勧善書『勧誡全書』巻七「祈栄方」の中に、以下のような話がある。科挙の試験で、勉強のできる男ができない男の手助けをして、結果、勉強のできない男が合格し、できる男が不合格になった。これを知った同輩たちは「鬼神また人を欺かんや」（鬼神亦欺人耶）と言ったという。勉強のできる親切な男の将来の幸福を願う気持ちがこめられている。妙幢浄慧という僧は、『儒釈雑記』巻二十二で、人の善言は詩賦文章よりも美であり、一言半句が千金にあたる、まして、「聖賢の語、如来大法の金言をや」と言って、次のように、誠をもって応じた場合の聖教の真の反応の例をあげる。耿泰は井を拝して泉を出し（後漢書列伝第九）、魯陽は戈をふるって太陽を駐め（准南子）、十千の魚は仏号を聞いて十千の天子となり（金光明最勝王経）、五百の蝠《こうもり》は五百の聖賢となり（西域伝）、蟒《うわばみ》は生天し（梁皇懺の縁由）、龍は悟道する（龍女成仏等）。妙幢は言う、これらを考えれば、「古人あに我を欺かんや」。『略解《りやくげ》羽翼《うよく》原人《げんにん》論』（増上寺恵照律院円通著、文政七年刊）に付された「瀧口山樵」という人の序文の最後では、富永仲基の行為によって、その子孫が不幸になったことを述べ、これは「爾《なんじ》に出る者は爾に返る」こと（自業自得）だとして、「曾子あに我を欺かんや」という言い方をしている。曾子の言葉は『孟子』「梁恵下」に記されている。鄒《すう》と魯が戦ったとき、上官に恨みをもっていた兵士たちが多くの上官を見殺しにしたことがあった。これは、凶歳のとき、下の人々は苦しんでいるのに、君の倉庫には食物が満ちている。そしてそのことを上にいる人間が誰も告げない。「是《こ》れ上漫《かみまん》にして下《しも》を残《そこな》ふ」。『孟子』はこう記したあと、「之《これ》を戒《いまし》めよ之《これ》を戒《いまし》めよ、爾《なんぢ》に出《い》づる者《もの》は、爾《なんじ》に反《かへ》る者《もの》なり」という曾子の言葉を記している（新釈漢文大系）。

「英雄、人を欺くのみ」という言い方もこの類である。服部南郭が考訂して日本にも知られるようになった『唐詩選』の李攀龍の序に、「太白縦横、往来彊弩の末、長語を間雑す。英雄、人を欺くのみ」と言う。これは、唐詩の中の七言古詩ではただ杜甫のみ「初唐の気格を失はずして、而して縦横これあり」、李白も縦横な詩体であるが、往々にして張りが強すぎて、無駄な言葉がまじる、と批評した文章である。ここで「英雄」とはもちろん李白のこと。

さらにわかりやすい例を荒井堯民『談鋒資鋭』（文政十二年序）下巻が記している。「柳子厚国語を法《のり》として文章をつくりて、集中《しうちう》国語を非とするの論あり。蘇子瞻嶺外《れいがい》にあり、特に子厚の文を喜び、北帰するに及《およん》で、人に書を与へて痛く子厚を詆《そし》る。陰《いん》に用ひて陽《よう》に此《これ》を非とす。恐らくは英雄人を欺くなり」。

このように、聖人、古人、鬼神、英雄を持ち出し、それらが人を欺かないことを前提にした言い方は（ほとんど慣用語となっているのだが）欺き―欺かれる現象全体の中の基本に位置づけることができるだろう。

僧の場合

曹洞宗の僧独庵玄光（一六三〇―一六九八）は、『護法集』所収「自警語上」で次のように言う。

凡庸の輩《やから》、妄《みだ》りに先徳の著述を更易し、以て自ら誑《たぶら》かし、世を誑《たぶら》かす。是れ書籍の一厄なり。

独庵はこのあと具体例をあげる。かつて元の石屋禅師の語録を見たことがあったが、暇がなくて写しておかなかった。この頃梓行の本を買って開いて見た。しかし、旧本と異なっている。この本は、まさしく「薄俗更易の厄に遭」ったのだ。記憶しているところを言えば、「山居詩」の「茅屋青山緑水の辺、住来年久しくして自ら相便りす」の「住」を「往」に易え、「簷下の紙窓乾て又湿ふ、門前の石逕湿ふて還た乾く」の「乾て又湿ふ」を「潮又湿ふ」に易え、「相逢て尽く説く世途難しと、自ら安中に向て不安を討ぬ」の「安中」を「庵中」に易え、「夜炉煖を助て松葉を焼き、午盋《ごはつ》(鉢)饑に充てて野蔬を摘む」の「煖」を「冷」に易えている。

一字の改易、雅俗天淵(天と淵ほど違う)、止《ただ》渾成の気味を喪するのみならず、遂に古人の旨を失ふ。嘆ずべし。

独庵玄光が嘆いているのは、無知による校訂の不十分さがもたらす欺きについてである。

しかし、意図的な欺きもある。

妙幢浄慧が書いた『儒釈雑記』巻二十一には次のような記事がある。近頃、貝原益軒の甥にあたる好古という一儒生が『八幡宮本記』を撰した。遺す所のないものだが、釈門に関渉する所はことごとく削っている。序文でも、仏教は誕・怪を好んで付会するから削った、と明記している(妙幢はこの序文を『搏桑《ふそう》名賢文集』から取ったのだろう)。これは、昔、欧陽脩が『新唐書』を編んだ時、『旧唐書《くとうじょ》』の中の仏教に渉るものを削ったのと同じことで、天下の通史を一人の好悪で私にしていいものか。

妙幢の言葉はもちろん護教的な立場から儒教側の不公正な態度を指摘したものである。それをさらに詳しく述べたのが、さきにも引いた『略解《りゃくげ》羽翼原人論』の序文である。その言う所を摘記してみよう。

宋の文学をもってみずから任じていた欧陽脩は、『新唐書』を撰した。明の楊弁庵が新旧の優劣を論じて、『新唐書』を非とした。「後世あに恐れざるべけんや」。二程子（程明道・伊川兄弟）は仏教を遠ざけたが、その論はすべて仏教に基づく。「耳を塞《ふさ》いで鈴を竊《ぬす》む」類で、具眼の士の目を逃れることはできない。一世の学徳司馬温公は人が死ねば形は朽滅《きゅうめつ》し、神《しん》は飄散《ひょうさん》するとして、「伯有の霊」のあることを察しなかった。その説を朱晦庵（朱子）がそのまま『小学』に収めた。「妄をもって妄を伝ふ。天下の人を愚にす」。

たしかに、『小学』「嘉言」の「明倫を広む」の項には「殊に知らず、死者は、形既《すで》に朽滅し、神亦《しんまた》飄散す、剉燵《ざしょう》春磨《しょうま》有りと雖も、且《か》つ施す所無きを」とあって、「伯有の霊」のことはない。言うところは、霊魂はすでに飛散しているから、あの世で、焼かれたり臼で突かれたりする（剉《ざ》燵《しょう》春《しょう》磨《ま》）ことがあってもどうにもならないのに、そのことを知らない、と仏教の葬儀を批判するところにある。「伯有の霊」とは、『春秋左氏伝』昭公七年の項に見える記事で、伯有の霊が人の夢に現われて殺人予告をし、実際その通りになったので、その霊を安撫して帰る所を作ってやるとおさまったという話である。新井白石の『鬼神論』は左伝の記事をそのまま伝えているだけだが、山片蟠桃の『夢ノ代《しろ》』「無鬼上」は、「スベテ左氏鬼神ヲ云コト多シ。ミナ妄誕ナリ。殊ニコノ説ヲ甚シトス」と言っている（日本思想大系『富永仲基　山片蟠桃』所収）。

『略解羽翼原人論』の儒学批判はまだ続く。司馬温公も朱晦庵も仏教を憎むあまり、わかっていながらそうしたのである。朱子の見解は中国一国のみで三千世界には通じない。井蛙の見というべきである。日本に伝わって山崎闇斎に到る。崎門の徒はきわめて頑なである。徂徠仁斎はその学問が浅近だから害も軽い。富永仲基の言ったことは、すでに先徳が言っていることである。馬にむらがる蝿のようなものだ。彼は、事上においてのみ比較して、理が言表にあることを言わない。

最後の一文は、富永は状況の前後を言うだけで、表現された理そのものを考究の対象にはしない、というほどの意味だと思われる。なお、富永仲基の言説については本書第四章で少しく紹介する。

では、他を欺くことを防ぐにはどうしたらよいのか。ものを書かなければいいのであり、もし書いてしまったなら、それを消滅させればいい。唐の義浄法師（六三五―七一三）は『南海寄帰内法伝』巻四第四十章「古徳不為」で、善遇の七徳（博聞・多能・聡慧・度量・仁愛・策励・知命）を述べる。「知命」の項の記事は次のようなものである。

善遇は死が一年以内に迫った頃、あらゆる文章、雑史書類を積み上げ、それを裂いて紙泥となし、寺が二体の金剛力士像を作る用に充てようとした。門人が言った、「師よ、紙を用いるのであれば、空紙に換えていただけませんか」。善遇は言った、「私はこれらの文章に耽著して長い間自分を誤らせてきた。今、また他を誤らせていいものか」。この善遇の行為はよく知られていたものであった。日本の真言律の慈雲飲光（一七一八―一八〇四）も『南海寄帰内法伝解纜鈔《げらんしょう》』の「文讃以て後代に伝ふ」の項でこの行為をとりあげている。

妙幢浄慧は、この善遇の行為をとりあげ、たたえたあと、さらに圜悟が編んだ『碧巌集』を圜悟の法嗣大慧が焼いたことを称し、大慧が『碧巌集』を焼く図に賛した鉄心（賀州天徳寺）の偈を記している（『儒釈雑記』巻二十二）。

　編み来り焼き去る両阿師
　此れ個《こ》の婆心誰か知ることを得ん
　火焔堆《たい》中隻《せき》眼を開かば
　始て知らん月は清池に在らざることを

「両阿師」は、二人の和尚さん、という意味。善遇と大慧のことである。「個《こ》の婆心」とは、この老婆心、ということで、具体的には、『碧巌集』を円悟の糟粕にすぎないと判断して焼いた大慧の行為を指す。「清池皓月」は禅心の比喩として使われることが多い。鉄心はあえてそれを逆転し、『碧巌集』が焼かれた火焔の中に禅心を見た。

　大慧の行為には、不立文字を標榜する禅者の立場も含まれているが、要するに誤りを後世に伝えることを警戒したのである。一例を中国曹洞宗の永覚元賢《ようかくげんけん》（一五七八―一六五七）の偈にみておこう。元賢の著述は日本でも大いに行われた。次は、寛文十一年（一六七一）に和刻刊行された『鼓山永覚和尚最後語』下巻の「自賛」である。

　閻浮《えんぶ》に寄住すること八十年
　半生の蹤跡《しょうせき》白雲の辺
　矢口《しこう》千言仏祖を欺く
　看来《みきた》れば半文銭に値《あたい》せず

「矢口《しこう》千言」は、口から出まかせをべらべらと、といった意味。ただ、永覚元賢が著作を焼いたとは記されていない。

浄土律僧の湛慧《たんね》（一六七五—一七四七）も、死の四日前、自分の好相記を火に投じている（僧尾撰『長時院律法開祖湛慧和上行状』、安永七年刊。『浄土宗全書』第十八巻所収）。秋成もまた、死の二年前の文化四年（一八〇七—秋成七十四歳）秋、『金砂』などの原稿を古井に捨てたことがある。(3)

ついでにここで、「経に註することの難き」ゆえに、稿を火中に投じた儒者の例を大塩中斎の記録を通して確認しておこう。

故に若《も》し此を以て世に伝へば、則ち百毀《き》千謗《ぼう》、蜂《はち》のごとく起り矢のごとく集まらんこと、豈《あ》に免《まぬが》るるを得んや。是に於て悔ゆるも亦た既に晩《おそ》し。故に梓《し》して悔いんよりは、何ぞ梓せずして悔ゆる無きに如《し》かんや。昔者《むかし》、伊川程子《いせんていし》は其の中庸自註を火《や》けり。朱子は其の死の前三日、猶《な》ほ改本大学の誠意章を改めたり。而して陽明先生は嘗《かつ》て五経臆説《けいおくせつ》を著《あら》はすと雖も、今《いま》世に伝はるものは、其の十三条と自叙、僅《わず》かに之を遺文《いぶん》中に見るのみ。其の全文の如きは、則ち先生既に自ら秦火《しんか》（焚書のこと）に付すること久しと謂《い》へり。経に註することの難き、大賢に在りて猶ほ此《かく》の若《ごと》し、況《いわ》んや吾が輩の諸説を折衷して以て之を釈するをや。

『洗心洞箚記《さつき》』（天保六年刊）の「箚記自述」の一節だが（日本思想大系『佐藤一斎　大塩中斎』による）、自分の書いたものが世を誤るのではないかという恐れにおいて、秋成や善遇や湛慧と共通する。

口から出まかせをべらべらと、といった趣きの説教者にも、「我ヲモ迷セ人ヲモ迷ハス罪人」という自己批判がある（智洞『説法微塵章』巻五。宝暦五年刊。引用は寛政十年刊本）。

儒者の場合

言葉が固定し、一人歩きをして人を欺くことを警戒したのは仏教者だけではない。羅山は、一方で、仏教側の「伝会《でんね》」を批判して言う、「崑崙山は須弥山か、大鵬は金翅鳥か。（略）伝会と曰ふは衆説亦然り」（『林羅山文集』巻六十）。「伝会」は「衆説」と同じで、まったく根拠をもたない伝承のことである。この羅山の批判と同類の批判は、近世期を通じて無数の人々によってくり返された。日本における衆説批判の代表は、井沢長秀の厖大な『広益俗説弁』であるが、長秀を含めて、多く書かれた衆説俗説の弁惑は、文字通り啓蒙であった。別の言い方をすれば、欺く―欺かれる現象や行為への懸念は、啓蒙の意識によって見出され、逆に啓蒙を強化した。中国古代の『論衡』も『広益俗説弁』と同様に考えられる。

王陽明の言録『伝習録』を編んだ徐愛の序文は、王陽明の言葉を引いている。私は諸君を改化すればよいのであって、私の言葉はその時々の用に立つものにすぎない。だから、もし、私の言葉を「成訓」とするならば、「他日己を誤り、人を誤らん」。王陽明もまた、言葉が固定し、一人歩きしていくことを警戒した。

熊沢蕃山は『集義和書』巻六で、「タヾ慎独ト自欺ノタガヒ（違い）ヨリ千里ノアヤマリト成テ、君子小人ノ名アリ」と言う。独りでいるときを慎むか、そこでみずからを欺くか、そこに決定的な違いがある。この考えは江戸時代を通してきわめて根本的で普遍的なものであった。

伊藤仁斎の『童子問』下巻四十八章に、『仁斎日札《にっさつ》』を再録している箇所があり、そこで仁斎は、儒者の学は最も「闇昧《あんまい》」（くらくて明らかでない）を忌むとして次のように言う。

明白端的、白日《はくじつ》に十字《じゅうじ》街頭《がいとう》に在《あ》つて事《こと》を作《な》すが若《ごと》くにして、一毫《いちごう》も人を瞞《あざむ》き得ずして方《まさ》に可《か》なるべし。

儒者の学問は、真昼の往来で事をなすように、誰の目にもすべてが見えるような仕方で行なわなければならない。仁斎はこう言ったあと、さらに、附会《ふかい》も牽合《けんごう》もだめだし、借りものもだめだし、過失を弁護し、つじつまを合わせ、飾りたてることも無効であるとつけ加えている。ちなみに、山東京伝や曲亭馬琴が使う「湛湛青天不可欺」（大高洋司「湛湛青天不可欺」、「いずみ通信」十一号、一九八八年十月）も同じ意味になる。

では、なぜ欺く―欺かれる連鎖は生じるのか。

皆川淇園は、その正体を次のように学問の栄利に求めている（『問学挙要』「立本」）。知らないことは他人に喩《さと》すことができないし、喩すことができないのは惑っているからであることは物の道理なのに、なぜ人はその道理に外れたことをするのか。世間の人の耳目が気になるからである。「世を遯《のが》れて悶なし」（世の中に知られなくても何の憂いもない。『易経』上経「乾」）という態度に徹しきれないからである。道のために学問をするのではなく、人に知られ、世に合うために学問をするからである。なぜそうなるのか。人にほんの僅かでも「世に希《ねが》ひ誉を干《もと》むるの心」（世の流れに合って名誉を求めようとする心）があれば、その論はいやしく、その言は卑俗になる。同様に学問においても、「古への所謂委瑣《いさ》握齪《あくさく》（細事にこせこせする）、文に拘《かかわ》り俗に牽《ひ》かれ習伝に循誦し、当世に説《えつ》を取る者」（司馬相如「難蜀父老」『文選』巻四十四）となる。だから、旧聞に非があり、前説に誤謬があっても、口をつむぐ。また、人の口にのぼらないようなことは、心もそれを思わなくなり、目もそれを見ようとしなくなり、自分と異なる事柄はこれをうとんじて視ようとしない。こういう人に徳に至る道程のことを言っても聞く耳をもたない。こうして道に偏蔽が生ずる。この偏蔽が長く続くと、心もおのずからそうなって、智を誣《あざむ》き、そして結局、「前儒の誤の、十世にして未だこれ能く改めざる所以」となる。みずから自己を修めるのが道であり、みずから智をのばすのが学である。そのためには、聖人の辞を得てみずからの心で理解し、それをもとにして修養していかなくてはならない。それなのに、旧聞の非、前説の誤謬を知りながらそのままにしておくということは、「則ちこれ自ら我が知る所を欺くなり。自ら我が取る所の道塞《ふさ》ぐなり」。

淇園は、このように、きわめて明快に、誤謬が訂正されることなく伝えられていく理由を、学者が世評にからめとられている点に見ている。利害というものが学問をゆがめており、それを打破するのは、「世を遯《のが》れて悶なし」という学者の態度しかないと言っている。

皆川淇園と同じことを、すでに中国明末の李卓吾がその『焚書』の中で言っている（溝口雄三訳、中国古典文学大系『近世随筆集』、平凡社）。

もし柳老の究め至ったところがすでに深いものがあり、ために容易には窺い知れぬほどであるならば、あなたはまさに大いに柳老のために喜ぶべきであって、彼が他事を意に介しているか否かについて心配する必要はありません。何故か。「世を遯《のが》れて知られずとも悔いざる」（『中庸』）ことこそが学の目ざすところだからです。衆人に自分の学が知られないのは、自分が賢人だからで、これは喜ぶべきこと、賢人に自分の学が知られないのは、自分が聖人だからで、これまた一層喜ぶべきこと、聖人に自分の学が知られないのは自分が神人だからで、特に一層喜ぶべきことではありませんか。（巻一「耿司寇に答う」）

このことは、真に双眼を具《そな》えた士というものがこの世にいかに少ないかを知らせるものですが、それにしても、近渓老はこれによって却ってうまく「世を遯《のが》れて知られざる」（『中庸』参照）の妙用を享受していることが分かります。よくぞまあここまで、近老はその用《はたらき》をみごとに蔵《かく》したことよ。（同前）

（『易』繫辞上、参照）

「柳老」は周柳塘、「近渓老」は羅近渓のことで、ともに李卓吾ときわめて親しかった人。羅近渓はほとんどの人に理解されなかったと李卓吾は書く。「これを用に蔵す」（蔵諸用）は、『易経』では「道」のありさまである。これを李卓吾は羅近渓の生き方に転用している。

しかし、羅近渓もまた決して自分の生き方が「これを用に蔵す」あり方だと意識してはならない。意識すれば、それは「道」にのっとったという名聞の生き方にしかならない。李卓吾はそう考える。李卓吾にとって、あることを意識すること、あるいは意図することは、すでにこのことを欺くことにつながる。だから、主君を諫めて死ぬ例はあっても、友人を諫めて死ぬ例はないということの理由についても、李卓吾は次のように言う。君主に対する場合は、「死によって諫《かん》死の名を博すのは、志士たるものの願うところなればこそのこと」、その名によって巨福を得る場合もあり、諫死は「名利希求の心」によるものである。これに対して、友人を諫める場合は、諫言が受け入れられても自分に何の益もなく、もし受け入れられない場合は、争いとなるだけだ（前掲「耿司寇に答う」一）。

李卓吾はさらに、多くの人から知られるということは、名に近づくという累に繋縛されているもので、貴ぶべきことではないとして、「われを知るもの希《まれ》ならば、われは貴し」という『老子』七十章の言葉を引いている（同前）。

これらの考えのおだやかな表現を、『朱子語類』巻十五の記述に見ておこう。

「世間には器量の小さい種類の人がいて、事物については子細に調べているのですが、どうして自己に役立たないのでしょうか。」

先生はいわれた。「彼の理解しているものは、聖人も理解している。ただ理解する心ぐみが正しくない。彼のなそうとしていることは、ただ他人が理解できないことを自分は理解できるとし、他人のできないことを自分はできると言いたいだけで、自分に切実でないのである。」（『朱子学大系』第六巻）

『易経』の「世を遯《のが》れて悶なし」、『中庸』の「世を遯《のが》れて知られずとも悔いず」、『老子』の「われを知るもの希《まれ》ならば、われは貴し」と同様の態度を示すのが、『論語』憲問篇の「子の曰く、詐《いつわ》りを逆《むか》えず、信ぜられざるを億《おもんぱか》らず、抑々亦《そもそもまた》先ず覚《さと》る者は、是れ賢か」である。人にいつわられないかと早手まわしに考えることもせず、信じられていないのではないかと気にすることもなく、しかも、早く気がつくというのは、賢ですね、という意味になる。『論語』のこの態度の積み重ねが、「世を遯《のが》れて悶なし」以下の生き方を可能にする。

日本の医学者永富独嘯庵《どくしょうあん》の『独嘯裏語』に寄せた序で、藤元幹《とうげんかん》は、『裏語』は「吾が精神の寓する所、己を欺かざる者也」という独嘯庵の言葉を伝えている（文化六年再刻本）。

ベーコンの場合

人に知られたいために真理の探究を行うことが、真理の探究にとって、大きな弊害であることは、おそらくいつの場合でも、それぞれの立場において、そう思われてきたに違いない。『論語』憲問篇の「古の学者は己れの為にし、今の学者は人の為にす」（『荀子』巻一「勧学篇」も）という嘆きは、数限りなくくり返されてきたのである。しかし、ことさらそのことを言明することには、やはりある種の思考のあり方が表明されていると考えなければならないだろう。そしてさらに、真理の探究に真理以外の夾雑物が混入してくることに対する拒否の態度は、真理の概念そのものの性質の問題とも関係してくるだろう。

F・ベーコン（一五六一―一六二六）もまたそのように考えた一人である。『ノヴム・オルガヌム』第一巻で次のように分析している。人はある学や教説を正当にも実験から立てようとしても、性急に実用に向かって曲がってしまう場合がある。それも、実用の効果と成果のためではなく、一つは、新しい仕事をする場合に自分が残りのことでも無駄にやってはいないのだという保証を得るため、もう一つは、自分がやっていることに対して「よりよい評判を獲《え》ようとして、他人に自分を売り込むためなのである」（七〇節、桂寿一訳、岩波文庫）。この二つの夾雑物が実験を中止し、真理の探究の正しい順序を狂わせてしまう。また、七一節では、古代ギリシャの学を「講壇的で論争に耽るもの」という理由で批判したあと、エンペドクレス、アナクサゴラス、レウキッポス、デモクリトス、パルメニデス、ヘラクレイトス等のより古い人たちは、「勿体ぶりや外観を抑えて、真理の探究に従事した」が、彼らもまた、「国民的欠陥から全く免れていたわけではなく、学派を興して一般人の反響を得ようとする野心と自負とに、余りにも傾いていた。だがこの種の空しいものに外れるとき、真理の探究は絶望的と見なされねばならない」（同上）。「一般人の反響を得ようとする野心と自負」という「空しいもの」の方向にそれていく時、「真理の探究は絶望的」になるというのである。

ベーコンは、自然哲学の貧しさが諸学の誤謬の原因だと考えている。なぜ自然哲学は振るわなかったのか。一つは、探求の時間が短かったこと。ベーコンによれば、ここ二十五世紀間のうち、学問を生み出し、その進歩に効果があったのは、ギリシャ、ローマ、そして現在の西欧諸国民の、それぞれ二世紀ずつの六世紀にすぎないし、それも集中的に自然哲学が考究されたわけではなく、あまりにも探求の時間が短かった。もう一つは、自然哲学が盛んであったその三つの時期においてさえ、「反論や新説への野心によって、汚染され役に立たなくされていた」（七九節）。

すでに見たように、皆川淇園は、誤謬が訂正されることなく継承されていく理由は、学者が世評にからめとられているからだと考えた。ベーコンもまた、アリストテレスの哲学について意見が一致する理由を同じところに求めている（七七節）。すなわち、真の意見の一致は、対象となる事物が明らかにされ、人々が自由に判断した結果、同じことに同意する点に成り立つ。しかし、アリストテレスの哲学に一致した最大多数の人たちは、「先入見や他人の権威から、そのとりこになったのであって、一致というよりはむしろ追随であり付和［雷同］である」。したがって、意見の一致があるからといって、アリストテレスの真理性を確認することにはならない。ここでベーコンのいう追随や付和雷同の行為の根底に、当然、世の中に対する追随や付和雷同が含まれているだろう。

ベーコンは自然の解明を、李卓吾は倫理の解明を、皆川淇園は儒学の解明をめざす過程で、ほぼ似たようなことを考えた。そこには、自然、倫理、儒学というものに対する彼らの独自の立場がある。世評に惑わされて正道からそれていく人間の像と、それを峻拒するために、「世を遯《のが》れて悶なし」ということを心に刻み込む行き方は（ベーコンはそこまで明記しているわけではないが）、やはり一種の啓蒙の思想のように思われる。

制度の場

人を規制する制度、あるいは受け継がれてきた格式などが永久不変の根拠をもつものではないことを知ることも、人に解放感を与える。

いつの時にかありけん、或摂《セツ》家より親王かたへ輿《コシ》入の沙汰ありき。殿下古実をこのませ給ひ其制度淳素《ジュンソ》をたつとび今ようの華麗《クワレイ》なるをやめて櫛笥《くしげ》などはかしづきの女が頭上にいたゞき少童五六人ばかり先駈《ク》なさしめなにごとも古めかしきさまにとおぼす。あらかじめ儀容《キヨウ》進退《タチヰフルマヒ》をならはせ給ひしに女みな〳〵わらひたをれてならひうることなし。されば此事やんごとなきおゝんかたよりきこしめされてやめ給ふとなん。ものゝ故実はかゝることよりおこり又かゝることよりすたれぬ。（畑鶴山『四方の硯』「月」の巻、享和四年刊。濁点引用者）

少童五六人の笑い倒れる姿は、煩瑣な古式をこの世から駆逐する例として、現場に立ち会ったような見事な描写となっている。私たちはこういう例を現在もたくさん見ることができる。制度の瓦解は、その制度が自分たちを欺いていたという感じを与えるだろう。一方、同じく世に流布する格式作法があやふやで制度とも言えない根拠のないものであると見る徂徠の場合、その理由はことなり、あくまでも制度の真偽を見定めようとする。衣服、家居、器物、婚礼、葬礼、音信、贈答など、貴賤、収入、役柄の品によって次第のあるのが制度なのに、物の道理を知らない人はそうは考えない。

今の代に有格といふ様なる物は、古より伝はりたる礼にもあらず。又上より屹度立られたる格にもあらず。其中に上より時々に仰出されたる事もあれ共、何れも皆世の風俗にて自然と出来たる事にて、世の風俗移りゆけば、其格といふ様なる物も移りゆく。皆下の成行の儘の事にて、其上に何となく礼の様なる物の有様なるを、上よりも其成来りの上に、時々、かやうに仕れ、ケ様には仕るなと仰出されたる事なれば、誠の制度といふ物にては曾て是なきなり。（服部本『政談』巻二。平石直昭校注、平凡社東洋文庫）

制度は聖人（先王）の作ったものであると考える徂徠にとって、自然な風俗流行を時に上が取り入れ、命じることがあったとしても、それは風俗流行が変われば変化するものであるから、本当の制度ではない。さらに徂徠ははき捨てるように言う。

当時世上にある格といふ様なる物は、下のなりゆきの儘に自然と出来たる物ゆへ、世の成行にひかれて出来たれば、全く何の了簡もなく、又末の考もなき事也。（同前）

ここには、畑鶴山とは別個の、為政者の側の眼に映る風俗がある。徂徠は自然発生の風俗にすぎないものを制度とすることに我慢ならなかった。

これに対して熊沢蕃山は、「誠」「心法」「人情」の視点から格法を見ている。

それ太古には礼の格法なし。只誠に専《もつぱら》也。伏羲・神農の代には三年の喪なく、哀情数なし（限りがない）。心地光明にして飾《カザリ》なかりき。仁・勇・無欲は伏羲氏の時に生れて必ず尊びらるべし。礼の格法一事を以て儒者の道を尽せりとおもひ、凡情《ぼんじよう》の名利《みようり》伏蔵《ふくぞう》するものは、堯の代にいれらるべからず。（略）格法の儒者の世に功ある事すくなからず。予がごときものも恩徳にかゝれり。しかれども、心法にうときがゆへに、自己の凡情を不レ知（しらず）、又行ふこと、日本の水土に叶はず、人情にあたらず、儒法をおこすといへども、終に又儒法を破る事をしらず。（熊沢蕃山『集義和書』巻四）

『史記』「商君列伝」も、「智者《ちしや》は法《はふ》を作《つく》り、愚者《ぐしや》は焉《これ》に制《せい》せらる。賢者《けんじや》は礼《れい》を更《あらた》め、不肖者《ふせうしや》は焉《これ》に拘《とら》はる」という衛鞅《えいあう》の言葉、「古《いにしへ》に反《はん》する者《もの》も非《ひ》とすべからずして、礼《れい》に循《したが》ふ者《もの》も多《た》とするに足《た》らず」

という杜摯《とし》の言葉を伝えている（新釈漢文大系）。宋の晁説之も同様に考えていたのであろう、「礼の本、民の情に出づ。聖人因て之を道《い》ふのみ。礼の器、民の俗に出づ。聖人因て之を説文（文飾）するのみ」と述べている（『晁氏客語』。『和刻本漢籍随筆集』による）。

心の影像――虚誕

欺き―欺かれる事態が不可避なのは、心と言葉が虚実を含んでいるからである。あらためて、そのことの要点を文芸の場で見ておこう。

三浦梅園は、『詩轍』巻一「詩義」の、「興趣」から「仙仏」の項にかけて言う（原漢字片仮名）。詩にとって興趣（趣向）は大切なものである。だから、人を花とも見、月を雪とも言い、「燕山雪花大サ如レ席ノ　片片吹落軒轅臺」（李白）、「太華峰頭玉井蓮ノ　開花十丈藕如レ船ノ」（韓愈）などと、雪花をむしろのようだ、蓮花を十丈あると、誇大に言うのは、詞華の常のことであるから、たとえ人が仙に成っても、仏に成っても、何の不可なることもない。しかし、見聞に癖が著いてしまうと、「仙中より来り、仙中に去る」、あるいは「仏中より来り仏中に去る」というような趣向を設けても、人はそれを怪しまず、本当のことと感じてしまう。たとえば、蘇東坡の「前世の徳雲今我是なり　依稀として（彷彿として）猶見る妙香台」（前世は僧で、妙香台で勤めた徳でいまこの身を得た）という詩句は、李白の「湖州の司馬何ぞ問ふを須《もち》ひん　金粟如来是後身」（湖州の司馬は金粟如来――維摩居士の前身とされていた――の生まれ変わりなのだ）と同じ口気なのだが、人はこれらの詩によって、蘇東坡の前身は僧であったなどという説も出てくる。近頃の例で言えば、徂徠が蓮光寺で筍振舞にあって「時玉版参禅の味に縁《よ》って　東坡が與《ため》に後身と作《な》ることを得たり」という詩を作った。これは、蘇東坡が廉景寺の玉版和尚に参じようとした時、友人の劉器がこれを欺いて、筍を焼いて食べさせ、これは玉版であると言った故事によって作ったものだが、「寺にて竹の子食ふたればとて、豈《あに》東坡が再来身となることを得んや。是乃ち癡人の前に夢を説なり」。徂徠が蘇東坡と同様、寺でたけのこを食べたからと言って、蘇東坡の再来と言えようか。それは根も葉もないたわごとである。

　文芸や演劇の虚構が事実として受容されていく現象について、さらに、次のような感想を参照することができる。和田正路は藤井懶斎の『閑際筆記』から引いて言う。観音地蔵等は理仏（法身）を形にしたものにすぎないが、形があるから祈れば其人の信仰によって妙もある。公平《きんぴら》といふ者は実在しないのだが、和泉太夫がこれを浄瑠璃あやつり（いわゆる金平浄瑠璃）にしたところ、「見物もつかふ者も、公平にのみ心うつりけるゆへに、公平人形を仕舞ふとて、外の人形より下に入置ば、夜中長持の内さわがしくて、必翌朝見るに、惣人形の上にありしとなり。又公平さいごをあやつりにしたるに、其夜楽屋のうしろより火事出来て、和泉太夫丸焼に成。其後二度の出生の地獄破りなどしけれども、終に和泉太夫再び用ひられずなりぬ」。また、『太平記』の浄瑠璃や歌舞伎芝居にも、片桐弥七郎宗清という者が登場する。これは弥平兵衛宗清を取り込んだうえに、『太平記』の六波羅軍の所に出る、中吉弥八郎というおどけ者をも取り込んだにすぎないのであるが、「今は慥《たしか》にあるやうの人に思はる。公平の類なり。此類、謡にも上るりにもありて、今はその人の事実迄云ほどになりぬ。源氏、いせ物語の浮言にも、事実事跡あるやうになりて、其人をも恋したふやうになりぬ。理仏に形を為して（形をあたえて）、人々信に寄て妙有も、似たる事なるべし」。（以上、和田正路『異説まち〳〵』巻二、日本随筆大成）

和田は藤井懶斎『閑際筆記』の中巻所載の次の記事を引いたのだと思われる。

或人の曰く、古仏菩薩、譬ば、猶源氏物語に称する所の諸人の如し、人瞿曇《くどん》（釈迦）が言に因て以て其像を造る。安《なん》ぞ夫《その》式部が辞《ことば》に因て、之を画《ゑが》ひて以て其姿色《ししよく》情態《じやうたい》を思念《しねん》するに異ならん哉。畢竟皆これ巻中《かんちう》の人、其実有るに非ず、曰く然らば観音、薬師等の仏、其形相《ぎやうそう》を面現《めんげん》する者有るは何《なん》ぞ耶《や》。曰く人の思想至つて切なるときは、必ず彷彿《はうふつ》として其思ふ所の者を見る。是れ心の影象《ゑいしやう》なり。（原漢字片仮名。読みやすいように表記を変えたところがある）

「心の影象」は近世の怪異や妄想の理解としてきわめて普遍的な理解と言っていい。本章の文脈で言えば、人が欺かれる一つのルートとして、人はみずから作り出すイメージによって知らず知らずみずからを欺いているということになる。イドラの原像と言ってもよい（本書第五章四参照）。その例として『山庵《さんなん》雑録』（恕中無慍《じよちゆうむうん》禅師著。一三九〇年刊。近世初期和刻本で普及した）上巻はこう記す。

洪武五年（一三七二）私は余蓋湖積慶《よがいこしやくけい》の精舎《しやうしや》に夏《げ》をすごした。ある朝、俞《いう》という人がやってきて質問した。私は近頃、「澄心静坐《ちようしんじやうざ》の時に」、空中に「細楽《さいがく》及び鸛鸖《くわんく》の声」を聞きます。なぜなのでしょうか。これは「勝境《しようきやう》」あるいは「魔境《まきやう》」が現前してくるのではないかと思うのですが、どうなのでしょうか。これに対して、私は答えた。勝境とか魔境とかいうものが発現してくるのではありません。

あなたが信じるお経の中の、「風百宝《かぜひやくほう》の行樹《ごうじゆ》を吹《ふ》く。其の音《こゑ》百千の衆楽《しゆうがく》の如く、及び衆鳥《しゆうちよう》の声、一時に同じく作《おこ》る」という言葉があなたの中に深く浸透し、八識の中に蓄積された像が、静かな状態の時に発現するのです。つまりあなたの心が生み出すものにすぎませんから、断ち切ろうとさえすれば消えます」。この恕中《じよちゆう》無慍《むうん》の言葉によって愈の疑いは消えたということであった。

ここには、言葉に誘導された「心の影像」の発生の機構が如実に語られている。[4]

山片蟠桃は、時間の経過もまた、この錯覚を発生させると考えていた。文芸や演劇は「空言浮虚《くうげんふきよ》ノ説」をまきちらすものである。謡曲は、源氏物語や伊勢物語に取材して「附会スルコト多シ」。小野のお通が浄瑠璃姫のことを記して浄瑠璃が始まり、今は専らこれを弄ぶこととなった。

ミナ虚談ヲ作リテ、其時ハ偽作ナルコトヲ人ハシレドモ、ツイニハ愚蒙ノ人々、女子・小童ヲヨビ遠鄙《えんび》山海ノ人ハ、実事ト心得タルモ亦多シ。スデニ今時ノ浄瑠璃ハ作リモノナルコトヲ、人モ知リテ実事トセザレドモ、謡曲ハ事実ナリトスル人多シ。ソレニノリテ、後人ノ附会、巫僧《ふそう》ノ奸《カン》ニヨリテ、古器・古迹ヲ造リテ、人ヲ欺キ利ヲ得ントス。（『夢ノ代』第四「歴代」）

劇が仕組まれ、趣向が構えられた当初は、虚談、偽作、作りものであることを知っているが、時間がたつと、それらが実事と受けとられるようになる。現に、古い謡曲はすでに実事と受けとられてしまっている。だから、と山片蟠桃は言う、「後世、浄瑠璃ノ新作ウサリテ（なくなって）、又草紙ノ風カハリタラバ、浄瑠璃ニアルコトヲミナ実事トスベシ」と（同前）。曲亭馬琴も『南総里見八犬伝』第二輯の自序で同じことを言う。「乗槎桃源の故事（いかだに乗って思わず桃源郷に行きつく）の如き、衆人これを信ぜず。当時以て浪説（みだりな説）と為す。唯好事の者これを喜ぶ。敢てその虚実を問はず。伝へて数百年に迨《およ》ぶときは、文人詩客これを風詠す。後人亦復《また》吟哦して、而して疑はず。嗚呼、書は寔《まこと》に信ずべからず。而して信と不信と之有り」。馬琴のこの自序の趣意は、「而して信と不信と之有り」の箇所、すなわち国史と稗史の別を言うところにあるのだが、浪説が数百年後には実説になるという部分は、山片蟠桃の観察と同様である。

また、『八犬伝』第百八十勝回中では、「又那張良《かのちやうりやう》が、下邳《かひ》の圯橋《ゐきやう》にて、六韜三略《りくたうさんりやく》を、伝授せられしといふ黄石公《くわうせきこう》は、未生《みしよう》（虚構）の人にて寓言《ぐうげん》のみ。其実は、張良《ちやうりやう》、己が術《じゆつ》を神《かみ》にせんとて、黄《くわう》石公《せきこう》といふ異人《ゐじん》を作設《つくりまうけ》て、後《のち》三十年を歴《へ》て、其師の化して、黄《き》なる石に做《な》りしに逢にきなどいひしを、時の人悟らずして、伝へて故事に做《な》りたるにもや候はむ。」と犬村大学に言わせている。「世上の時言《はやりこと》も、十年すへに至ては、海内の口実《くちくせ》となる」（安永六年写、『宗名弁惑編』）のである。

山片蟠桃や曲亭馬琴の時代をさかのぼってみる。浄土宗の僧厚誉春鶯（一六六一―？）も、『扶桑怪談弁述鈔』（寛保二年刊）巻七「鶯鳥歌吟《ウグヒスノカギン》」で同じことを言っている。孝謙天皇の時、大和国高天寺《タカマノテラ》の庭の梅の木に鶯が来てさえずった。その声は一連の句をなしていた。すなわち、「初陽毎朝来不相《ショヨウマイテウライフサウ》還本栖《ゲンホンゼイ》」と。これを読んでみれば歌になっている。「初陽《ハツハル》ノ朝《アシタ》ゴトニハ来《キタ》レドモ不逢《アハデ》ゾ還《カヘ》ル本《モト》ノ栖家《スミカ》へ」。厚誉春鶯はこの伝承に対して次のように批評する。鶯には三光の鶯といって日月星と鳴くものがあると聞くが、このように一連の句を吟ずるとは怪しいことである。しかし、「好事ノ者」がいて、ふと言い出せば、おのづから「実《マコト》」となって、人も皆言い伝える。ことに世の「謡物《ウタヒモノ》」にまで作り載せて人々も謡うようになると、いまさらそれはいつわりですと言うのもおこがましく、他にも似たような怪異を載せているのにこれを載せないのは、屈原の忘梅の恨み、万葉集に菊華の歌を入れない類にもなると考えて、書き入れる。しかし、公冶長《こうやちょう》のように鳥語に通じた者ならいざ知らず、不審の事である。厚誉春鶯の言う「謡物」は『白楽天』。「屈原の忘梅の恨み」は『離騒』に梅が詠まれていないこと、同様に、「万葉集に菊華の歌を入れない」も、菊の花が詠まれていないことを指す（本書第一章）。

　時間の経過が嘘を誠にするのは、言葉に限らない。「百人一首や歌仙の絵は、誰が描いたかもわからぬし、衣服などの考証も全くいいかげんである。それなのに今日では、その絵を見た子供などは、その姿が当時のものと考えるようになってしまった」と嘆く『槐記』の享保十二年七月二十三日の近衛家熙の話を、入口敦志が紹介している（『武家権力と文学』序章、ぺりかん社、二〇一三年）。『槐記』は医師山科道安が近衛家熙の言葉を書き記したもの。一部引いておこう。

　惣ジテ百人一首三十六歌仙ドモニ絵ハ、何ノ時、何人ノ付《ツケ》タル事慥《タシカ》ナラズ。近代ノコトニテ、ワケモナキヒガゴト多シ。釈阿ハ勿論ノコト、法性寺入道前関白太政大臣トシテ、束帯《ソクタイ》ニテ笏《シャク》ヲ持レタル図也。貫之ハ五位ギリノ人ニテ、四品《シボン》ニ進マレタルコトハ伝記ニハ見エズ、然レドモ、黒キ装束ニ浅黄ノサシヌキヲ著《キ》タリ。人丸ハ天智《テンヂ》ノ時ノ人ナリトテ、未ダ装束ノ定マラヌ時ニシテ、烏帽子ニテアノ装束也。是ハ（一字空白）トヤランノ、夢ニ見ラレタル像ナルト云《イフ》。ソレギリノコト也。持統ノ時ニ、アノ様《ヤウ》ニ六重カサネノアルベキ様ナシ、然レドモ今日ニ成《ナリ》テハ、天下通用ニナリテ、児童卒僕《ソツボク》モソノ図ヲ見テ、其人ヲ知ル様ニナリテ、其絵ノ上ニ押サル、色紙ハ、所望次第ニ書テヤラネバナラヌヤウニナル。（内閣文庫蔵。句読点、振り仮名引用者）

近衛家熙はあきれているが、世間はこうして進んでゆくのである。

近代の例であるが、事の虚実に関し、私小説についての安藤宏の発言も無視できない。安藤はまず宇野浩二の『甘き世の話』を引く。

〈近頃の日本の小説界の一部には不思議な現象があることを賢明な諸君は知つて居らるゝであらう、それは無闇に「私」といふ訳の分らない人物が出て来て〉〈気を付けて見ると、どうやらその小説を作つた作者自身が即ちその「私」らしいのである。〉〈だから「私」の職業は小説家なのである、そして「私」と書いたらその小説の署名人を指すことになるのである、といふ不思議な現象を読者も作者も少しも怪しまない、小説家を主人公に使ふことも、「私」を主人公にすることも、悉《ことごと》く少しも排斥すべき事柄ではないが、その為に小説の主人公の「私」は皆作者その人のことであつて、従つてその小説は悉く実際の出来事のやうに読者がいつとなく考へるやうになつたことは嘆《なげ》かはしい次第である。〉（十八）

そして次のように分析している。

このように「私小説」がその出発の第一歩から、作者と主人公が同一視されることを否定的に慨嘆してみせる構造を持っていたという点は、ここでいくら強調してもしすぎることのない要点であるように思われる。もしも本当に〈嘆かはしい〉事態であると考えるのならそもそもこのような記述は登場しないはずなのであって、そこには読者を「事実」と「非・事実」とのあいだに宙づりにし、ダブルバインドを仕掛けていくための操作が介在していたものとみなければなるまい。

（『近代小説の表現機構』第七章「「私小説」とは何か」。岩波書店、二〇一二年）

心底

心の場で生じる欺く―欺かれる関係において、その心の底はどうなっているのだろうか。近世劇で多用された「心底」は、欺く―欺かれる関係に、これまで述べてきたのとは別の様相をもたらす。

『仮名手本忠臣蔵』九段目。許婚者の大星力弥を訪ねて、鎌倉からはるばる山科まで来た加古川本蔵の妻戸無瀬と娘の小浪は、力弥の母お石から「心と心が釣り合はぬ」と意地悪くあしらわれる。お石は、師直に金銀をもってこびへつらった加古川本蔵の行為をとがめているのである。絶望する二人。戸無瀬は小浪を切って、後で自分も自害する覚悟をする。折しも表に虚無僧の尺八の「鶴の巣ごもり」の曲。内では、戸無瀬が振り上げる刃。小浪は手を合わせ、「南無阿弥陀仏」と唱える。その時「御無用」という声がする。ふとゆるむ戸無瀬の拳。尺八の音も消える。これは未練と、戸無瀬が再び刀を振り上げると、また尺八の曲。そしてまた、「御無用」の声。

二度目に「御無用」ととめたのは、お石だった。お石は、二人の結婚は許すが、聟引出物として、加古川本蔵の首を要求する。お石は、今度は、塩谷判官が高師直を切ろうとした時、塩谷判官を抱きとめた本蔵の行為をとがめるのである。途方にくれる戸無瀬と小浪。そこへ「加古川本蔵が首進上申す」と、表にいた虚無僧が笠を脱いで内へ入って来る。そして、自分の首を聟引出にほしいとは侍の言うこと、主君の仇を討とうとする気もない由良之助だ、そのせがれの力弥にこの本蔵の首は切れぬ、と挑発する。挑発にのって、槍で本蔵に挑むお石。しかし本蔵の膝に引き敷かれる。そこへ登場した力弥が、母の槍で本蔵のあばらを突き通す。とどめを刺そうとする力弥。そこへ由良之助が登場し、「一別以来珍しし本蔵殿。御計略の念願とどき、婿力弥が手に掛かってさぞ本望でござらうの」と、図星を指す。

ここから本蔵の述懐が始まる。忍傷の場で塩谷を抱きとめたのは、「相手死なずば切腹にも及ぶまじと」「思ひ過した本蔵が。一生の誤り」で、その誤りが「娘の難儀としらがのこの首。婿殿に進ぜたさ」に、女房、娘を先へ登らせ、自分は師直にこびへつらった罪を言って職を辞し、道を変えて、女房、娘より二日前に京着して、由良之助の本心を見抜く。その手にかかれば、「約束のとほり。この娘。力弥に添はせて下さらば、未来永劫御恩は忘れぬ。コレ手を合はして頼み入る。忠義にならでは捨てぬ命。子ゆゑに捨つる親心、推量あれ由良之助」。

これに応じて、由良之助も、死にゆく本蔵に、「底意を明けて見せ申さん」と、奥庭に立てた二基の五輪塔を見せる。師直を討って死ぬつもりの由良之助父子の石塔だった。お石の意地悪も、小浪を、すぐに死ぬことがわかっている力弥の嫁に取りたくないという心からであった。

本蔵、由良之助、お石らの心底は、心底明かしをともなって、九段目の中心をなす。日本の近世劇における心底の趣向は、これまた数えあげるに暇のないほど多い。現在においてもなお、江戸期を素材にした文芸に、心底の趣向は重要な位置をしめている。

心底の趣向も、欺く―欺かれる場を形成する。同様に、詐欺も欺く―欺かれる関係の心底から生じる。心底の趣向は、不透明に見えた心の底が最後は白日のもとに明かされるのに対し、不透明な心底が不透明なままで終わるのが詐欺行為である。(5) つまり、心底には、善い心底と悪い心底があるということだ。このことは、心底という不透明であるはずの場所も、はっきりした倫理に浸透されていることを示す。もちろん、徳川時代においても、心底は隠したままで生きられる。しかし、心底に善悪があるということは(単なる芝居や小説の趣向と言うことなかれ)、心底もまた他を欺き得るという場、倫理規範にさらされているということなのである。

三　欺きの拒否

「無妄之を誠と謂ふ。欺かざるは其の次なり」(『近思録』巻一「道体類」)と言うが、欺き―欺かれる連鎖から解き放たれるためにはどうしたらよいのか。絶好の方法というものはない。ただひたすら欺きを拒否するだけである。その拒否を支援するのは、以下述べる四つである。

毋自欺

益軒の『大和俗訓』の中に、天と人とともに、「我心あざむくべからず」という一節があった。これは『大学』伝第六章にある「自《みずか》ら欺くこと毋《な》きなり」を言いかえたものである。

いわゆる其の意を誠にすとは、自《みずか》ら欺くこと毋《な》きなり。

誠意とは、まずみずから欺くことのないことだという主題が示されている。みずからを修めるために、自己欺瞞はどうしても排除しなければならない。このテーマも熊沢蕃山の「故に意を誠にして、不自欺を孝の心法とす」（「孝経外伝或問」）や、寛文六年に和刻本が出た『冷斎夜話』の「江南の処士朱貞（四庫全書本は「朱真」）毎《つね》に人に語りて曰く、世皆神明を欺かずと云ふ。此れ天地百神のみに非ず。但だ心を欺かざれば、即ち神明を欺かざるのみ」（巻九「神明を欺かず」の項）をはじめ、多く流布した。たとえば、佚斎樗山の談義本『六道士会録』（享保十四年刊）巻四には、「閻魔の帳付《づけ》」である「倶生神」が登場して、「儒家には我を心の神明と名付《なづけ》、亦《また》良知ともいふ。大学誠意の章の伝に、勿㆓自欺㆒といふは、我が心の神明をあざむくことなかれといふの儀なり。中庸に、其《その》睹《み》ざる所に戒慎し、聞ざる所に恐懼《けうく》すといふも、人の見聞所《みきくところ》はかくしても我にはかくすことならぬを以て云《いふ》なり」と言う場面がある。『中庸』の言葉は第一章。

運敞《うんしよう》の『寂照堂谷響続集』（元禄五年刊）巻五からも一例引いておこう。「范仲淹、鄧州に在り。州人賈黯《かあん》状元を以て及第す（首席で合格した）。里に帰り仲淹に謁し、教えを受くことを願う。仲淹曰く、惟《ただ》、欺く勿れの二字、以て身を終るまでこれを行うべし。黯、其言を忘れず、力めてこれを行う。毎に人に語りて曰く、吾、范文正公（范仲淹）の一言を得て、平生用うるに尽きず」と。運敞はこれを「勿㆑欺」と題して『聞見録《ぶんけんろく》』から引いているのだが、さらに、次の項目「不㆑欺㆓神明㆒」で、さきの

『冷斎夜話』の話も引いている。

「毋自欺」について、ここでは篠崎小竹の「毋自欺斎記《ぶじぎさい》」（『小竹斎文稿』天保七年の分。「上方芸文叢刊」七―二『浪華詩文稿下』所収）を取りあげておこう。長門藩士の楊井士温《やないしおん》が江戸詰めの帰りに、大坂の小竹を訪れ、自分は書斎の名を「毋自欺斎」にしたので、それにちなんだ一文を書いてくれないかと要請する。念のために言えば、書斎の名として「毋自欺斎」はおかしくない。斎藤拙堂の『拙堂文話』続編（天保七年刊）は、「不自欺斎版」となっている。(6) 小竹の文章の大意は次の通りである。

人を罪することができるのは、瑕《きず》のない者であって、人に教える者に瑕があっていいものか。私はまだみずから欺くことなしということができない。それなのに、いま士温をして、みずから欺かず、人を欺くことなかれ、と欲している。私は、酒は腐腸の薬だと知ってはいるが、いまだこれを遠ざけることができない。色は伐性《ばっせい》の斧とわかってはいるがいまだそれを遠ざけることができない。利殖は智をくらまし身に禍いするものだと知ってはいるが、これを瓦礫糞土の如きものとして賎しむことはできない。仁義忠孝が美徳だと知ってはいるが、口耳を悦ばせるもののようにはできない。「毋自欺」ということに関しては、私には自警にいとまがなく、とても士温に教えることなどできない。「毋自欺」は、戒めの言葉であり、その肝要は「慎独」にあるのではないか。「独」は、己一人これを知り、他の人の知ることのできない所である。その所において心が誠か誠でないかを考えるなら、人の教えなどいらないのではないか。そもそも他人に教えを求めることなど必要でない。必要なのは他人の視るところを畏れることである。士温と私はお互いに他人である。今後、相い畏れ、互いに「独知之慎」

に力を用いようではないか。他年再会の日、相い視てこのことを験《ため》してもおそくはないと思う。

小竹が主張しているのは要するに前述の『大学』や『中庸』でいう「慎独」ということである。『大学』ではもう一箇所、中に何かがあれば必ず外に見えるものであるから、「君子は必ず其の独りを慎む」（伝第六章）とあり、『中庸』第一章でも、「隠れたるよりも見《あら》わるるはなく、微《かす》かなるよりも顕《あきら》かなるはなし。故に君子は其の独りを慎む」とある。

同様のことを、慈雲飲光も次のように言う。

惣じて妄語と云ふものは下劣なることで、人を欺かぬ已然《いぜん》に早く自己を欺く。天地にも背く、神《じん》祇《ぎ》にもそむく、纔《わずか》に一二人を欺かんとして、天地神祇の冥助《みょうじょ》を失ふじゃ。（『十善法語』第一「不殺生戒」）

要するに「天地神祇」に直面することだ。「慎独」は、独りいる時を慎しまなければ、結局、天地神祇の冥助を失うことになると言っている。

ここで、わかりやすい話を引いておこう。泉南七山村の農民佐平は貧しく、その日の生活にも困る状態だったので、家を出て、人の下僕として働くことにした。残された妻と三歳の子はますます貧しく、妻はついに他人の栽培する菽麦《しゅくばく》や菜蔬《さいしょ》の類を盗むようになった。ある夜、中邨氏の菽（豆）を盗もうとして、子を見張らせた。刈って束ねて家に帰った。しばらくして、またやって来て刈ろうとして、「誰か来るか」と見張りの子に聞いた。「誰も来ない。ただお月さんが照らしているだけだよ。人に言わないといいね」と子が答えた。

其の母、児が言を聞て、覚へず慄然として毛髪皆竪《た》つ。忽ち悔愧して曰く、「我が不良の行、縦《たと》ひ其れ人見知せずとも、寧ろ日月の照臨を懼《おそ》れざらんや」と。

母は盗んだ萩を中邨氏に返し、子の言葉を語って謝罪した。中邨氏は許し、これを伝え聞いた人々が、この母子に恵んだ。古語に「明明たり上天の鑑、悪を為すこと履《ふ》むべからず」とあり、楊震が四知を懼れた所以である。この三歳の子の言葉は「婉曲凜然、即ち古賢の旨」であり、母もまた子の一言で掌を返すように悪を改め善に遷ったこと、ともに奇なることである。（釈義海『蕉窗漫筆』巻一「偸婦革悪」、明和四年刊。『日本随筆集成』第三輯所収）

楊震の四知の言葉は、「天知る、地知る、子（なんじ）知る、我知る」（『十八史略』巻三東漢、孝安皇帝）、「天知る、神知る、子知る、我知る」（『後漢書』巻八十四、『小学』外篇「善行」）。「明明たる上天の鑑、悪を為すこと履《ふ》むべからず」は、陶淵明の「読二山海経一十三首」のうちの第十一首目。五律の五、六句目。天帝はあきらかに見ているから、悪事などできるものではない、という意。「履《ふ》む」は実行する意。

一方、徂徠の弟子の太宰春台は『聖学問答』巻上で次のように言う。程朱学の人々は、『孟子』の性善説を信じているから、極重悪人にも内には善性があると言う。しかし、これは聖人の教えというものを知らない者の言い方であり、「内ニ在テ目ニ見エヌ者ヲ指テ、人ヲ欺ク」ものである。「内ニ在テ目ニ見エヌ者」とは、この場合、人の性は内在的に善であるという認識である。これだと、盗人に仁義がある（『荘子』胠篋《きょきょう》篇）、豺狼は仁である（同、天運篇）という考え方とかわらない乱道である、と春台は言う。ここから、この乱道を克服する道として、告子のいう「仁は内」「義は外」

料金受取人払郵便

本郷局承認

9522

差出有効期間
平成30年3月
31日まで

郵便はがき

113-8790

408

(受取人)
東京都文京区本郷1・28・36

株式会社 ぺりかん社

営業部行

購入申込書

※当社刊行物のご注文にご利用くださ

書名		定価 [円+ 部数 [
書名		定価 [円+ 部数 [
書名		定価 [円+ 部数 [

●購入方法をお選び下さい (□にチェック)	□直接購入 (代金引き換えとなります。送料+代引手数料で600円+税が別途かかります) □書店経由 (本状を書店にお渡し下さるか、下欄に書店ご指定の上、ご投函下さい)	番線印 (書店使用欄)
書店名		
書店所在地		

書店各位：本状でお申込みがございましたら、番線印を押印の上ご投函下

読者カード

※ご購読ありがとうございました。今後、出版のご案内をさせていただきますので、各欄にご記入の上、お送り下さい。

本書を何によってお知りになりましたか

□書店で見て　□広告を見て［媒体　］　□書評を見て［媒体　］
□人に勧められて　□DMで　□テキスト・参考書で　□インターネットで
□その他［　］

ご購読の新聞［　］
雑誌［　］

図書目録をお送りします　□要　□不要

関心のある分野・テーマ

［　］

本書へのご意見および、今後の出版希望（テーマ・著者名）など、お聞かせ下さい

ふりがな	性別	□男　□女	年齢	歳
	所属学会など			
業名	部署学部			
	電話	（　）		
〒［　－　］				
市・区 町・村　書店				

客さまの個人情報を、出版案内及び商品開発以外の目的で使用することはございません。

という考え方が紹介、展開されていくのだが、ここで留意しておきたいのは、欺き―欺かれる連鎖が成り立つ領域を、春台が「目ニ見ェヌ」所にみている点である。逆に、「目ニ見ェヌ」領域を言あげすれば、必ず欺き―欺かれる関係が出現する。誰もそれを判定できないからだ。このことを徂徠自身は次のように言っている。

信なる者は、必ず徴あるを謂ふなり。世多くは言に欺詐なきを以てこれを解す。いやしくも言に必ず徴あるを以て心となさば、すなはち欺詐なきこと道《い》ふに足らず。（『弁名』「忠・信」の第二則）

「徴」とは、証拠、実証ということであるから、「言に必ず徴ある」とは、言う言葉に必ず証拠があるという意味になる。たしかに、徂徠の言うように、世に「徴ある」「言」しかないならば、「欺詐なきこと道《い》ふに足らず」という事態になるだろう。この徂徠の言葉は、朱子や伊藤仁斎が、「信」を不実の言がないことと解していることに対してのものであり、実行を含む言葉として「徴」を使っている。しかし、朱子や伊藤仁斎が暗黙のうちに前提にしているのは、「言」が欺詐の生じる領域だということである。だからこそ「信」を不実の言がないことと解したのである。「たゝ〱おそろしきは言の巧み也」と言った上田秋成は、「我いつはらすは。世の人頼むへし」（『金砂』四）とも言う。「目ニ見ェヌ」領域も、言葉の領域も、欺き―欺かれる関係を排除することはできない点では同等である。

国学的思考にもし「毋自欺」ということがあったとしたら、次のようになろう。

真心とは、うはべをつくろひかざらざるをいふなり、盗の心のおこりて物をぬすむは、真心の行ひなり、盗の心おこりても、おこらぬかほするは、うはべのつくろひなり、盗の心おこりても、刑せられん事をおそれてつゝしむも、又真心なり、或は、ぬす人のとらはれても、われはもの盗まずと陳ずるも、又真心なり、（本居大平『藤垣内答問録《ふじのかきつ》一』。明治三十六年刊『本居全集』第六巻による）

礼

故に縄墨《スミナハ》が正しく陳ねられたるときは、曲を直とし、直を曲として、欺く可からず、権衡《ハカリ》が正しく前に懸けてあるときは、軽きものを重しとし、重きものを軽しとして、欺く可らず、曲尺《サシガネ》や筆《ブンマハシ》規が正しく置かれたるときは、方を円とし、円を方として、欺く可からず、此れと同じく、君子は礼を審に知り究むるを以て、かゝる詐偽の説を以て、之れを欺く可からざるなり、（『荀子』「礼論篇」。「漢籍国字解」『荀子』下の解釈による）

最後の文章は、「君子は礼をよく知っているから、詐偽をもってしては欺くことはできない」という意味であるから、逆に言えば、欺きの連鎖から脱出するには、礼に徹すればいいということになる。

欺きのもとを暴露する

欺き—欺かれる関係から抜け出すためのもう一つの方向は、敵対の対象となる欺きを意図的なものと断じることである。合理性を標榜した大坂懐徳堂の儒学は、その典型と考えてよい。山片蟠桃『夢ノ代《しろ》』から例示しておこう。

聖徳太子は仏教に帰依し、蘇我馬子が崇峻天皇を殺したことにも加担した。推古を位につけたが、推古女帝の評判が悪くなると、『旧事本紀』を編し、悪評を抑えようとして、「日神ヲ陰体ト称シテ諸臣万民ヲ誣《し》フ。此《これ》ニテ上下帖服《ちょうふく》ス（従う）。コレ全ク太子ノ姦計ナリ」（第三「神代」）。この箇所に、中井竹山の「当世ヲ欺カンガ為ニ、皇祖ヲ偽リ、万世ヲアザムク。コレ太子ノ大罪」という書き入れがある。聖徳太子がアマテラス大神を女体としたのは、推古女帝を擁立したことに対する反対意見を「鎮静」するために、ちょうど始まっていた国史の編述において、日神を陰体としたのである。まさに太子の姦計で、「当世ヲ欺カンガ為ニ、皇祖ヲ偽リ、万世ヲアザムク」ものである。

『夢ノ代』は、太子が万世を欺いただけではなく、後の太子伝そのものが太子の行跡を偽っていると言う（第九「異端」の竹山書き入れ部分）。

一部の太子伝スベテ妄誕虚飾。仏者コレヲ見テ信ズトイヘドモ、無心ニシテ目ヲフサギテコレヲ按《あん》ズルニ、ソノ自《みずか》ラ前生ヲイヒ、ソノ未前ヲサシ、未来ヲ云コト、ミナコレ作者ノ詐偽ナリ。多クハ太子モシラザルコトナリ。ヨク考ヘテ欺ムカル、コトナカレ。

聖徳太子が「自《みずか》ラ前生ヲイヒ、ソノ未前（未然）ヲサシ、未来ヲ云コト（未来記など）」は、すべて太子伝の作者の詐偽であるから、「ヨク考ヘテ欺ムカル、コトナカレ」と竹山は言う。聖徳太子自身も身に覚えのない「作者ノ詐偽」であるから欺かれることなかれ、と言う。神道批判も同様である。

伊勢神宮は、歴史的に内宮が先で、「外宮ヲ尊信スルコトハ後世ノコト」なのに、現在、内外宮ともに「天照皇大神宮」と称している。外宮を「豊受大神宮」と称すると、「民家ノ信仰ウスク」、人々は御祓《おはらい》を受けないので、このように外宮からも「天照皇大神宮」と書いて御祓を諸国に賦与しているのである。だから、何も知らない諸国の百姓は、外宮の神主から受けた御祓を大神宮と心得て満足している。

ア、神ハ正直ヲ本トシ、欺カザルヲ体トス。始ヨリ神ヲ以テ諸民を欺ク。神国ノヲシヘ何国ニアリヤ。（第十一「無鬼」下）

ここでも厳しく、意図的な欺きが指弾されている。他の欺きを批判するには、このように欺きを意図的なものと断じることが最も明快で説得的な論法になる。山片蟠桃の論法は、ほぼこの種の、意図をえぐり出す論法である。しかし、この論法もまた、欺きを再生産することになるのは、わかりやすい理屈であろう。

では、欺き―欺かれる事態が無効である筋道というものは考えられるのだろうか。実学者海保青陵の次の言葉は、暗にそのようなことを含意しているように見える。

天ト云モ、理ト云モ、神トイフモ、仏ト云モ同ジ事也。無ト云事也。サナケレバナラヌスジト云事也。詐偽ニテ欺ク事ノデキルハ人也。獣ナリ鳥ナリ、草木、金石、水火、土玉ニ至ルマデ、形ノアルモノハ皆ダマシテツカハル、ナリ。天ト理ト神ト仏ト、左ナケレバナラヌスジト云モノハ、トントダマセヌ也。（「燮理《しょうり》談」『海保青陵全集』）

「燮理《しょうり》」とは、和らげ治める意。天理神仏は、絶対にそうならなければならない筋の突きあたったところのもので、これに対しては、人は欺くことができない。それに対し、天理神仏でない人は欺くことができる。それのみならず、獣、鳥は言うにおよばず、草木、金石、水火、土玉の類まで、およそ形のあるものについては、人間はそれをだまし、変形し、利用する。海保青陵は、実学者としての経験から、欺き—欺かれる領域を、最大限に拡大し、さらに、化工、変形、利用という行為を「欺く」と言いかえた。それは人の心を最大の領域とした、終わることのない欺き—欺かれる連鎖の議論を封殺しているように見える。海保青陵は、実学の前に儒学は無効と考えていた。「さなければならぬすじ」を抽象して、これを天理神仏に配し、敬して遠ざけた。言いかえれば、自己の才智が及ぶかぎり、「欺く」行為から逃れることはできない。逃れられるのは、「さなければならぬすじ」をになう天理神仏の領域において人間が無為無策の状態に陥る時のみである。そう言明することで、彼は欺き—欺かれる関係の議論を無効にしようとした。言って詮ないテーマにした。

海保青陵の考えを次の新井白石の予定調和の考えと比較してみると、海保青陵の割り切り方がいわゆる思想を離脱した現実的なものであることがわかってくる。

人しれる人はまれ也。人しらざる人は多し。彼多くしらざる人の、かれがために欺かれて、なにがしは賢也、何がしは能有と云程に、時にあひ世にもちいらるゝことを得たり。是人多くして天にかつ物なり。いはゆる百年にして公議定まりては、終に又人を欺くべからず。（『鬼神論』）

よく物がわからなくても多くの人が推薦すると、世に出る人もいる。しかし、それは俗に言う「人多くして天に勝ち、天定まりて人に勝つ」というたぐいで、百年もたてば本当の判定に落ち着くものである。要するに白石は、時間がたてば自然にわかると言っているだけなのである。

私たちは海保青陵のように事に即しつつなお局外の視点をもち、また、山片蟠桃のように語や思想や意図の出るところを探ることで、自他を陥れる欺き—欺かれる連鎖から自由になれるのかもしれない。

ここであらためて懐徳堂の思考を示せば、中井履軒の真実へいたる道は「其の語の出る所」を尋ねることであった。次は遺稿である『伝疑小史』（文化元年跋）の冒頭の文章である（原漢文）。

信、以て信を伝へ、疑、以て疑を伝ふ。是れ史家の恒、況や野乗稗史の叢雑、紛たり、龐《ほう》たる（入り乱れる）をや。吾が聞見の博からざる、なんぞ能く折衷せんや。筆すべき者はこれを筆し、択ぶところ無きなり。ここにおいてや、伝疑にして信其の中に存す。其の篇を命ずるや、猶謎のごとし、即ち其の語の出る所を繹《たづ》ねんと欲せば、唯能く謎を解くこと、斯くて其の緒を得。

「信以伝信、疑以伝疑」は『春秋穀梁伝』桓公五年に見える。信は信、疑は疑としてそのまま伝えていく態度のこと。その年正月、陳侯の鮑《ほう》が死んだという記事を十五日をおいてもう一度載せたことに関する解釈で、「春秋の義、信以て信を伝へ、疑はしきは以て疑はしきを伝ふ。陳侯甲戌の日を以て出づ、己丑の日（甲戌の十五日後）に得たり。死の日を知らず。故に二日を挙げて（甲戌の日と己丑の日の記事）、以て包《かね》たり」というもの（寛文八年刊の和刻本）。

「信以伝信、疑以伝疑」については、履軒以前に室鳩巣も言及している。

我朝にて漢唐をまなびて建たる事に、取誤《あやま》りて名実齟齬《めいじつそご》したる事多し。しかるを倭書をとく人、多は強《しい》て牽合《けんがう》して、其誤を信にせんとす。恐らくは公道《こうだう》にあらず。たゞ信以伝《しんもつてつたへ》レ信《ヲ》、疑《うたがひ》以伝《フ》レ疑《ヲ》といふにしたがひて、是非のまゝに沙汰するこそ、明達の論とはいふべけれ。（『駿台雑話』巻五「六義《りくぎ》の沙汰」）

戯れでかわす

曲亭馬琴の『夢想兵衛胡蝶物語』（文化六、七年刊）は、批評的な戯文でできている読本だが、後編巻一は「食言郷《しよくげんきやう》」と題せられている。巻二が「煩悩郷」、巻三が「哀傷郷」、巻四が「歓楽郷」と命名されていることでわかるように、人間世界を食言（「欺詐《うそ》」）の視点から滑稽に論評した巻である。一般に、戯文は世をはすかいに見てうがち、斜めに表現するものと考えられているが、世に正面から立ち向かう健全な戯文は、啓蒙の精神を発揮している場合が多い。「食言郷《しよくげんきやう》」の論述の大枠を示しておこう。

夢想兵衛は、前編巻五で経験した貪婪国《どんらんこく》から紙老鴟《とびたこ》に乗って、食言郷へ降りる。そこで、台野万八《だいのまんはち》という旅館に宿る虚月爺二郎《うそつきやじろう》という野鉄砲《のでつぽう》の師範をする浪人と知り合う。この国は、「利欲の為に恥をしらず、偽《いつわり》をもて世の人を、歓《よろこ》ばし、これを世事《せじ》あるいは愛想《あいそ》と言うが、「欺詐《うそ》は諂諛《へつらひ》の楽屋《がくや》」であるから、誉める陰で悪口を言う。約束を破っても嘘で間に合わす。子供がころぶと、金を拾ったと言って起きあがらせ、甘酒を飲まそうと言いつつ子供を歩かせる。このように、子供をも嘘と利益で導く。曾子は妻が子を欺くことを制し、明の王枠夫《おうすいふ》は嘘をつくことを第一の戒めとして子を教育したというのに、この食言郷の習俗では、夫婦間でも偽りかざり、見栄をはる。女の子に人形を作ってやると言って実はその気のない爺。芝居をただで見せてやると言い、その気になってやってきた三人の女に、今日は看板役者が休みだと嘘を言う男。こういう手合いばかりである。

翌年の正月、虚月爺二郎宅の前に、「明日《みやうにち》欺詐《うそ》のつきそめいたし候。浮薄執心《ふはくしうしん》の輩《ともがら》は、御来駕《ごらいが》仰《あほ》ぐ所也」という張札が出る。それを見た夢想兵衛は、食言郷を老実国《ろうじつこく》にかえようと翌日いさんで出かけると、「今日他行」という張札に変わっている。怒った夢想兵衛は背戸から廻って爺二郎を見つけ、彼に向かって、私は日本国からの旅人、日本国は正直実義を旨とする国である、この張札の変更は卑怯だ、私をおそれたのか、とかみつく。爺二郎はすました顔で、「今日他行」の張札こそ昨日の張札を嘘とし、今日また他行しないで家に隠れ居るという嘘のつき初めではないかとたしなめる。虚月爺二郎は、自己言及のパラドックスを教科書通りに行ったものである。

夢想兵衛はこらえかねて、嘘が悪であることを以下のようにまくしたてる。管叔の流言《うそ》は周公を危からしめ、褒似《ほうじ》の巧言《うそ》は周室を滅ぼす。鄭《てい》の子産を欺いた校人もいる。魏王は、龐恭《ほうきやう》の問いに答えて、市《いち》に虎はいなくても、三人が虎がいると言えば信とする、と言う。曾子の賢なる母ですら、曾子が人を殺したという三度の嘘にそれを真とした。一犬形に吼えれば群犬声に吼えるという。「人の欺《う》詐《そ》はわが欺詐《うそ》」とはこういうことを言うのだ。

これに対して爺二郎は言う。虚談《うそ》でなければ世の中は渡れない。商人の空誓文《そらせいもん》も妻子眷属を養うためであり、商人が本当のことを言ったら客が集まらないように、傾城も誑《だま》さなければ客は来ないし、その欺詐《うそ》の中にこそ真《まこと》があるのである。実事《まこと》に虚談《うそ》を加味すると世俗の耳に入りやすいから、故事も口碑に残る。『孫子』も兵は詭道《きどう》と言っている。

このようにやり返す爺二郎は次に話題を書物の嘘に転じる。

されば又物《もの》の本、史伝、記録に虚文《うそ》多く、左氏伝、国語、史記、漢書、比較《くらべ》て見れば異同あり。旧事紀《くじき》は古代の塞《まがひ》もの、今写本にて行《おこなは》るゝ。日本後紀は書名の譌《うそ》。小説野乗《やじよう》に至《いたつ》ては、いはずとしれた虚談《うそ》なれど、とりわき古いは斉諧記《せいかいき》、山海経《せんがいきやう》も妄誕《うそ》らしゝ。英雄人を欺けば、呂不韋《りよふゐ》が虚談《うそ》は呂覧《りよらん》（『呂氏春秋』のこと）のごとく、趙曄《ちやうくわ》が譌《うそ》は呉越春秋。これらは通《とほつ》た秦漢物《しんかんもの》。干宝《かんぽう》淵明《ゑんめい》が捜神《そうじん》記、段成式《だんせいしき》が酉陽雑俎《ゆうようざつそ》、唐《たう》から虚談《うそ》は流行《はやる》とて、ひらたくいへば仮名物語、竹取なんどは万葉の、歌から虚談《うそ》をつきひろげ、美福門院を譏《そしり》ては、玉藻前《たまものまへ》と譌《うそ》をつく。源氏狭衣以下《しもつかた》は、勝《あげ》ていはれぬうそつきの、筆《ふで》とて世の人珍重す。

「物の本」は「草子」に対する語で、物がたい内容の本、「旧事紀」は斎部《いんべ》氏（広成等）の伝えた『先代旧事本紀』のこと。近世に入って潮音等が作った『旧事大成経』も同名で呼ばれることが多いが、これは刊行されている。「日本後紀は書名の譌《うそ》」とは、実際は、『日本書紀』『続日本紀』『日本後紀』の順なのだが、『日本書紀』のすぐ後の時代を記録している印象を与える点を言ったものだろう。次に小説や歴史物語に移って、中国の志怪、説話、歴史ものから日本の文芸の類に及んで、すべて嘘つきの筆と言う。しかし、これら昔の嘘は「世の人珍重」するのに、今の嘘をいやしむのはわからない、と爺二郎は以下、「古書《こしよ》の虚文《うそ》」を追究する。

昔、太陽が十箇あり、そのうちの九箇を射消したというが、どうして火である太陽を射消すことができたのか。嘘である。周の武王が殷の紂《ちゅう》を討とうと孟津《もうしん》を渡った時、起こった風波を威力で静めたという話が伝わるが、これも嘘である。天地の気である風が悪人の紂の味方をするはずがなく、また、武王が威力をもって風に向かえば、風の神はさらに怒ったはず。「風雨に心あるべからず、厄難は人の賢不肖《けんふせう》によらず」、武王の広言は嘘である。日本武尊《やまとたけるのみこと》が草薙の剣で野火を払ったというのも、嘘。「武威もて天災はとゞめがたし」。また、魯陽公や平清盛が日を返したというのも嘘。「日月《じつげつ》に分度《ふんど》あり。天に随って運《めぐ》ること、昼夜《ちうや》止《やむ》ことなきもの也」。頼家、実朝、公暁の暗殺はすべて北条義時の計略なのに、義時はそれを糊塗して、いかにもみずから霊夢によって必死を逃れたかのように見せかけたのも嘘。「実録に増言《ぞうげん》あり、史伝に飾文《しょくぶん》いと多し」。したがって、「悉《こと》〴〵く虚文《うそ》を咎《とが》めば、書《しょ》なきにはしかざるべし」。孔子も戯言をいい、孔門十哲の一人子路もまた孔子に詐《いつわ》りを言っている。あなたは、近頃、子供に嘘をつくことを教えるなと言っているらしいが、それは行き届かぬ理解というものだ。賢不肖は教えによらず、耳は忘れるのが仕事である。子供に「欺詐《うそ》ついて聞《きか》せたりとて、その子も又欺詐《うそ》つきになると思ふは杓子定規」ではあるまいか。

　これに夢想兵衛が反論する。性は善で、情に欲がある。だから、「凡夫《ぼんぷ》はすべて教《をしえ》による」。天候がよくなければみのらないのと同じこと。あなたは寓言《うそ》と邪説を混同して、ひたすら古書の間違いをあげつらうが、識者はその混同を知っている。子は父のために、父は子のために隠し、兄弟は争っても外の侮りはふせぐ。ここに欺詐《うそ》が入っているように見えるが、ここにこそ直き信の心がある。老子の虚無、仏氏の方便、荘子の寓言、孫子の武略、淳于髡《じゅんうこん》の滑稽（『史記』）に至るまで、実《まこと》から出た虚《うそ》だから、味わい深く、世に益がある。また、世々の書物にないことを書いてあるのは、伝写の増言か、あるいは勧懲のために卑俗な所に譬えをとったものである。この国の人々は、胸中に一点の信もなく、人を欺いて利を謀り、讒言邪説をこととし、口才奸智に長《た》け、古書の疑わしきを穿鑿して凡慮の決断に任せるなどと、片腹痛いことを言う。

夢想兵衛のこの説破に、「なきこと作るはみな欺詐《うそ》なり」と爺二郎は居たけ高になる。名の高い所に利が寄り、似て非なる物が喜ばれる。しかし、ものには臨機応変ということがある。あなたも「今から欺詐《うそ》の夥計《なかま》いりして、世事《せじ》の稽古を励み給へ」。

これを聞いた夢想兵衛はあきれ果て、宿替えするほかないと考え、紙老鴟《とびたこ》を招き、空中へ登っていく。

『夢想兵衛胡蝶物語』「食言郷」は、軽快な戯文に乗って、嘘という観点から眺めた時のこの世界のありようを一つ一つ描き出していく。

なお、明治十五年九月、『夢想兵衛胡蝶物語』は活字によって出版され、四代目橘家円蔵によって「うそつき弥次郎」が演じられた。『明治大正落語全集』第六巻（講談社、昭和五十五年刊）に収録されている。それより前、明治十三年から十四年にかけて、服部撫松の『第二世夢想兵衛胡蝶物語』が「東京新誌」に連載された。その「不孝島」に、演説場を開く夢想兵衛の前に現れた一老翁が「文化年間に、夢想兵衛と称し、少年国に渡って囈語《（ネゴト）》を吐く者あり。蓋し汝が祖か。」という場面がある（『第二夢想兵衛胡蝶物語』山敷和男校注、現代思潮社）

「食言郷」は、戯文で、欺き—欺かれる世界の様態を網羅し、その様態からの脱出、自立を感じさせるものとなったとすれば、近代になって、夏目漱石の『こゝろ』は、構成的文章で、一つの欺き—欺かれる関係を拡大し、新しい地平で小説の主題に転じて見せたものと解することができよう。

注

（1）宍戸道子・高松亮太「『諸道聴耳世間狙』評釈」は、『諸道聴耳世間狙』の序の「偽《いつはり》めきし真《まこと》はかたるとも、真《まこと》くさき虚言《うそ》はつかぬ」の語釈に、『徒然草』七十三段の一部を引いている（『近世文芸研究と評論』七十五号、平成二十年十一月）。

（2）飯倉洋一『上田秋成　絆としての文芸』第五章三「偽りと倫理」に、秋成における偽りの意識が適格にとらえられている（大阪大学出版会、二〇一二年）。

（3）長島弘明は、このことのあった前後の秋成の作品の変化も含めて詳説している（「秋成の著書廃棄」、「文学」二〇〇七年五・六月号）

（4）最も根本的な影像として、プラトン『国家』（『ポリティア』）第七巻に展開される「洞窟の比喩」を逸することはできないだろう。

（5）一例のみ示しておこう。京都の裕福な紙屋があり、総領を五作といった。遊びすぎて勘当される。東へ下ろうとして、その旅費を捻出する計画を思いつく。大坂屋という遊び宿の亭主に、道で拾ったといって一包みを見せる。書付きがあり、金六十両、大坂北浜尼崎屋久太郎殿へ京藤屋甚助、と書いてある。五作はその金を当てにして遊興する。その夜、大坂屋の亭主が休寝中の五作の所へ来て、例の金の落とし主が会いに来たと言う。伝助という男で、あなたが拾った六十両は自分が落としたものだから、返してもらえれば幸いだと言う。五作は自分には全く覚えがないと突っぱねる。しかし、涙ながらに訴える伝助を見て、事実を話し、半分の三十両を要求する。伝助は五両ならばと値切る。大坂屋の亭主も伝助に口添えして、礼金は十両に決まる。五作が帰ったあとで、伝助と亭主は、礼金を払ったあとの五十両を折半して、二十五両づつ儲けと喜び合うが、包み金の封印を切って見ると、真鍮の似せ小判であった。「彼五作、日比此宿の亭主が生れ付極道にて、邪智ふかきを能々知すかし、金子を拾ひたるといはゞ、必ず落したる者を拵へ取かへすべしと思案して、はかりし工とかや。彼落したるといふ男は同じ茶や仲間の亭主なりといへり」。（花洛隠士音久の、享保二年刊『怪醜夜光魂』巻二「紙屋五作金子をかたり取事」）。他に拙著『主人公の誕生』（ぺりかん社、二〇〇七年）でいくらか詐欺の例を示した。

（6）　中国の例だが、長井の書斎名と同じような「不欺堂」や「慎独斎」があったことが「宋元学案」巻四十五に見える范香溪の文章によってうかがえる。また、范香溪は兄茂安の「不欺堂」に寄せて、欺・不欺を論じた「温州永嘉県不欺堂記」を書いている。（『范香溪先生文集』巻六）。本書第二章の「不求甚解堂」と同じ趣きである。

第四章　事もと無心――人間のはたらきについて――

一　「事もと無心」とは何か

巧妙で不思議なはたらき、それはたとえば、無心の風景を無心以上のものにする画家のはたらきであり、同様に、彫刻家、陶芸家、音楽家などの芸術家、あるいは、無心の言葉に命を与える詩人のはたらきであり、新しい領域あるいはテーマを発見する科学者のはたらきである（いまこれらの現象を「妙」と言おう）。しかし、この妙は、彼ら芸術家や科学者だけのものではない。妙を生むはたらきも、はるかに多岐にわたり、乱脈である。たとえば、山水を愛することは、山水という無心のものに妙を見て近づくだけでなく、さらに山水の無心に一体化しようとするはたらきでもある。労働は無心の自然にはたらきかけて妙を生み出すが、同時に自然と一体化しようとする欲望でもある。このようにして、多岐乱脈なはたらきをたどることは、なにがしか人間のはたらきの像をはっきりさせるだろう。妙なるものがこの世に生まれる以前は、何もなかった（いまそれをあらためて「事もと無心」と言おう）。

無心のものに人がはたらきかけて妙が生まれる。その現象あるいは過程は、「事もと無心、妙は唯その人に存す」という言い方で表わしてもいいだろう。(1) しかし人間は、無心で無機的であるはずのものにはたらきかけて妙を生むだけでなく、無心で無機的なものに感情移入したり、自分に都合のよいように変形したりして、粉飾、虚偽、虚構を生み出すこともある。(2) あるいは逆に、そのように粉飾、虚偽、虚構の混入した「事」の中にもとの無機的な「無心」を見出すこともある。すなわち、「人」と「事」の多様なかかわり合いを整理するうちに、事柄の無心性、現象の無機性といったものに行き当たる。本章で言う「事もと無心」は、無心のものにはたらきかけて妙を生む行為と、事柄の中に新たに無心を発見する行為の両様のはたらきを含む。「事もと無心」の「事」の領域も、心的現象から社会関係、天地自然にまで及ぶ。それらに気づくことは啓蒙の芽になるだろう。「無心」についてさらに説明しておこう。

三人の流人のうち、唯ひとり流罪を許されず鬼界が島に放置されることになった俊寛は、島を離れて都へ帰る人々を見送りつつ、「おさなき者のめのとや母なんどをしたふやうに、足ずりをして、是乗せてゆけ、具してゆけと、おめきさけべども、漕ぎ行く船の習ひにて、跡は白波ばかり也」（覚一本系本文『平家物語』巻三「足摺」）という愁嘆を演じる。俊寛の目の前にあるのは人事と対極の無心の自然である。

沙弥満誓《しゃみまんぜい》の「世の中を何にたとへん朝ぼらけ漕ぎゆく舟の跡のしら波」（『拾遺集』巻二十）は、明快に無心の世の中の比喩として「漕ぎゆく舟の跡のしら波」を使う。柳生宗矩《やぎゅうむねのり》も、戦う相手の変幻自在の動きの比喩として使う。「心《しん》は万境《ばんきょう》に随《したが》って転《てん》ず、転処実《てんじょじつ》に能《よ》く幽《ゆう》なり」という摩拏羅尊者《まぬらそんじゃ》の偈《げ》を示した柳生は、「転処実《てんじょじつ》に能《よ》く幽《ゆう》なりと云ふ所が兵法《へいほう》の眼《まなこ》也。其所に心を残さずして、こぎ行く舟のあとのしら波と云ふごとく、あとはきえてさきへ転じ、そつともとまらぬ処《ところ》を、転処実《てんじょじつ》に能《よ》く幽《ゆう》なりと心得《こころう》べし。幽なりとは、かすかにて見えぬ事也。心をそこ〳〵にとゞめぬと云ふ儀《ぎ》也」と言う（『兵法《ひょうほう》家《か》伝書《でんしょ》』「活人剣」）。

しかし、同じく「漕ぎゆく舟の跡のしら波」に直面しても、沙弥満誓の認識と、「其所に心を残さずして、こぎ行く舟のあとのしら波と云ふごとく、あとはきえてさきへ転じ、そつともとまらぬ」柳生の実践と、足摺りをする俊寛の心と、それぞれに異なっているように見える。俊寛の場合を想像してみよう。

カントは、現象界とは別に物自体ということを想定した。人間が認識できるのは認識の枠組み（条件）による現象界のみであり、人間は決して物自体を認識することはできない。比喩的に言えば、足摺りをして「是乗せてゆけ、具してゆけと」嘆いても、ついに「漕ぎ行く船の習ひにて、跡は白波ばかり也」という状態に直面しなければならなかった俊寛は、瞬間、現象界を超える冷厳な物自体のような世界を垣間見たのではなかっただろうか。みずからの認識の条件を破壊されてしまったのではなかったろうか。世界と切り離され、ただ一人たたずむ俊寛の横を、風景がただ素通りしていく。見慣れた現象界から物自体の世界へ突き放された人間の認識の孤独な崩壊の姿を写しているように見える。あるいは、邵康節《しょうこうせつ》風に、「我を以て物を見るは情なり」という境地を追放されて、自分を物にして、

「物を以て物を見る」（『観物外篇』下巻ほか）という境地を強要されていると言ってよいかもしれない。あるいはまた、『般若心経』「空即是色、色即是空」の「空」を垣間見たと言っていいかもしれない。俊寛の嘆きは、ここもまた比喩をもって言えば、自身が白波を観て感慨にふけることによってではなく、自身が白波となって白波を消去することによってしか解消されないだろう。ここで「白波」の無心はそういうふうに現象している。要するに、この世には、通常の状態では気づかないこの世の無心が遍在しているということだ。

もっと和らげた言い方をしてみよう。『徒然草』五十九段の「命は人を待つものかは」や西鶴の『好色五人女』巻一―二「清十郎死《しに》おくれて、つれなき人の命」の「命」、高村光太郎の「死ねば死にきり。自然は水際立っている」（昭和三年の「夏書十題」のうちの「死ねば」、『高村光太郎全集』第二巻、筑摩書房）の「自然」や、アダモの「雪が降る」の中の「雪」もまた、俊寛に愁嘆を強いたものと同じである。「雪が降る」の一節を思い出してみよう（安井かずみ訳詞）

雪は降る　あなたはこない
雪は降る　重い心に
むなしい夢　白い涙
鳥は遊ぶ　夜は更ける

あなたはこない　いくら呼んでも
白い雪が　ただ降るばかり

「雪は降る　重い心に」で、主人公の内面といまだ共棲していた「雪」という自然が、「鳥は遊ぶ　夜は更ける」から主人公を突き放し始める。「鳥」も「夜」も、主人公の心とは別だ。そして、「白い雪が　ただ降るばかり」で、「雪」はついによそよそしいものに変貌し、やがて無心のものとなる。詞のこういう理解は、伝統的な景情論にのっとったものであるが、十分に「無心」の説明にはなるだろう。

次は『杜少陵詩集』巻九の「後遊」五律の三、四句目である。

江山如有待　　江山待つ有るがごとし
花柳更無私　　花柳更に私無し

これは、無心であるはずの江山が自分のために存在しているかのように詠みつつ、「花柳更に私無し」で一気にそれを否定する。その一瞬が無心の自然をきびしく突きつける。

では、あらためて「無心」とはどういう意味か。さきにも引いた邵康節（一〇一一—一〇七七）の言い方を参照してみよう。『漁樵対問《ぎょしょうたいもん》』の一節で、「無心が天地万物を致す方」をめぐる問答である。

漁者曰く、無心とは無意の謂也、無意の意は、我れ物にあらず、我れ物にあらざれば、然して能く物を物とす。（樵者）曰く、何をか我と謂ひ、何をか物と謂ふ。（漁者）曰く、我を以て物に徇《じゅん》ずるときは、我も亦物也、物を以て我に徇ずるときは、物も亦我也。物我皆意を致す。

物と我が融合し、一体となる世界（物我皆意を致す）が邵康節の意図するところなのだが、その前に「我れ物にあらず」という物と我との離反峻別の状態があり、つまり純粋に物を物とすることができる状態があり、その状態を邵康節は無意と無心と言っている。そう解しておく。

では、「事もと無心」という認識は何をもたらすのか。「事」に纏綿する非本来的な粉飾、虚偽、虚構を切断する。纏綿する非本来的な粉飾、虚偽、虚構を切断された「事」は、どこへ行くのか。無意となって、あらためて「人」のもとへ行くのである。かくして、「人」と「事」は直接対峙する。そして「人」の活動をくっきりとこの世に刻み込むのである。この活動はもちろん江戸期にのみ特徴的なものではない。しかし、江戸期の人々もまたその認識の活動を強く推し進めたことは間違いない。

「人」と「事」が直接対峙する構造は、もっともわかりやすく言えば、次のようになる。

金石本《きんせきもと》無《シ》レ音、打《うつ》によりて響《ひゞき》を出だす。法身元《もと》不《ふ》生《しやう》、有レ機《れば》斯《こゝに》応用をなす。（貞享元年〈一六八四〉刊『地蔵菩薩霊験記』巻五―十三。古典文庫）

「機」は人と考えればよい。もともと音のない金石が人が打つことで響くように、仏もまた人間を見てそのはたらきを示すのである。

予が伝する所の者は辞なり。辞に由りて以て意を得ることは則ち人に在り。（『近思録』巻三、程子の易伝）

易に、辞・変・象・占の四つを示す。それによった言葉である。「ワガ今此ノ経ニ伝スル所ノ説ハ、只其ノ辞ノタメナリ。辞ノ義ヲ明スニ由リテ、其ノ意ヲ会得スルコトハ、ヨム人ノ所為《シヨイ》ニアリ」（中村惕斎《てきさい》『近思録示蒙句解』巻三）。ここでも、辞は無心の「事」であり、辞の意味を判断するのは「ヨム人」なのである。

もちろん、無心の「事」にはたらきかける人間は、「妙」を生み出すだけでなく、当然、「咎」を犯すこともある。たとえ話を引いて確認しておこう。

むかし或人《あるひと》の家《いへ》に屛損《へいそん》じたりければ、其子《そのこ》のいひけるは、「かく屛の損じ候、盗人《ぬすびと》こそ入《いる》べけれ」といひける。暫《しばら》くして隣《となり》の人来《きた》りて、その子《こ》のいひしごとく、「屛の損じ候、ぬす人こそ入《いる》べけれ」といひしが、果《はた》してその夜盗人《よぬすびと》にあひけり。かの親《おや》、吾子《わがこ》をば智《ちゑ》ありてよく察《さつ》したりとおもひ、隣《となり》の人《ひと》をばこの人かくこそいひし、もしや盗人の手引《てびき》などしつらんかと疑《うたが》ひけるとなん。さればそのいふ詞《ことば》も同《おな》じ言《ことば》にして、聞人《きくひと》も同《おな》じ人ながら、子《こ》と他人《たにん》とのへだてあれば、その思ふやう雲泥万里《うんでいばんり》のたがひとなる。おなじ秋《あき》の夜《よ》も、少年遊楽《しやうねんゆうらく》の燈《ともしび》の前《まへ》にはあけやすきをうらみ、孤《こ》婦愁思《ふしうし》の閨《ねや》の中《うち》には明《あけ》やらぬをかこつ。秋のよに違《ちが》ひはあらざれど、志《こゝろざ》し各《おの》〳〵ことなればなり。（三浦梅園『梅園叢書』巻之上「継母《まゝはゝ》と前家子《まゝこ》との話」）

「屛の損じ候、盗人《ぬすびと》こそ入《いる》べけれ」という子供の無心の言葉に、親は智恵を感じ、まったく同じ隣人の言葉には、もしか盗人の手引きをしたのではないかと疑いを抱く。また、同じ秋の夜が、遊楽する少年には短く、独り寝の寡婦には長く感じられる。

以上が本章の基本となる前提であると同時に、本章の展開の概要である。ここであらためてここまで述べてきたことを、人間社会の倫理の場に移し、「事もと無心」の基本構造を江戸初期の儒者に確認してもらおう。

人に接し事に処《をる》、其の無心ならんことを欲す。水能く人を溺す、人、水を怨むること無し。火能く人を焚く。人、火を怨ること無し。蓋し水火は本、人を養ふの物にして、人自《みずから》禍を取ればなり。故に曰く、利に放て行へば怨多し。利とは何ぞや。無心に非ず。無心とは何ぞや。理に居て応を待つの謂にして、木の槁灰《こうはい》の死に非ず。人、水火に非ず。豈に果して、人心をして水火の如くせしむ可きや。理に居て応を待ち、始より固拗の心無し。是れ無心の謂なり。漆園《しつえん》が虚船来触の喩、無心に偏に、居理に窒《つま》る。異端と為す所以なり。（永田善斎『膾余《かいよ》雑録』巻五）

「利に放て行へば」は『論語』里仁篇の言葉。心を利に放って行えば、と読んだが、通常、「利に放《よ》りて行へば」。「漆園が虚船来触の喩」は『荘子』山木篇にある喩。船をやるに、人の乗っていない船がぶつかっても怒らない人も、人が乗っている船が来て何度かぶつかると、やがて怒り出すという話で、心を虚船のようにすれば、軋轢は起こらないという教訓になっている。永田善斎が『荘子』の話を異端と批判するのは、「無心に偏に、居理に窒《つま》る」、すなわち、ひたすら無心を言うだけで、「理に居る」ことが欠落していると判断したからである。「漆園」は荘子のこと。

二　見出された「事もと無心」

『源平盛衰記』巻四十五「大臣頼朝問答」は、源平の合戦が源氏の勝利に終わり、平宗盛父子が鎌倉へ護送される場面を記す。そこで、頼朝の使いで来た比企能員《ひきよしかず》に対して、宗盛は居ずまいを正し、深く敬した。その卑屈な態度に対し、人々は批評する。宗盛をそしる者は「敬節し給ふたらば、命の助かり給ふべきかは。西海に沈み給はずして、東国に恥をさらすこそ理《ことわり》なれ」と嘲るし、また、なだめる人々は「人心定まる主《しゅ》無し、人身《ひとのみ》定まれる法無し。之《これ》を尊《たつと》ぶときんば将と為り、之を卑しめば又虜《りょ》と為る。之を抗《あぐ》るときんば青雲之上に翔《か》けり、之を抑《をさ》むれば又深淵之底に沈む。用ひれば虎と為り、用ひざれば鼠と為る。是又深き理《ことわり》也。必ずしも大臣殿（宗盛）に限るに非ず」と言う。「人心定まる主《しゅ》無し、人身《ひとのみ》定まれる法無し」という事態が人の世の現実である。人が人を尊とめば、将となるし、逆に卑しめば捕虜となる。人の応援、援助があれば青雲の上を翔ける勢いを得るし、逆に頭を抑え、足を引っ張れば深淵の底に沈んで浮上できない。人が人を登用すれば虎の力を発揮するし、登用しなければ鼠同然のものとなる。こういう認識によって、人は「事もと無心」であることを発見する。

　謡曲『屋島』の最後の地謡の文句も同様の認識を示している。「敵《かたき》と見えしは群れゐる鷗、鬨《とき》の声と聞こえしは、浦風なりけり高松の、浦風なりけり高松の、朝嵐《あさあらし》とぞなりにける」。戦いの場と見えていたものが、ただ、「群れゐる鷗」「浦風」にすぎなかったという認識によって、戦いを幻と見る無常の世が切実に表わされている。戦いに妙術の限りを尽くした人間の活動も、ついに帰着するところは「群れゐる鷗」「浦風」の光景にすぎない。「無心の事」に人間がはたらきかけて妙を作り出す通常の現象とは逆に、ここでは、「事もと無心」という事態があらためて発見されている。妙を作り続ける人間が、ふと、そのはたらきに疲れた時、「事もと無心」という認定はこの上ない慰めになった。杜甫の「陳陶《ちんとう》を悲しむ」七律の前半を引いてみよう。

孟冬　十郡の良家の子
血は陳陶沢中の水と作《な》りぬ
野曠《むな》しく天清くして戦塵《せんじん》なく（「戦塵」は「戦声」の本もある。）
四万の義軍は同日に死せり

芭蕉の「夏草やつはものどもが夢の跡」にもこの慰めが宿っている。

発見された「事もと無心」のうち、もっとも現実的なものは、いわゆる災異説（自然現象と人事の意味を結びつける説）の否定であろう。ただ、この件は江戸時代でも当然すぎることに属するので、一例を引くにとどめておこう。尾田玄古『諸説弁断』（正徳五年刊）巻一「天変妖星」である（原漢字片仮名）。（彗星、妖星などの出現を乱逆、飢饉のしるしと見る俗に対し）天は無心なるを以て、運行に懈怠《けだい》ある事なく、一刻も間断なく運《めぐり》て、万世変《かはら》ずして万物を生ずるなり。若し天に心ある者ならば、運行に懈怠も出来、万物を生ぜぬ年も出来るべし。人は如何程剛気にして建《すこやか》なる者も、有心なるを以て怠慢ある者なり。其無心なる天が、如何して凶事を人民に示さんや。若し凶事を示《しめす》と云《いは》ば、無心とは云《いは》れじ。

ここでわかりやすく対比されているのは、無心の天然自然と、有心の人間、さきほど述べたような、思考の粉飾、虚偽、虚飾を生む人間の心とである。

海保青陵《かいほせいりよう》も天地と人間を対比している。その『前識談』の骨子は以下のようなものである。天と地は「キマリタルモノ」で「千年モ万年モ違フ事モナフ順ヲ送テユクモノ」であるから「定位」である。これに対して、人は「天地ノ間ニ立テ思慮運意スルモノ」、つまり、いま善人でも後刻には悪人になるかもしれないし、いま悪人でも明日は善人になるかもしれない存在であるから、「活位」である。このことを人の身体を使って言えば、腰より上は天、腰より下は地の「定位」、「活位」は心である。その心は「実位ニアラズ、虚位也。故ニ動揺不定ヲ体トスル也」。

「活位」である人は、天地のように木を作ることはできないが、木で舟車を作ることはできる。これは天地のできないことである。だから人は「別ニ一位ノ空位ト云ヲ持也」。

故ニ人ノ位ハ思慮運営ノミナルモノニテ、実位ノモノヲ空位ニイナガラ取リ、自由自在ニスル事人ノ職也。

ここで青陵が言っていることは、本章でいう「妙」のことである（後述）。「活位」は「妙」を生み出す。そう考えれば、「定位」は本章でいう「無心」にあたる。天地を「定位」と見て人の「活位」に対することは天地の「無心」の発見であり、「実位」のものを自由自在にするという人の「虚位」は、「妙」の活動する場の発見である。

青陵は「活位」についてさらに言う、善も悪も「実位」であるから、人は善悪ともに「居キリニ居ルコト」（居すわる）はよくない。状況によって善悪は変わるからである。父が羊を盗んだ時、盗んでいないと偽りを言うのが子の正直だと孔子は言ったが（『論語』子路篇）、これはその証拠である。善悪二つを目前に置き、「其外ニ己ガ居所ヲ作リテ、時宜《じぎ》ニヨリテ自由自在ニツカフ事」が「人ノ職」である。仁義礼智孝悌忠信以下の徳も同様で、そこに飛び込んでしまうと何も見えなくなる。「仁義」以下の徳は、人の使う器なのである。

智について言えば、そのはたらきは自分に属している。後の儒者は「古書ニモタレテ己ガ智ヲ働セズ、却テ己ガ智ヲ働カスモノヲバ、古ヲ信ゼヌヅサンモノ也ト云ヨウニナリタルハ、悲シキ事也。己ガ智ヲ働カヌヲ死智ト云」。本来なら、みずからの智をはたらかす工夫をすべきなのに、古人の智をそのままに覚えて、「少シモ動カサヌ事ヲ詮議スル事」になってしまった。

ではどうすれば智をはたらかすことができるようになるか。「温古知新」である。「温古知新」こそ人のはたらきの場である。青陵はそう言い切る。「温古知新」が「人ノ師」である。「古キマ、ニテ用ルハ人ノ師タルニハタラヌト云事也」。

では、智を養うにはどうしたらよいか。自己を客体化すること、つまり自分を「無心」のものとみることである。青陵は『荘子』を使ってそのことを説明する。まず『荘子』の第一篇「逍遥遊」の内実は「我観我」（我れ我れを観る）である。「己ヲ見ル事他人ノ如クシテ、ヨフ〳〵ニ己ガ心ガ己ノ身ヲ出ル事」である。これは自分の身体を無心のものとして見ることであり、言いかえれば、「自己の身体はもと無心」という認識である。次の第二篇「斉物」の内実は「我為物」（我れ物と為る）で、「是ハ我身ヲ色々ニ物ニシテ見テ、其色々ノ情ヲ知ル事ナリ」。「物」には、他人、鳥、獣、木、草、石、水、風、雲、気が含まれる。これは、自分の魂が自分の身体を遠く離れて「独遊ヲスルヤウニ」なって、その魂を物の中へ打ち込み、物になって見ることである。青陵のこの考えは、さきに触れた邵康節の「観物」の説の「物を以て物を観る」に近い。青陵はこの斉物の項に自分の経験を存分に投げ込んで論じている。たとえば他人になることに関しての一節。

凡ソ嗜好ノ異ナル人ハ其面ヲ見ルモイヤナモノナレバ、容易ニ此場（友―引用者注）へ進ム事ヲ許サズ。ヨク〳〵人情ヲ推ス事好キニナラネバ出来ヌ事也。凡ソ人ノ情ヲ推スニハ、心ヲ二ツニ分テ一ツヲ先方ノ腹ヘ打込、先方ノ心ニナルヲオキテ、一ツヲ我腹ヘ入オキテ、是ヲ無心ニシテ傍観ノ狩師心ノサハイ（差配――引用者注）ヲ受ル気ニナラネバ、人ノ情ハ探レヌ也。

これを言いかえれば、自分の「心」そのものを「事もと無心」の「事」にしなければならないというのである。

第三篇の「養生主」の内実は「皆利也」ということである。「皆我ヲ利スル心」である。このためには、自分のすることが「天ノ理ニ合」うかどうかと目利きすることが第一の近道である。天理に合う行為が「妙」となって自分を利するということになる。

この海保青陵の考えは十分に「無心」というものの意義を説明している。

広瀬淡窓は『約言或問』で、金の無心性を見出している。「金銀ト云フモノハ、学問ニ用ヒテモ、遊治ニ用ヒテモ、用立ツ所ハ同ジコト也。コレ人性ノ可㆓以為㆑善、可㆓以為㆑悪ガ如シ」。金が無心であることは、上田秋成の『雨月物語』の「貧福論」で知られているが、くり返し、一般に認識されたのである。淡窓は金の機能と人性の善悪無心を結び付けて、みずからの主張としている。

三　「事もと無心」の拡がり

『論語』里仁篇に「子の曰く、君子の天下に於けるや、適《てき》も無く、莫《ばく》もなし。義にこれ与《とも》に比《した》しむ」とある。「適《てき》も無く、莫《ばく》もなし」は、一方的な肯定も否定もなく、と解しておく（加地伸行『論語』。講談社学術文庫）。君子には、そういう偏った態度が最初からあるのではなく、義にしたがって判断して天下を治めていくという意味で、君子の心は、天下に対して無心である。

程明道のいわゆる『定性書』（「横渠張子厚先生に答うる書」）にも「無心」「無情」が見出されている。『二程全書《にていぜんしょ》』巻五十六から引いておこう。張横渠の質問は、「性を定むれども、未だ動かざること能わず、猶外物に累《わずら》わされると云うを以てす」、つまり、心を定め、安定させようとしても、外物の刺激に煩わされて十分にできないのだが、どうしたらいいか、というものである。程明道は次のように答える。「いわゆる定とは、動にも亦定、静にも亦定、将迎無く、内外無し」。定は、動静、将迎（未来過去）、内外といったものとは関係がない（張横渠が、性が定まらないのは「外物に累わされる」と言ったのを受けている）。すなわち、「天地の常は其の心万物に普《あまね》くして而して無心なるを以てし、聖人の常は其の情万事に順《したが》いて而うして無情を以てす」るから、「君子の学は物来りて順応するに若《し》くは無し」ということになる。天地も聖人も何か特定の意志を持って、あるいは何か特定のもののために存在しているのではない、このことを参考にすべきだと言うのである。天地の心が万物に行き渡って、しかも無心（依怙贔屓がない）であることが天地の常（天地の徳と言いかえてもよい）であることが強調されている。

ここであらためてまとまった「事もと無心」の言説の様相を見ておくことにする。ありふれた言説をアトランダムに並べたにすぎないが、本章の枠組みを理解してもらうためにいくらか引いておきたい。

次の例は「大宋孤山沙門」智円の『閑居編』（『続蔵経』による）である。宋学の性理の学との共通性が歴然としている。『閑居編』は日本でもよく読まれた。

> それ心性の体たるや、明たり静たり、一のみ。凡聖無く、依正《えしょう》無く、延促《えんそく》無く、浄穢《じょうえ》無し。その、物に感じて動き、縁に随って変ずるに及んで、則ち六凡となり、三聖となり、依有り、正有る。依正既に作《おこ》れば、身寿に延促有り、国土に浄穢有る。（巻二「仏説阿弥陀経疏序」）

根源的に明静で純一な心も、「物に感じて動き、縁に随って変ずる」と、明静純一でなくなり、そこから六凡（いわゆる六道の住人）と三聖（法華経、華厳経などでいう三聖）の区別が生じ、依と正（環境と身体）の区別が生じてくる。依正の区別が生じることによって寿命に長短が生じ、国土に浄穢の区別が生まれてくる。ここで智円は「心性の体」の不動性を、それを揺るがし乱すものを通して見出している。

この確固とした認定から類推して言えば、宋学の「性」は、見出された「事もと無心」の一つであり、本書第五章「個の根拠」で否定的に取り上げる宋学の静的な「復性復初」の哲学も、発生時には新しい発見の学であったことを無視することはできないということになる。

名古屋興正寺第五代諦忍《たいにん》の『空華《くうげ》随筆』（寛保元年刊。所見安永三年刊）巻上「法に定相無し」（原漢文）から、いわゆる「四見」の例を示しておこう。同じものが見る者によって異なって映る。その「四見」の先にあるものは、「事もと無心」の認識である。

斉《ひとし》く是れ水なり。天は見て瑠璃とし、魚は見て家舎とし、餓鬼は見て膿血とし、人は見て飲むべしとす。斉く是れ美女なり。婬者は欲境と為し、道人は不浄と為し、餓狗は美食と為し、妬婦は怨敵と為す。斉く是れ飴なり。柳下恵は見て以て老を養ふべしとし、盗跖は見て以て牡（錠前の差し込みの部分）に黏《ねやす》べしとす。悪《あヽ》一切諸法定相無し。水中の月の如く、盤に走る珠に似たり。

水、美女、飴は、「無心」であることによって、それらを見る者を翻弄しているように見える。ちなみに、さきに物自体は認識できないと言ったカントにならって言えば、ここで「水」「美女」「飴」の本体は、物自体の位置にあって手の届かないものである[3]。

徂徠もまた、『弁名』下「理気人欲」の第一則の冒頭で、いまの飴の例を引いて「理」に定準がないことを次のように説明する。

理というものはどこにでもあるものなのに対し、その理に応ずる人の方は、それぞれ個々の性に従って異なる。たとえば、同じ飴でも、伯夷《はくい》はこれで老を養おうと思い、泥棒の盗跖は枢《くるる》（戸の回転軸）にこれをそそいで戸を開ける時音がしないようにしようと思うだろう。そう考えれば、理は窮めなければ共通のものにならないということになるが、天下の理は窮めつくすことなど到底できない。ただ聖人のみが、我の性・人の性・物の性をつくして天地とその徳を一体化させることができる。だから、聖人のみが共通の規範を作ることができる。それが「礼」と「義」である。先王の「義」を窮めていってそこに理を見るならば、「定準」が得られるのである。

『荘子』「胠篋篇《きょきょう》」の盗跖の話。盗人の盗跖が泥棒にも「道」はあるかという手下の問いに答えて言った。何をするにも「道」というものがなくてはならない。室の中で盗む物の見当をつけるのは「聖」である。押し入るのに先頭を切るのは「勇」、引き上げる時最後なのは「義」、頃合いをはかるのは「知」、盗物を公平に分配するのは「仁」である。この五つの「道」が備わらないで大盗になった者は一人もいない。この盗跖の言葉を受けて、『荘子』は次のように述べている（岩波文庫）。

善人も聖人の道を得ざれば立たず、跖（盗跖）も聖人の道を得ざれば行なわれず。天下の善人は少なくして不善人は多ければ、則ち聖人の天下を利するや少なくして、天下を害するや多し。

善人も不善人も聖人の道に依拠する。天下に不善人が多いのだから、聖人の道は天下に益が少なく、害の方が多い。『荘子』はそう言う。聖人の道が、善人と同時に不善人をも育てていることになるからである。聖人の道それ自体に価値はない。その価値はそれを用いる人による。ここで『荘子』は聖人の道に対しても「事もと無心」を発見したのである。

『荘子』はさらに過激に、「道」そのものが無用なのだと主張する。「道」は「無為自然」に反する。強制を含み、世界をかき乱すからである。世界は統治してはいけない、あるがままでなければならない。なぜ、あるがままでなければならないのか。「天下の其の性（自然な生まれつき）を淫《みだ》し」「天下の其の徳を遷《うつ》す（本来の持ち分をかえる）」のを恐れるからである（「在宥篇」）。世界があるがままであれば、統治する必要などどこにもない。

昔、堯《ぎょう》の天下を治むるや、天下をして欣欣焉《きんきんえん》（うきうき）として人ごとに其の性を楽しましむ。是れ恬《てん》（安らか）ならざるなり。桀《けつ》の天下を治むるや、天下をして瘁瘁焉《すいすいえん》（疲れはてて）として人ごとに其の性を苦しましむ、是れ愉《ゆ》（楽しい）ならざるなり。夫《そ》れ恬ならず愉ならざるは、徳に非《あら》ざるなり。（「在宥篇」）

「欣欣焉《きんきんえん》として人ごとに其の性を楽しましむ」ことが、なぜ「恬《てん》ならず」ということになるかと言うと、結局は統治を目的としたものだからである。つまり、『荘子』は、人間そのものを、「事もと無心」の範疇に入れてしまっている。「人もと無心」なのであるから、「妙」は「無心」を生きることにある、というわけで、「無心」そのものが価値になる。『荘子』の面目は躍如としている。

『荘子』はそのことをさらに徹底する。人間の「心」について、「在宥篇」は言う。

○汝、慎しみて人の心を攖《しば》るなかれ。
○僨驕《ほんきょう》（勢いがはげしい）して係《つな》ぐべからざる者は、其れ唯《ただ》人の心か。
○昔者《むかし》、黄帝は始めて仁義を以て人の心を攖《しば》れり。
○罪は人の心を攖《しば》るに在り。

無為自然を主張する『荘子』は、人の心は制御のできないもの、制御してはいけないものとする。そこから、聖人の行為といえども人の心を制御するものであり、それは誤りであり過ちであるという認識が出てくる。制御できず、ありのままであるしかないもの、それはまさしく「事もと無心」のあり方そのものである。『荘子』の過激さは、「無心」にはたらきかけて「妙」を生み出す「人」が、同時に、「無心の事」そのものである点にある。もちろん『荘子』とて、「物を物として、物に物とせられず」(「山木篇」)という認識は基本にあるのだが。

一方、仏教の思想において、「事」は空幻である。それだけではない。無心の「事」にはたらきかけて「妙」を生み出す人間の活動もまた、空幻なものである。なぜなのだろう。この問いは、この世は空幻だと主張しながら、必死に修行する僧の行為の意味を問うことと同じである。そして、僧の修行が、この世の現象が空無であることを認識するためであるがゆえに意味のある行為であるとすれば、無心の「事」にはたらきかけて「妙」を生み出す活動もまた、そのようにして生み出されるものもまた「事もと無心」を指し示し、空幻であることを認識するためにのみ意味のある行為であると認定されるだろう。人間の諸活動が生み出した科学、芸術、社会、思想などといったものも、なしとげてしまえば「無心なる事」にすぎないという認識こそが、すべてのはたらきの帰着するところである。だから、貴重なのははたらきであって、それによって生み出されたものではない。つまり、人間は「無心なる事」を生み続けているのである。この世の現象はすべて空無という認識は、人のはたらきをそのように理解するだろう。これも過激な思想である。(4)

四　世に棄材なし

なぜ人は人間自体をも「事もと無心」の「事」の類の中に入れてしまうのか。おそらく、人間というはたらきは、「無心」ではないからだ。「心」であることを他と競っているからだ。「心」を競いあう戦いのなかで、人間は他を「無心」と見たがるのであり、「無心」に慰安と権力の地盤を求めるからである。しかしそれは同時に「無心」への畏怖でもある。「無心」としての人間への畏怖でもある。ここから「世に棄材なし」という思想が生まれる。つまり、「世に棄材なし」という思想は、まず支配者の視点であった。それが次第に世に浸透して一つの思想として確立したのである。

徂徠『学則』六に、「聖人の世には、棄材なく、棄物なし」を含む次の一節がある。

> 人を虎狼に媲《なら》べ、稗苐《はいてい》（ひえとつばな）を穀に糅（まじ）ふるは、悪のみ。然りといへども、天地は虎狼を厭《いと》はず、雨露は稗苐《はいてい》を択ばず。聖人の道も、またなほかくのごときかな。（略）舜《しゅん》、衆より選んで皐陶《かうえう》（法理に秀でた舜の臣）を挙ぐ。その四凶（共工・驩兜《かんとう》・三苗・鯀《こん》）を誅《ちゅう》するは、称する所に非ざるなり（その行為をほめたのではない）。聖人の世には、棄材なく、棄物なし。

日野龍夫はこの『学則』六のほかに次の例を示す。

> かの後世の君子、宋の諸老先生のごとき者を観るに……その人を論ずるや、務めてその長短得失を備ふれども（長短得失を事こまかに論ずるが）、先王の道は、ただその長を用ひて天下に棄才なき

に在ることを知らざるなり。（『弁名』「義」八）

天地の間の物、何によらず各々長短得失御座候て、其の長所を用ひ候時は、天下に棄物棄才は御座なく候へども、長所を御存知なされず候ゆゑ、短処にばかり御目につき申候て、疵物《きずもの》と思召さるるにて候。（『問答書』中）

そしてこの考えが『老子』第二十七章の「ここを以て聖人は、常善にして人を救ふ。故に棄人なし。常善にして物を救ふ。故に棄物なし」だけでなく、「『老子』の王注、『荘子』の郭注にも次のように用いられているのである」として『老子』第四十九章の、「聖人は常の心なし。百姓の心を以て心と為す。善者は吾これを善とす。不善者も吾またこれを善とす。徳、善なり」の王注に、「棄人なきなり」とあること、及び『荘子』駢拇《べんぼ》篇冒頭の「駢拇枝指《べんぼしし》（足指と手指の畸型）は性より出づるかな。而して徳に侈《おお》し。附贅県疣《ふぜいけんゆう》（贅《いぼ》と疣《こぶ》）は形より出づるかな。而して性に侈し」の郭注に以下のようにあることを指摘する。

人、才を棄つることとあり。物、用を棄つることとあり。豈にこれ至治の意ならんや。それ物に小大あり。能に小多あり。大なる所は即ち駢、多なる所は即ち贅。駢・贅の分、物みなこれあり（駢・贅のように無用・余分に見える物にも存在の〝分〟があるということは、物ごとそれぞれについてあることだ）。若しこれを任ずることなくんば（もしそうした物に存在の〝分〟をまっとうさせてやらないのなら）、これすべて万物の性を棄つるなり。

そして「無用のように見える人や物を軽々しく無用ときめつけることを否定する議論が、老荘の本文だけでなく、このように王注や郭注にも表われてくるということは、強く徂徠の関心を惹いたはずである。」と述べる。（以上、日野龍夫「徂徠学における自然と作為」）（『日野龍夫著作集『江戸の儒学』所収』）

ここで「聖人の世」に限らず、「棄材なく、棄物なし」の思想の裾野を一瞥しておこう。

徂徠学の服部南郭や高野蘭亭と交流した熊本藩主細川重賢が、「重賢恒に言う、予、天に誓って人材を棄てざるなりと。或ひと人を用うることを問う、曰く、唯人を用うるは人の善くするところ（人の長所）のみと」と言ったという（角田九華《つのだきゅうか》『近世人鏡録』巻十）。志賀忍『理斎随筆』（天保八年序「日本随筆大成」による）巻三には次のようにある。

弃瑕録《きかろくニ》曰。用《もちゆれば》則《すなはち》天下《てんか》無《なし》二可《べき》レ棄《すつ》之《の》人物《じんぶつ》一。責《せめ》レ短《たんヲ》求《もとむレバ》レ備《そなはるヲ》。則《すなはち》天下《てんか》無《なし》二可《べき》レ用《もちゆ》之《の》人物《じんぶつ》一と、宜《むべ》なる哉《かな》。五《ご》爪竜《さうりやう》蕺菜《もうさい》（五つの爪をもった竜、ドクダミ）も病を愈《いや》す。泣男《なきおとこ》、早走《はやばし》りの者も用る所あり。実に棄《すつ》べきものはなかるべし。されどもまた用《もちゆれば》レ之《これを》則為《なり》レ虎《とら》。不《ざれば》レ用《もちひ》則《すなはち》為《なる》レ鼠《ねずみト》と。此心を崇尊《そうそん》親王の歌に、

虎とのみ用ひられしは昔にて今はねづみのあなうよの中

いつの世にも斯《かゝ》るためし少なからざる事なり。

その気になって用いれば、棄てる人・物などどこにもないが、短所を言い立て、完璧な人・物のみを求めれば、用いる人・物などどこにもない。「あなう」は「あな憂」と「穴」をかけている。

『南総里見八犬伝』の例を見よう。里見義成の第五女浜路姫は、三歳の時鷲にさらわれた。これを救って養育したのが、甲斐の四六城木工作《よろぎむくさく》であった。一方、犬山道節の異母妹も浜路という名で、犬

塚信乃の許嫁であったが、円塚《まるづか》で網乾《あぼし》左母二郎に斬られ、死んだ（第二十八回―第二十九回）。二人「浜路」の構想の窮極の姿は、死んだ浜路が浜路姫に憑依して信乃に恋慕するところにある（第六十八回）。

この浜路（浜路姫）を武田信綱の嫁にしたい悪人泡雪奈四郎は、その邪魔になる木工作《むくさく》を殺し、死骸を木工作の家に隠す（第六十九回）。そして、木工作の妻で奈四郎と密通している夏引《なびき》と相談して、木工作殺害を信乃におしつける計画を立てる。奈四郎と夏引の密談の場は甲斐指月院で、その座敷を何気なく彼らに貸したのが指月院の道人（無我六）だった（第七十回）。その密談を指月院の小坊主念《ねん》戍《じゅつ》が聞いてしまう（第七十回）。これによって夏引と小者出来介《できすけ》が捕えられて、一部始終を白状する（第七十一回）。

この一件に関する、大《ちゆだい》の総括は次のようなものである。

「諸君子《しょくんし》心づき給はずや、這回《こたび》の事に功あるもの、亦啻念戍《たゞねんじゅつ》のみならず、彼無我六《かのむがろく》がいと無我なる、甘《うま》く奈四郎に欺《あざむか》れて、魯《おぞ》く褊室《こざしき》を貸すにあらずば、縦念戍《たとひねんじゅつ》ありとても、彼密談を聞くによしなし。然《さ》れば世界に棄才《きさい》なし。奇伏《きふく》は糾《あざな》ふ縄に似たり。きのふは非《ひ》にして、けふは是《ぜ》なり。

（第七十二回）

「棄才」は棄材。この、大の総括は、軽く言い添えたニュアンスを持っているが、それだけになおさらに「世界に棄材なし」という思想の流布の状況がよく見えるのである。馬琴は思想だけならまだ可能性でしかない「世界に棄材なし」を、すべての人がこの世で役割を果たして生きており、そのように世界は動いていくということを小説の中で示した。

袁了凡《えんりようはん》の『陰隲録《いんしつろく》』「積善」の項に「世界に棄材なし」という表現のヴァリエーションが見える。物に徇《したが》ひて違ふこと無くして、而して衆人の志を通ずるは、即ち是れ聖賢の志を通ずるなり。何者《いかんとなれば》聖賢の志は、本斯《もと》の世斯の民に各々其の所を得しめんと欲す。吾れ愛に合ひ敬に合て、而して一世の人を安んずるは、即ち是れ聖賢の為に之を安んずるなり。（元禄十四年刊の和刻本）

ただ、『陰隲録』を翻訳した『和語陰隲録』（安永六年刊）にはこのような明確な思想は見られず、ただ、わけへだてなく、一切の人を愛敬する心が強調されているだけである。

抽象的な言い方ながら、「本《もと》斯の世斯の民に各々其の所を得しめんと欲す」という聖賢の志と行為は、天や神の意志としても一般的に流布していた。ここでも小説に使われた例を『日本水滸伝』（仇《きゅう》鼎《てい》散人著、安永六年刊、所見本享和元年刊）巻一から引いておこう。「天の人を生ぜしむや、必なす事あらしむ。然るに時利あらず命数かきりあつて徒《いたづら》に草木と等《ひと》しく朽て臭《しう》を後世に伝《つた》ふる事なきこと、惜むべきの甚しき、誰《たれ》か是が為に一大息せずんばあらず」。

さらに諦忍和尚の『空華随筆』には「宇宙棄物無し」という項目がある（巻上）。夏の桀王は無道だったけれども、初めて瓦を作って人々はその恩恵にあずかった、始皇帝も無道だったけれども、初めて皇帝の号を立ててその後の歴史の先鞭をつけた。淮南《わいなん》王も無道だったけれども、初めて豆腐を作った。五代の馮道《ふうどう》は五朝に歴仕して人に笑われたけれども、初めて印刻の典籍を開いて後世の為に益するところが多かった。「凡そ人に長ずる所有り、短なる所有り。宜く其の長ずる所を挙て之を用ゆべし。是の如くならは、則ち宇宙棄物無し。梁上塵、古瓦礫、皂莢刺《そうきょうし》、仙人杖、六一泥、露蜂房、敗鼓皮、敗亀版、敗船茹《はいせんじょ》、敗天公の如きは、人世の棄物にして憎む可く厭ふ可し。而るに医家の見る所薬物に非ること無し」。ウッバリの上のホコリも、古い瓦礫も、豆科の木のトゲ（皂莢刺）も、仙人杖草も、ミミズの排泄物（六一泥）も、ヤマ蜂の巣も、破れ太鼓の皮も、亀の腹甲も、古船のコソク（漏れを防ぐ樹木の皮）も、破れ傘の骨（敗天公）も、すべて医者にとっては薬物以外の物ではない、と言う。

五　無思善無思悪

善悪は「もと無心」であるという考えもまた古くからのテーマである。日本の人たちにも大きな影響を与えた南宋の僧中峯明本《ちゅうほうみょうほん》を引いてみよう。

夫れ、達磨は諸仏の心宗を悟る。外道二乗（外道と声聞・縁覚）と轍を同くせず。惟一心法界の中には仏も無く衆生も無く、生死涅槃に至るまで、皆剰語と名づく。又何の悪としてか断つべく、何の善としてか修すべき。及び貪等を捨て戒定を習んや。（『中峯広録』巻十一の中）

「惟一心法界の中には」、善もなく、悪もない。これが禅宗の基本的な認識である。

世に王陽明の四句教と言われるのは、「善無く悪無きは是れ心の体、善有り悪有るは是れ意の動、善を知り悪を知るは是れ良知、善を為し悪を去るは是れ格物なり」である。（『伝習録』巻下「黄省曾所録」第一一五項目。岩波文庫）。

善もなく悪もないのが心の本体という認定は、心を、善悪の枠組から解き放つだけでなく、心自体を「無心」と見ることになる。つまり、荀子の性悪説も孟子の性善説も、性に関し、すでに有意味である。それをまっさらにした「無善無悪」は人が無心であることの発見である。

無思善無思悪において、禅と王陽明の考えの違いを知りたいと思った陽明の弟子はそのことを師に聞いた。

王陽明はおおよそ次のように答える。

仏者が、無思悪、無思善の処に本来の面目のありかを言うのは、まだ本来の面目を知らない人のための方便であって、それは、孟子の夜気《やき》の説（「告子上」篇。清明な夜気によって良心を回復する）が、良心を失った人のために良心を回復させる手がかりであるのと同じことである、本来の面目が何であるかを知っている人、良知を獲得している人には不用のことである。仏者の無思悪無思善の処に心の自在を見る考えは、「自私自利、将迎意必」（自分中心で、強いこだわりで生きる）の心があるから、あなたの悩むような矛盾が生じるのである。良知はすでに善悪を弁えたものであるから（前掲四句教のうちに「善を知り悪を知るは是れ良知」とあった）、さらにそのうえで無思悪無思善ということはない。（『伝習録』巻中「陸原静に答ふる第二書」の第八項目）

徂徠にとって、「性」として善悪を言うことは無意味なことだった。『弁名』下「性・情・才」で、人の性の移りやすさを強調する。太宰春台も『聖学問答』（巻上）で「聖人の道には、人の心底の善悪を論ずること、決してなきことなり」と言う。

スピノザも、真実へのプロセスの中で無思善無思悪の効用を述べている。

一般生活において通常見られるもののすべてが空虚で無価値であることを経験によって教えられ、また私にとって恐れの原因であり対象であったもののすべてが、それ自体では善でも悪でもなく、ただ心がそれによって動かされた限りにおいてのみ善あるいは悪を含むことを知った時、私はついに決心した、我々のあずかり得る真の善で、他のすべてを捨ててただそれによってのみ心が動かされるような或るものが存在しないかどうか、いやむしろ、一たびそれを発見し獲得した上は、不断最高の喜びを永遠に享受できるような或るものが存在しないかどうかを探究してみようと。

（スピノザ『知性改善論』。畠中尚志訳）

「無思善無思悪」の主張は、放恣な思い、行動を誘発するから、種々議論がかわされてきた。ここでは、「事もと無心」の認識の力が善悪の領域にまでいたっていることを言いたいだけなので、あえてその議論にはふみこまない。なお、善悪も神の所為という考え方（本居宣長『直毘霊』）と対比してみると、「もと無心」としての善悪が理解しやすいかもしれない。

六　定法を打破する

「妙は唯その人に存す」という事態がもっとも根底的にそして頻繁に現れるのは、江戸時代の場合、経学に対する心学の主張としてであろう。経学は絶対的に依拠すべき規範としてあるはずだが、それが煩瑣なものになった時、次の段階として、心学が起こる。経学もつきつめたところ、心によって生きられるものだからである。つまり、人は時に煩瑣をやめて直接的な道を求める。もっともわかりやすいのは、儒学の場合、朱子学に対する陽明学の出現であろう。そしてこの歴史の構造はくり返し現れる。たとえば、西洋哲学史の一コマを借りるなら、ショーペンハウエルやキルケゴールやニーチェにとって、ヘーゲルの哲学は抽象的な規範、つまり経学的なものとして存在した。それら経学的なものは、自由に生き、考え、実践するために崩壊しなければならない。人はこぞってそれを解体しようとする。カントの均整と図式へのショーペンハウエルのいらだちも同様だ。しかし、朱子学は簡単には解体しない。体系的で長いスパンをもつ哲学だったからである。

朱子学解体の運動において、「妙」は心（個人）にあるものとなり、経学は心のないもの（心と直接の関係のないもの）におとしめられてしまう。無心であってはいけないはずの経学がよそよそしい「無心」のものになってしまう。たとえば仏教における禅の発生を、荒木見悟は次のように描く（『仏教と陽明学』第五章「心学と経学」、レグルス文庫）。

> 仏教内部の心学思想発展に拍車をかけたのは、般若部経典にみえる定法打破の思想である。たとえば、金剛般若経には、「私に、さぞかし所説の法があることだろうと思ってはいけない。もしそう思うなら、仏を謗《そし》ることになる。説法とは、説くべき法がないということだ」という意味の釈尊のことばをのせている。こうした考え方が、さらに進行すれば、「悟りを開いてから入滅するまで、その間、私は何も説かなかったのだ」（楞伽経）ということになる。
>
> 「所説がない」とは、説いたことがすべてむだであったとか、権仮《ごんげ》（真実に対する仮のこと）のこ

としか説かなかったというのではなく、説かれた内容そのものを、それがどんなに高度微妙なものであろうとも実体化し、固定化することをやめて、所説の心髄を会得せよということであろう。そこには明らかに、経学が、みずからを否定的に超えよと、肩をさし出しているのである。経学が心学に、いさぎよく席を譲る意志表示をしているわけである。そこに生まれたのが、あの禅宗という心学である。

ここで「経学」を見舞う運命は、さきほどの朱子学と同様である。のみならず、現実における制度、秩序、規則等においても起こり得る。つまり、「実体化し、固定化」してしまって、人が桎梏と感じ始めたものすべてに対して起こり得るのである。その時、人は「定法」と化した「経学」を解体し、放棄し、ひそかに価値の光を放っているかに見える我が「自己」に向かう。そのときの自己はさまざまであり得る。いくらか例示しておこう。説明する必要はないと思われるので列記するにとどめる。

人を批評する

○人の是非《ぜひ》にはもともと定質がないし、人の人に対する是非にもまた定論はない。定質がないから此《こ》の是と彼《か》の非がならび存しても支障はないし、定論がないから此《これ》を是とし彼《かれ》を非とすることがならび行なわれても矛盾はしない。（李卓吾『蔵書』「世紀列伝総目前論」、後藤基巳訳。平凡社、中国古典文学大系『明末清初政治評論集』所収）

○もし司馬遷が残陋《ろう》・疎略・軽信でなく、その是非が聖人に悖《もと》っていなかったとしたら、なんで司馬遷とするに足りようか。そうだったならばこの史書（『史記』）ははじめから作る必要がないことになる。司馬遷と班固《こ》がかけはなれているのはまさにこの点にある。（略）もしその是非がことごとく聖人と合致せねばならぬというのであれば、聖人にはすでにその是非があるのだから、なにも自分に待つことがあろうか。（『蔵書』巻四十「史学儒臣伝」の「司馬遷論」。同前）

○夫れ是非に定体無し。人の是にして我以て非と為し、我の是にして人以て非と為す。是非の争ひ、千載を歴《ふ》と雖も、孰《たれ》か能く之を弁ぜん。予諸《これ》を春台先生に聞《きけ》るに曰く、今の学者、苟《いやしく》も孔子の道を学ばゞ、則ち当に孔子の言を以て断と為すべし、文辞を為る者、苟も華人に倣はゞ、則ち当に華人を以て法と為すべし、此れ是非を弁ずるの公案なりと。（太宰春台『斥非』の原尚賢序文）

作文作詩する

○三浦梅園『詩轍』巻四「篇法」の「擷腰　解鐙」の項に、「東坡嘗《テ》論《ジテ》二作文之法《ヲ》一曰、作文如《ハ》二行雲流水《ノ》一、初《ヨリ》無二定質一、但常《ニ》行レ於レ所レ当《ニ》レ行、止レ於レ所レ不レ可レ不《ンバアル》レ止ト。是啻《ニ》作文ノ法ノミ独《ひとり》然ルニアラズ、作詩家ノ訣モ、如レ此《ノ》ト知ルベシ。」とある。

比較する

○夫れ、人、井底に坐するときは、平地忽ち九仞の峰を生ず。天下は実に大なり。孔子、太山に登て天下を小とす。然らば則ち高下大小定位無し。見る者に在て之を高下するなり。程朱の高きは、程朱の高きに非ずして、世儒の下《ひく》きに因ればなり。（略）今、程朱の燦然は豈に独り程朱の燦然ならんや。諸儒の昏然、之れが資《たす》けと為《な》ればなり。（独庵玄光「譫語下」『護法集』所収）

○仏性本《もと》麤《そ》細《さい》無し、凡夫に在て麤に非ず。諸聖に在て細に非ず。（独庵玄光「俗談下」、『護法集』所収）

つまり、凡夫の仏性はあらく、聖人の仏性はきめのこまかいものと最初から決まっているわけではない。「仏性の麤細《そさい》」はその人によるのである。

教育する

○『伝習録』の徐愛の「序」が伝える王陽明の言葉に、「聖賢の人を教ふるは、医の薬を用ふるが如し」「要は病を去るに在りて、初より定説無し。若し一方を拘執《こうしふ》すれば、人を殺さゞること鮮《すくな》し」と見える。

思考する

○『伝習録』巻上二十二条で、王陽明は言う、「義理は定在無く、窮尽《きゆうじん》無し。吾、子《し》と言ひ、少しく得る所有るを以て、遂に此《ここ》に止《とど》まると謂《おも》うべからず」。ものの道理には決まった位置も限界もない。人は考え続けているからである。

○日野龍夫は、日本の近世儒学に、日本近世の現実への適合という動機が貫流していると言う。既成の善悪の基準から自由になり、善悪を主体的に判断する例として、たとえば林羅山の『儒門思問録』

巻一「子諫㆓父母㆒」を引く。ここで羅山は、子がいくら諫めても聞き入れない親がいたら子はどうするかという問いを設けて言う、「対ヘテ云フ、カヤウノ事ハアラカジメ定メガタシ」「此レハ皆其ノ時ニ臨ンデノ事ナリ。カネテ云ヒノベガタシ」「又人ニヨルベシ」。これらの羅山の発言もまた「定法」から自由になろうとする者の態度を示している。

○「してみると、今もしも、この現代になって堯・舜・禹・湯・武の道を賛美する者がいたならば、必ず新しい聖人に笑われることであろう。こういうわけで、聖人は遠い古代は求めず、定まった基準にのっとらず、時代に行われる事は何かを究めて、それに応じた方策を立てる」。(『韓非子』「五蠹《と》」小野澤精一訳。全釈漢文大系『韓非子』下)

七　妙と咎

本章第一節で述べたように、人は無心の事にはたらきかけて妙を生み出す。あるいは咎を生む。ここに人間のはたらきが純然たる姿を見せる。以下いくらか具体例を示しておこう。

妙の例

「妙」は詩の工夫に用いられることが多い。『百種詩話類編』後編に収録されている明の徐禎卿撰『談藝録』に、「情は心の精なり。情に定位無し。触れ感じて興る」、中が動けば必ず声に現れる、だから、喜べば笑い、憂鬱ならためいきをつき、怒れば叱るのだ、と言う。また、明の擬古派の謝榛《しゃしん》撰『四溟詩話』巻三（同前所収）に、「走筆（早書き）、詩を成すは興なり。琢句（推敲）、神に入るは力なり。句に定工無く、疵に定処無し」。一字がぴったりはまったと思うと、それによってまた別に欠点が見えてくる。中聯が思い通りになったと思うと、今度は首聯あるいは尾聯が不適当なものになるといった具合で、さまざまに「心機を転じ」て一篇の詩ができるのであり、それは実際の戦いの場における用兵のようなものである。同じく『四溟詩話』巻三に、「妙は含糊に在り」という言葉がある。「含糊」はあいまいという意。これは、作詩は真に逼《せま》ってはよくない、遠望した時の青山の佳色も、近づいて見れば片石数樹のみと言ったあとの言葉である。

以下、直接人の活動の「妙」を言う例をいくらか拾っておこう。

○「同じ山水なのに、静かな者が作ると、観る者は静かな気持ちになり、躁《さわが》しい者が作ると、観る者も自ら躁しい状態になる。同じ花鳥なのに、化工を筆端に寓する者が作ると、観る者は時を撫し興を寄せ、以て天機を楽しむことができる。形を似せることを専らにし、利を図る者が作ると、観る者は目を悦ばし、情淫し、心を奢らせることになる。」（田能村竹田『山中人饒舌』、日本古典文学大系『近世随想集』）。

○「法は自らは弘まらない、弘めることは人のはたらきに在るのである。人は能く道を弘める、吾らの仕事である。」（『忍澂和尚行業記』上巻。原漢文）。『立正安国論』には「（客の言葉として）夫れ国は法に依って昌《さか》え、法は人に因って貴《たふと》し。国亡び人滅せば、仏を誰か崇むべく、法を誰か信ずべきや。先づ国家を祈って、須《すべか》らく仏法を立つべし。」とあり、『日蓮大士真実伝』（慶応三年刊）の日運序には

「（日蓮の悪戦苦闘を語って）天台氏の所謂、法は自ら顕われず、これを弘むるは人に在り。」とある（原漢文）。

○徂徠は『訳文筌蹄』（正徳五年刊）初編「題言十則」で、もし仮に聖人が日本に生まれたとしても、日本語とは別の「深奥解し難き語を為さんや。道、高深なりと雖も、語は唯だ是れ語言。其の高深の道の如きは、則ち其の人に存す」と述べている。道を高深なものにするのは、「語言」を作り、それに接する人の器量によると言うのである。

○明末、東林党の高景逸は入水して果てた。彼の『高子遺書』巻一に次の言葉があることを荒木龍太郎「朱舜水の思想」が記している（『長崎・東西文化交渉史の舞台　明・清時代の長崎　支配の構造と文化の諸相』所収、勉誠出版、二〇一三年）

天下政事無きを患えず。但だ学術無きを患う。何者《なんとなれば》政事は其の人に存し、人は其の心に存す。学術正しければ則ち心術正し、心術正しければ則ち其の心に生じて政事に発する者は、豈に正しからざる有らんや。故に学術は、天下の大本なり。

咎の例

咎の意味についても説明の要はないであろう。以下は、咎は人にあり、外物にはないという例である。

○外物にひかるれども、咎は我心にありて、外物に咎は御座無く候。俗にうつされ候も俗に咎はなく、咎は我心に御座候。（『藤樹書簡』「答《フ》㆓佃叔《ニ》㆒」）
○一切の境は譬《たとえ》ば火打なり。我心石のごとくかたくすくみて角ある故に、火いで胸をこがし候。我心わたの如くやはらかに、水のごとくすくみなく候へば、天下一の火打にあたり候而も火出で申さず候。境界に順逆ありといへども、さはりなきこと是に而御体認、境界をとがめず、たゞ心をとがめ自反の真水にて邪火を御消有るべく候。（『藤樹書簡』「答《フ》㆓早藤子《ニ》㆒」）
○薬方にかはりは御座無く候へども、病者の信と不㆑信にて験隔別なるものに御座候。薬方を御咎めなく自己の信のたらざる事を御とがめ候はゞ、次第に病気、除き申すべく候。（『藤樹書簡』「答《フ》㆓垂井氏《ニ》㆒」）
○予が生疏慢（おろそか）、一切之物嗜好する所寡し。唯、酒癖有り。習て以て性を成し、止んと欲して未だ能はず。然れども年歯漸く長ず。節して之を飲む。亦甚だ害あらざるに似たり。之を要するに、人に在て酒に在らざる也。（北条霞亭『霞亭渉筆』）。飲酒の害は「人に在て酒に在らざる也」というように、「事もと無心」のきわめてわかりやすい例である。
○射の中《あた》らざるや、弓には罪なく、矢には罪なく、鵠《こく》（弓の的）には罪なし。書の工《たく》みならざるや、筆には罪なく、墨には罪なく、紙には罪なし。（公田連太郎訳註『呻吟語』巻六、外篇「広喩」）
○世の諺に天道人を殺さずと云は、商賈《あきふど》は我商売に油断せず、百姓は耕作を懈《おこ》たらず情《せい》に入るれば、かせぐに追つく窮鬼《びんぼうがみ》もなく、飢寒《きかん》の難儀には及ばぬ也。そこを天道人を殺さずと云也。然るに商人の家に生れながら、商売の道にうとく、百姓に生れながら、耕作に無情《ぶせい》なれば、自然と冥加につきて、

窶《まづ》しくなりゆく也。天道の咎にはあらずと知るべし。（粟津義圭『明応物語』巻下）

○財本《もと》人を殺す心無し。人貪り、人奪ふ。自《みづか》ら敗亡を取る。譬へば、明燈は蛾を殺さず。蛾の明燈を撲《うつ》が如し。真に閔《かなし》むべし。（永田善斎『膾余雑録』巻二）

○諸越《モロコシ》ノ広州ト云ハ、此ノ邦《ハウ》デ云ヘバ、長崎ノヤウナトコロナリ。其ノ広州ニ貪泉《タンセン》ト云池アリ。呉《ゴ》隠之《インシ》ト云者、広州ノ奉行ニ成テユク時、詩ヲ作テ云、「石門有二貪泉一。一歃《タビスヽレバ》懐《オモフ》二千金《ヲ》一。試《コヽロミニ》使（シメバ）二夷斉　飲《イセイヲシテノマ》一。終当《ニマサニ》（ベシ）不《ル》レ易《ヘ》レ心《ヲ》」。古ヘヨリ伝テ、一タビ此水ヲ飲メバ、必ズ貪欲オコルトイヘドモ、伯夷叔斉《ハクイシユクセイ》ナドノ賢人ニ飲マセタラバ、ヨモヤ心ハ変《カハル》マジトナリ。呉隠之ガ自身ヲ伯夷叔斉ニ比シテ作レル也（世説ニ出）。是レ水ノ失《トガ》ニハ非ズ。ミナ人ノ過《トガ》ナリ。然レドモ水ニ悪名ヲ付テ貪泉トヨブナリ。日本デモ熊坂ノ長範ガ、松ノ陰《カゲ》ニ隠《カクレ》テ追剝《ヲイハギ》シケルユヘ、長範ガ物見ノ松ト云ガ如シ。（粟津義圭『阿弥陀経依正譚』巻三。明和九年刊）。論語の盗泉の話の趣旨とは逆である。

○僧が言う。仏法は、万病のもとである七情を滅却するから、無病となるはずである。しかし、仏教の修行者の中にも病者はいる。「是、法の咎にあらず。我《わが》過去の因果也」。（『海上物語』上巻（仮名草子集成第十三巻所収。表記は変えたところがある））

○天地に凶事なし。凶は人にあり（西川如見『町人嚢底払』巻上）。災害と感じるのは人間がみずからの損害をそう感じるにすぎない。

八　景と情

日本でも中国でも、詩歌の構成要素を景と情に分けて考えることが通例になっている。これも無心の事と人間のはたらきの関係を示すものである。たとえば、これまで何度も引いてきた永田善斎の『膾余雑録』巻五は、明の瞿景淳《くけいじゅん》の考えを、明の無障呉黙の『翰林詩法』から引いている。

詩を作るに景情の二字に過ぎず。情景兼ねる者、上と為す。偏到る者これに次ぐ。情景兼ね到る者、「露今夜従《よ》り白く、月是故郷明かなり」の如き、是なり。情到る（情が勝る）者、張蠙《ちょうひん》（南北朝の人）が「長く疑ふ即ち面を見る、飜って久しく書無きを致す」の如き、是なり。景到る者、謝朓《しゃちょう》（唐の人）が「日華川上に動き、風光草際に浮く」、是なり。景中に情を寓する者、「水流れ心競はず、雲在りて意倶に遅し」、是なり。情中に景を寓する者、「簾を捲《ま》けば惟白水、几《き》に隠《よ》れば亦青山」の如き、是なり。情景相触れて分かたざる者、「時を感じて花にも涙を濺《そそ》ぎ、別れに恨みては鳥にも心を驚かす」、是なり、一句情一句景は、「白首多年病む、秋天昨夜涼し」と云、是なり。

「露今夜従《よ》り白く」とは、二十四節気の「白露」を指し、現在の九月上旬頃。この夜のかすかな冷気に、この月明が故郷も照らしているだろう光景を引き出す。秋初の景が望郷の情を喚起し、両者が融合する。まさしく、「情景兼ね到る」詩である。「情到る者」「景到る者」は引用詩で了解できるだろう。「景中に情を寓する」場合は、「水流れ」「雲在りて」の景が情を触発して、水の流れに心はみずからをゆだね、雲のゆったりした流れに意もまたのんびりする。「情中に景を寓する」場合、簾を捲《ま》くのは何かの情によってであり、几に隠《よ》るのも何かの情のあらわれである。その情が、白水、青山という景を見出し、安らぎを得る。「情景相触れて分かたざる者」の例は、有名な杜甫の詩であるから、説明の要はないだろう。「一句情一句景」の場合の、「白首多年病む」が情、「秋天昨夜涼し」が景であることは言うまでもないだろう。

この景と情の構成は、詩歌という領域で縦横に展開を見せる一方で、さらに根源的な人間の活動に根ざしている。つまり、景は無心であり、人はその景にはたらきかけ、情を触発する。その結果、人間は特有の妙を発揮する。あるいは逆に、人は情の渦中で無心の景を見出す。「事もと無心」は、ここで言う景と考えればよい。景にはたらきかける情によって、無心であった景は妙を発揮する。このようにして、景と情は人間の生の根源をなす二大要素となるのである。

九　加上説とその周辺

以上、本章で述べてきたことの総括として、富永仲基（一七一五―一七四六）が『出定後語《しゅつじょうごご》』（延享二年〈一七四五〉刊）で仏典研究に採用した加上の説と、その周辺を見ておこう。加上説とは、文献批判の原則で、近代になっても高く評価されてきたものである。提出される説は、常に先行する説を凌罵しようとする、そのために議論をより複雑で詳細なものにしたり、より古い典拠を持ち出して仮託したりする。このような契機を加上という。加上は、やはり先行する説を「無心」にするはたらきを基本的なものとしている。ここではまず、加上の説と同様の性質を示すと思われる仲基の言語論から、いささか煩瑣にわたるが、できるだけ簡略に見ておこう。

富永仲基の言語観

『出定後語』の巻上第十一に「言に三物あり」という項がある（日本思想大系『富永仲基　山片蟠桃』所収、岩波書店）。「言に三物あり」の「三物」とは、「人」「世」「類」である。順次見てみよう。

金光明経の三身《じん》は、仏地《ぶつじ》経論、本業《ほんごう》経では二身、楞伽《りょうが》経、摂論《しょうろん》では四身、華厳経では二種の十身と言う。また、大智度論の四魔は、仏説罵意《めい》経では五魔と言う。大智度論の三天は、涅槃経では四天となる。また、維摩《ゆいま》経で不可思議と言っているものが、金剛経では無住、華厳経では法界《ほっかい》、涅槃経では仏性、般若経では一切種知《いっさいしゅち》、金光明経では法性《ほっしょう》、法華経では諸法実相と言う。

これはみなそれぞれの、経あるいは宗派の「家言」であって、それぞれにそう主張している。これが「言に人あるなり」ということの意味である。指す所が同じでその指す言葉が異なるのである。

次の「言に世あり」とは、たとえば、羅什は須弥と言い、玄奘は蘇迷盧《そめいろ》と言う例のように、サンスクリット語の音訳に時代の違いがあることである。この違いを「訛」（方言）と言う者もいるが、「言語は世に随ひて異《こと》に、音声《おんじょう》は時と上下す」るから、これは真の「訛」ではなく、「言に世あり」の例である。つまり、仲基は、羅什と玄奘の訳語の違いは羅什と玄奘の生きた時代の違い（約三百年の開きがある）だと言うのである。須弥と言おうが、蘇迷盧と言おうが、観念上の須弥山は変わらない。つまり、観念上の須弥山という「事」は訳語に対して無心である。

「言に類あり」という「類」を富永は五つあげている。一は「張」で、言葉の意味を拡大していくことである。たとえば、もともとは釈迦が悟りを開いた仏陀伽耶《ぶつだがや》の菩提樹の下を指す「道場」という言葉の意味を拡大して、「一念に一切法を知るも、これ道場」と言い、「性《しょうじょう》定おのづから離る、即ちこれ道場」と言ったりする。「道場」はもともと「念」とか「性」とかとは関係のない言葉である。神道で、高天原を心体となすようなものである。また、増一阿含経や起世経で、段食《だんじき》、更楽食《こうらくじき》、念食《ねんじき》、識食《しきじき》という「四食《しじき》」を言うが、「四食」のうちで、段食（人の常用する食）だけが人の食に関する言葉で、他はすべて比喩的に使われている。また、大智度論で経巻のことを「法身舎利」とするが、これも「舎利」を張大にして解釈するからこうなるのである。

次は「偏」である。仲基は、「およそ、説の実によつて濫せざる者は、いはゆる偏なり。偏は乃ち実なり。古今道を説く者は、張説ことに多し」と言っている。「張」に対する「偏」であるから、縮小の義である。つまり、「個々のものをそれぞれ個別に表すことば」（梅谷文夫「「五類」再考」、『富永仲基研究』所収）である。

「類」の三番目は「泛《はん》」である。たとえば、「如来」（ごとくにして来たる）という言葉を、善悪がまだ分かれていない心体の名前とするような場合である。「如来蔵は、これ善不善の因」（楞伽経）、「一切衆生はみな如来蔵」（般若経）というような使い方をする。

このように、善悪がまだ分かれない心体の名前であった「如来」を、さらに盛徳《じょうとく》の名に変換させるのが、「磯《き》」のはたらきである。その結果、「如来は法身、煩悩蔵（多くの煩悩）を離れざるは、これ如来蔵」（勝鬘《しょうまん》経）、「一切衆生は、瞋癡《じんち》のもろもろの煩悩中に如来身あり」（大方等如来蔵経）と言うようになる。

「反」は文字通り反対の意味に転化させる作用である。「自恣」という語は、もと、夏安居中に犯した罪を告白する行事であるハツバラナを翻訳した言葉であったが、よい意味に転じた。

以上の五類を梅谷文夫前掲論文は、張―偏、泛―礒、反の三つのグループに分けている。仲基の記述からして妥当なグループ分けだと思われる。さらに私には、それぞれのグループにおいて相互にははたらきかけが想定されていたように思われる。「偏」は「張」を生む力を持っている。「張」は「偏」をふみにじる形で自己を主張する。その拡大する力を「偏」の実が意味あるものにする。また、「泛」の不安定で曖昧な意味は「磯」によって身近なものになる。「磯」は、近い、親しいの字義が適当なように思われる。心体の意の「如来」が盛徳の「如来」になって私たちになじみのものになる。「反」はそれ自体が相互性を内包する語である。

以上のような相互性のはたらきも含めて、富永仲基が感じ取った言葉のはたらきは、すべて原義（さきほどの「偏」に関する梅谷文夫の解をいま仮にこう言う）からの逸脱の力であり、逸脱の情熱である。言葉の変化の法則の内部にもこの情熱がある。そしてこの逸脱の情熱は原義にも及ぶ。そういう意味で、仲基の言語論の中心は「張」にある。「張」が仲基の言語論を動態的なものにする。「張」は「三物五類」の一つでありつつ、それらを成り立たしめる基本のはたらきである。したがって、そのはたらきは「加上」の情熱を生む。

仲基は、『出定後語』第一「教起の前後」の冒頭から、「上す」「張る」という言葉を使って加上の現象と情熱を指摘する。すなわち、阿羅羅《あらら》仙人の説く「無所有処天」に上して、欝陀羅《うつだら》仙人は「非想非非想処天」を説いた。この「非想非非想処天」が外道の極である。釈迦はそれに上せんとしたが、「生天《しょうてん》」（有頂天）では勝ちがたいので、七仏を宗として生死《しょうじ》の相を離れ、大神変不可思議力《だいじんぺんふかしぎりき》を加えて人々を説得した。釈迦以後、釈迦の教えの結集《けつじゅう》が行われたが、すべて小乗経であった。ここに文殊の徒が「般若」（空）をこれに上せ、大乗経となった。小乗大乗の成立順序をめぐって議論が行われたが、大乗を「張る」者は、釈迦は得道の夜より涅槃の夜にいたるまで、常に般若を説いたと言い、小乗を「張る」者は、釈迦が鹿野苑《ろくやおん》で初めて説法してから涅槃の時まで、四阿含《あごん》（小乗経典）を説いたと主張した。その後、経典の「年数前後の説」が起こるが、その場合にも加上の現象が見られる。

以上の通り、仲基は「加上」のはたらきを「加」「上」とともに、そしてその根源の情熱として、「張」に見ているのである。

なぜ言葉は原義を離れて使用されるようになるのだろうか。これもまた原義を「無心」と感じ、さらなる「妙」を求めようとする心性が人間に宿っているからである。原義だけの世界は、パズルの当てはめのように動きが少なく、単調である。正確ではあるが、味気がない。このようにして、原義は逸脱されていくのだが、逸脱のエネルギーに焦点を当てれば、逸脱されるのは原義だけではない。眼前にある言葉はすべて逸脱の契機になる。そうであるから、原義は固定的に考える必要はない。眼前の言葉は、逸脱の契機をはらむ以上、常に原義である。

このように、眼前の「事」を「無心」と見てしまうことと、「無心」だからさらなる「妙」を求めようとするはたらきとは不離のものである。おそらく、「妙」が胚胎し、出現する予感によって、あらためて眼前の「事」を「無心」にしてしまうのであろう。

「加上」の動機は以上とまったく同じものである。言葉の原義に満足できない心のはたらきがさらなる意味の世界を求めて結果的に派生的意味を作り出すように、自分にもし主張があるならば、眼前の「事」に加上することもまた当然のことなのである。そして自分に主張が芽ばえるそもそもの発端もまた、言葉の原義への対応に関係する。言葉の原義とは、もともと私にとって他者である。つまり「無心」である。それを自分の文脈にとりこんだとき、原義を自分のものにするのだが、同時に、そのことによって「無心」であるはずの原義に揺れが生じる、その現象こそがすべての出発点であると言ってよい。つまり、ある者（自分も含む）によって表現されてしまった言葉には、すでに表現した者の「妙」が否応なしに刻印されているということだ。それに対してさらに何らかの、やむにやまれぬ反応が生じる時、加上の情熱が芽ばえる。

加上ということ

富永仲基が『出定後語』で用いた加上の説について、水田紀久が、徂徠の影響を述べ、徂徠の「勝上」の例をあげている（日本思想大系『富永仲基　山片蟠桃』解説及び補注）。たとえば、聖人が「礼義」を立てた所以の理を知らずに、「礼義」の外に理を求めようとする宋儒を、「これその聖人に勝ちてこれを上《しの》がんと欲する者」（『弁名』下「理気人欲」）と評した。また、聖人は陰陽を立てて道としたのに、朱子や伊藤仁斎は、陰陽それ自体は道ではなく、陰陽してやまない者が道だと言った。それは、「聖人に勝ちてこれを上《しの》がんと欲す」るからであると評した（同前「天命帝鬼神」）。徂徠はこのように「勝上」という言葉を使っている。そして、「勝上」は、徂徠自身が行なってきたことでもあった。しかし、「勝上」に限定する必要はない。徂徠の思考は常に「加上」の方法を含んでいる。『弁道』（享保二年）の冒頭を見るだけでいい。

道は知り難く、また言ひ難し。その大なるがための故なり。後世の儒者は、おのおの見る所を道とす。みな一端なり。それ道は、先王の道なり。思《し》・孟《まう》よりしてのち、降《くだ》りて儒家者流となり、すなはち始めて百家と衡を争ふ。みづから小にすと謂《い》ふべきのみ。（日本思想大系『荻生徂徠』）

後世の儒者、子思や孟子は、それぞれの歴史に位置付けられ、結果的に「みづから小にす」る実態が明らかにされる。丸山真男はその実態を「概念の論争的性格」と言った（『日本政治思想史研究』第一章三節2）。普遍的であることを命とする思想が、徂徠によって一気に歴史の一コマに貶められる。その普遍性から歴史への落下は、「加上」もその一部をなす歴史による思想の構成を表現し得ている。しかし、あまりにも鮮やかなその方法は、時に、思想自体の吟味を問わないで歴史に位置付けて事足れるとする弊害も生んだ。

伊藤仁斎は、『論語』を「最上至極宇宙第一の書」と言った。その理由は、知り難く行い難く高遠な説は異端邪説であり、知り易く行い易く平正親切な説こそ「堯舜の道にして、孔子立教の本原、論語の宗旨」である。これまでの学者は、『論語』は孔門の一時の問答にすぎないとして、「其の高く六経の上に出ることを知らず」(「不知其高出于六経之上矣」。以上、『童子問』上第五章)。この仁斎の考えにも「高出」という、加上の説に近い考えが示されているのだが、六経を絶対視する徂徠は、次のように仁斎を批判する。孔子は手づから六経を修定し、それを後世に教えた。『論語』は孔子の弟子が作ったものである。孔子は、六経を修定した時、後に自分の弟子が『論語』を作成することを予想して、わざと修定し残したことがあるとでも言うのだろうか。まったくこれは自らの門戸を立てようとすることだけを目的にした説である(『蘐園《けんえん》随筆』巻二)。この批判には仁斎を乗りこえようとする徂徠の意図が十分に示されている。

また、徂徠の弟子の太宰春台は、『聖学問答』(享保二十一年〈一七三六〉刊)の序で言う。日本の学者は宋儒の理窟に百余年とらわれてきたが、伊藤仁斎がようやくその理窟を脱け出して孔子や孟子の道に向かった。しかし、惜しむらくは見解が狭小で、まだ先王の道にまで達しなかった。だからまだ「義理」の学問にとどまった。徂徠先生に至って、「超乗してこれに上り、六経を以て学と為し、孔子道を天下に明らかにした。
を以て帰《き》と為し、論語を以て規矩準縄と為して、而して孟子以下を取ら」なかった。こうして先王の道を天下に明らかにした。

「超乗してこれに上り」とは、仁斎を越え出たという意味のみでなく、仁斎がこだわった孔孟をさらに遡って先王の道に至ったことを含む。徂徠の歴史の見方は確かに「加上」的なのである。

水田紀久は、直接に仲基の加上説の淵源を求めて、『南本涅槃経《なんぽんねはんぎょう》』との「吻合」を指摘している（「富永仲基と涅槃経」、「混沌」十号、昭和六十一年三月）。『南本涅槃経』が仲基の「もっとも習熟した経典の一つであった」と認定した水田は、「涅槃経中に述べられた正法末滅時もしくは像法時の比丘の悪事と、仲基の説く大乗経典誦出の実態との見事な合致」に注意を向けている。水田の引く『南本涅槃経』巻第四、四相品第七之一から一部を読み下しにし、抜粋しておこう。「かくの如くの人、如来の制する所の戒律・正行《しょうぎょう》・威儀、説くところの解脱の果、離不浄法を破壊し、及び、甚深《じんじん》秘密の教えを壊《やぶ》り、各自が意に随いて経律を反説して、而してこの言を作《な》す、如来皆我等が肉を食うを聴《ゆる》す、と。自らこの論を生じて、これ仏説と言う。互《たが》共に諍訟し、各自がこれ沙門釈子と称す」。すなわち、「比丘たちはおのおの自己本位に如来の名をかたり、自分勝手な主張を仏説と称して、お互いが双方で難じ合い、自分こそが正統嫡々の沙門釈子であると自称する」（水田前掲論文）さまが描かれている。水田は、「いつの日かこの章節に眼を馳せた仲基は、さだめしわが意を得たりとの思いを禁じ得なかったであろう」とまとめている。なお、このこととは別に、仏典にはわりあい「加上」の語が多い。

富永仲基の加上の概念と方法は尖鋭なものであり、それ自体を考究すれば足りるものだが、以下、いくらかその周辺を眺めておこう。

加上説の周辺

曹洞宗の僧である独庵玄光（一六三〇―一六九八）は、言葉の問題に敏感な人であった。先進が書き記して後進に告げる言葉には、独りその人に出るのではなく、先言に出るものが多いと述べている（『護法集』巻五「俗談」下）。独庵があげているのは、『論語』『孟子』『中庸』に対する『管子』の言葉である。たとえば、『論語』学而篇の「孝弟なるものは其れ仁の本《もと》たるか」という言葉に先行して、『管子』の「孝弟は仁の祖なり」（巻十「戒」第二十六）があり、同じく憲問篇の「君子は、人の己《おのれ》を知らざることを患《うれ》えず、己の能なきを患う」に先行して、『管子』の「身の不善をこれ患え、人の己を知る莫《な》きを患うる毋《な》かれ」（巻十一「小称」第三十二）がある。このように例示を続けた独庵は、最後に、これらの『管子』の言葉にも先言があるだろうと述べている。独庵は、結局のところ、先言の行きつくところに聖人の言を見ているのであるし、加上とは逆に、遡源する方向で観察しているのであるが、孔子以前に『管子』のごとき書があるならば、どうして孔子の言に先言がないと言えようかといった、言葉の動態についての感覚は、加上の前提になるものと考えてよい。本当のところ、『管子』は孔子以前の書ではないから、事実として独庵の言っていることは間違っているのだが、言葉を歴史的に考察しようとしている点は注目してよい。

貝原益軒（一六三〇―一七一四）も、聖人の道はまず堯舜によって教えとして立てられ、孔子がそれを明らかにし、以下、孟子、宋儒と次第に詳しくなっていくと考えた。詳しくなっていくこと自体は自然の理である。「蓋し天地の気運は、万古より以降、時を逐ひて漸く変ず。故に人文の開くるも、またこれに随ひて息《や》まず」「然も人文は未だ一時に開け尽すこと能はず、必ず後世に待つことあるは、これ自然の理なり」。思想は次第に開けていくのだから、思想が発見・付加されていくのは自然の理である。しかし、その発見・付加の説の正否の判断の基準はあくまでも聖人の道である（以上、明和四年刊『大疑録』上巻第一条）。

では、宋儒以後はどうなのか。次は明儒に関する益軒の考えである（『大疑録』上巻第十八条）。

明季の儒士、宋儒の説を誹議《ひぎ》する者は、往往にして己《おのれ》に夸《ほこ》って自ら高くし、程朱を賤《いや》しむこと奴隷の如く、或ひは以て異学となし、聖人の正派にあらずとなし、自ら以て高くその上に出づると為す。まさにその量（器量——引用者注）を知らざるものと謂ふべし。

益軒は明儒のこのような高慢な態度を、一般的な諌め方と関連づけて説くのだが、いま引用したところは、徂徠の『学則』（享保十二年刊）第三条の、老聃《ろうたん》批判の言葉とよく似ている（日本思想大系『荻生徂徠』）。

（老聃は）徒《いたづ》らにその華《はな》を翫《もてあそ》びて、その実を食《くら》はず。これ它《た》なきなり。聖人の教へを以て足らずとなし、勝ちてこれを上《しの》がんと欲す。まさにその量を知らざるを見るのみ。

さきの益軒の考えをいま仮に「高上」と言えば、「高上」は徂徠の「勝上」と類似する。しかも、『大疑録』上巻の第十九条目には「勝上」に近い言い方も見える。

人と学術の是非を議論するは、大率《おおむね》人を諫むると一般なり。卒爾《そつじ》として誹議するものは、己を信じて人を屈せんと欲す。これ小人の勝心を逞しくして、自らを是《ぜ》として人に夸《ほこ》る。軽薄の事にして、君子忠厚の道にあらず。（略）我が説の人に勝《まさ》らんことを欲して、争ふに口舌を以てするなり。苟くも吾が言ふ所軽卒《けいそつ》にして、勝《かち》を好み人を上《しの》がんと欲せば、則ち人をして信服せしむること能はず、かへつて人の為に忿戻《ふんれい》せらる。

これは、徂徠の「勝ちてこれを上《しの》がんと欲す」とまったく同じ言い方である。ただ、両者の「勝上」が富永仲基の「加上」と異なるのは、これらは歴史認識であるけれど、方法的な意識で使ってはいない点である。したがって、加上の淵源に勝上をおく説は留保せざるを得ない。両者はレベルが違う。むしろ、加上の意識に近いのは、さきに引いた益軒の『大疑録』上巻第一条の言であろう。益軒はまた、『大疑録』上巻第二十九条で次のように述べている。天地が万物を造っていくに際し、その意図を少しずつ現わしていく。これは気運の勢いというものであり、自然の理である。だから、事には、古人がまだ言わずに、後世をまつものがある。堯舜がまだ言わなかった所を孔子が言い、孔子がまだ言わなかったことを孟子が言い、孔孟が言わなかった所を宋儒が言ったという場合は多い。だから、宋儒の論説で、孔孟と源流を同じくして、孔孟の説を開き示したものは、宋儒の功績である。しかし、宋儒の説の中には、孔孟と源流を同じくしないものがある。それは吟味すべきである。

『貝原益軒　室鳩巣』（日本思想大系）所収『大疑録』の頭注にも指摘があるように、益軒は『自娯集』（正徳四年刊）巻二「気運漸開説」でも同様に、「古より聖賢、此の理を発明して、一時に説き尽くすこと能はず、必ず後人を待ち、而して詳に尽くす者有り。故に、箕子《きし》（殷時代の人）の言ふ所の如き、皐陶《こうとう》（有虞氏の時代の人）の未だ言はざる所有り。孔子の言ふ所、文王周公の未だ言はざる所有り。孟子言ふ所、孔子の未だ言はざる所有り。宋儒言ふ所、孟子の未だ言はざる所有り。然れば則ち、明儒の識見汚下《おか》、宋儒に及ばずと雖も、然れども、其の間英俊なる者亦多し。豈に宋儒の違へるを弼《たす》け、未だ言はざる所を言ふ者無かるべけんや。此の天地の間、古来気運の常に漸開して未だ已《や》まざる所以也」と述べている（原漢文）。

益軒は、こう記したあと、気運漸開の原理は義理のことだけでなく、事物においても事情は同じであり、一時に顕れるものではない、と述べている。「加上」という言葉は使っていないが、加上が特出してくる土壌は明晰に認識している。

『自娯集』と同様のことは、すでに『陸象山全集』巻三十四に次のように述べられている。「古より聖賢、此の理を発明して、必ずしも尽く同じからず。箕子言う所の如きは、皐陶の未だ言わざる所有り。夫子言う所、文王周公の未だ言わざる所有り。孟子言う所、吾が夫子の未だ言わざる所有り。理の窮り無きこと、此の如し」。「加上」の土壌を陸象山は「理の窮りなき」と考えたが、益軒はわかりやすく「気運漸開」に転じて総括している。

益軒が示す認識は、富永仲基ほど方法的なものではないが、加上という考えを常識的ながら感受していることは確かである。

幕府儒医中村蘭林が『間窓雑録《かんそう》』（宝暦七年自序）巻一「義理無窮」の項で、朱子や陸象山を引いて述べているところも、益軒と同様である。朱子は次のように言う。たいてい、前聖が説くところは、後人はひたすらその裏面に就いて詳しく案出する。たとえば、程子や張横渠が説くところは、多くは孔子や孟子がまだ説かなかったところである。また、伏羲《ふっき》が卦を画いたのはただ陰陽以下であったが、孔子はまた陰陽上に就いて太極を発明した（以下略）。そして蘭林はこのあと、さきの陸象山の考えを引いている。

中村蘭林も加上を方法として取り出しているわけではない。しかし、朱子や陸象山の発言を通して、加上が一つの歴史の流れであることは感じていた。

同様の考えは、すでに『朱子語類』百二十六巻に見える。朱子は「仏書には多く後人の添入有り」と言って、中国には最初四十二章経しかなかったのだが、この経にもまた老荘の添入箇所があり、さらに西天（インド）二十八祖の作る偈が、はっきりと韻を踏んでいるのも、後人の「増加」であり、「仮合」であると述べている。楞厳経のごときは、「前後只是説呪《せつしゅ》」であり（「説呪」は、真言を述べる、と解しておこう）、中間は皆「増入」であるとも言い、「蓋中国好仏者覚其陋而加之耳」（蓋し中国の仏を好む者、其の陋を覚って之に加うるのみ）と書いている。つまり、中国で仏教に興味を持った者が、その陋を知ってこれに加えた、と言うのである。

慈雲飲光《おんこう》（一七一八―一八〇四）は『十善法語』巻十「不邪見戒之上」（安永三年甲午四月八日示衆）で仲基の加上説を皮肉っぽく引いている。

又一類偏見の者が云ふ。天竺支那日本、共に道を説く者悉く加上して立つる。天竺には、世間人倫に加上して梵天《ぼんてん》四禅を説く。其の後の者が、此の梵天四禅に加上して無想天と云ふを説き出す。此の無想天（版本では「無想定」）に加上して、其の後の者は無色定《むしきじょう》を説く。阿藍迦藍《あらんからん》は不用処定《ふゆうしょじょう》を説く。鬱頭藍子《うつずらんじ》は非想非々想定を説く。沙門は其の上に加上して、滅盡定・涅槃を説く。此の沙門の中に、阿含三蔵経等に加上して、法相《ほっそう》大乗、或は空無想の教を説く。又其の上に加上して、一乗秘密乗などを説く。（文政七年妙有跋。漢字片仮名。引用は木南《きなみ》卓一『十善法語』により、一部わかりやすくした。三密堂書店刊）

慈雲は仲基の名を出していないが、仲基の『出定後語』を「一類偏見の者」の説として扱っていることはあきらかである。この記述の直後には仲基の『翁《おきな》の文《ふみ》』第十一節第十二節からの引用がみられる。

支那の教には、周代に斉桓晋文の覇業の上に出て、孔子が文武を憲章す。此の儒者の上に出て、墨翟《ぼくてき》が夏《か》の道を説く。楊朱は又其の上に出て、帝道を説き出す。許行は神農の道を説く。荘子列子が徒は無懐子《ぶかいし》葛天《かってん》氏を説く。此の邦の神道は、最初に儒仏の道を牽き合わせて両部習合《じゅうごう》と云ふ。その次に、仏者の徒が、神道の起りたるを妬み、本迹《ほんしゃく》縁起の神道を説いて、表は神祇《じんぎ》を顕はして、底裏《ていり》は此を仏通に帰する。其の後一般の禰宜神主《ねぎかんぬし》、仏法の世に盛なるを妬み、此の二途を破して、唯一宗源の神道を説く。其の後には此を王道に帰して、王道神道を説く。近比は表に神道を説いて、底裏は儒道に帰す。三国共に人情は一様なると。（『十善法語』巻十）

「又一類偏見の者が、思惟分別してかく云ふ。誠の道と云ふものは、今日の有るべき通りに在る。（後略、巻十）」と引いた「一類偏見の者」の説は仲基の『翁の文』の所説である。

実学者海保青陵（一七五五―一八一七）にも加上と同様の思考を見ることができる。『老子国字解』巻一冒頭で青陵は老子と孔子の時代の前後を次のように推定する。孔子は仁義を強調した。人に物をとらせ、人の後から行くようにすれば喧嘩は起こらないと言って、仁義をすすめた。しかし、天下攻伐がはやった時代で、孔子の教えは行われなかった。そこに老子が出た。老子は、人の物をとることと、人の上に坐すことを説いた。諸侯が、どうしたら人の物がとれるかと問うと、まず人に物をとらせるとよい、人に物をとらせないと物がとれないと言った。また、どうしたら人の上に坐れるかと問うと、まず人の後より行くのがよいと言った。これは、人情より推して仁義に及ぶやり方だったので、天下の人々はみんな老子の学問になった。こう考えると、「老子は孔子より後に出で、仁義を世人に勧めたるに相違なし。仁義を悪しういふは、仁義の表向をあしういふのにて、内証は皆仁義也」。だから私は、老子は孔子より後の人だと言うのである。

加上という言葉こそ使っていないが、青陵のこの推定はまさしく加上説によっている。

これも仲基より後のことになるが、祇園南海『詩学逢原』（宝暦十三年刊）は、詩の歴史的展開に詩以外の要素を導入して以下のように言う。詩の取り扱い方は、すでに論語、孟子、春秋左氏伝、礼記等にくわしく書かれているのに、後世、詩を学ぶ人はそれを忘れ、わざわざ自分で作り、情を述べるようになった。詩の始めは屈原の離騒で、漢、魏、六朝に及んで、ますます盛んになった。その理由を考えてみると、上代は人の心も質撲で、「詩義ニモサトク通ゼシ故」、古詩を抜き出し、それを誦することによって自分の情も十分に通じ、人にも通じた。しかし、時代が下るにつれて、それだけでは物足りなく感じ、人にもまた十分に通じなくなったので、自分で新しく詩を作って情を述べるようになった。それから作詩は盛んになり、六朝になると、うまい下手の別も生じ、詩体も分れるようになった。そして、経史の書物の中の故事熟字を引き用いるようになり、その結果、詩は学術才芸を争う業となった。このように、昔日の簡略な語が、次第に長く華美になっていくのは、まさしく韓愈が、周公より下はその説長し、と言った通りで、古今時世の勢いはそうならざるを得ないのである。

　南海は、以下においても、詩の変遷を詩以外の要素を加味しながら説くのだが、大略以上で十分だろう。ここにも加上と同質の思考が見られると言ってよい。

　ここで西洋の思想から、加上の動機とでもいったものを見ておこう。「哲学や諸学において何か新しいことを世間に知らせると称する人たちがする、もっともありふれたもっとも自然なことは、自分たちの体系以前に提唱されたすべての体系を貶すことによって、遠回しに、自分たちの体系を褒めることである。」（D・ヒューム『人間本性論』「序論」木曾好能訳、法政大学出版局）。

注

（1）拙稿「妙は唯その人に存す」（『近世の僧と文学』所収、ぺりかん社、二〇一〇年）

（2）たとえば、「意必固我《いひつこが》もとなきものをこしらへて凡夫頭巾《ほんぶずきん》をかぶるかなしさ」（手島堵庵『格言いろは歌』）。「意必固我」（『論語』子罕篇）は、それぞれ、憶測・無理解・固執・我執の意。

（3）古代の懐疑派のピュロン（前四―三世紀）の哲学を受け継いだセクストス・エンペイリコス（二―三世紀）の解説を引いておこう。

（五十八）……

同じものが、ある動物にとっては不快であるが、別の動物にとっては快いものであり、そして快と不快とは表象に基づいているとすれば、存在する事物から生じる表象は動物ごとに異なっているのである。（五九）ところが、動物の相違に応じて同一の物事が似ていないものとして現われるとすれば、われわれは、存在する事物がわれわれにどのようなものとして観取されているか、ということは言うことはできても、それが自然本来的にどのようなものであるか、ということについては判断を保留することになるであろう。（セクストス・エンペイリコス『ピュロン主義哲学の概要』第一巻第十四章五十八節—五十九節。金山弥平・金山万里子訳。京都大学学術出版会）

（4）次のシェリングの考えは「無心」を動詞として使ったような過激さがある。

われわれがこれまでたまたま使用してきた「制約する（Bedingen）というドイツ語は、それに派生することばとともに、実際、ひとつの卓越したことばであって、このことばに関しては、哲学的真理のほとんど全財産を含んでいる、ということができる。「制約する」とは、或るものがそれによって物（Ding）となるところの作用をいうのであり、制約された、とは、物たらしめられたもののことである。（シェリング「哲学の原理としての自我について」第三節。高月義照訳、『シェリング初期著作集』日清堂書店、昭和五十二年）

第五章　個の根拠——自由について——

本書第一章から第四章までの啓蒙の活動は、それぞれそれに抵抗する否定的な思考を乗り越えてきたものである。本章ではあえてその否定面を前面に出し、それがさらなる啓蒙の活動にいたるプロセスを見ておきたい。横断的な啓蒙活動の諸相に対して、垂直面の思考に目を向けようというわけである。取り上げるのは、そうとは知らずに個の存立を、近くからあるいは遠くからおびやかし、阻もうとする思考である（必ずしも個の存立を明確に前提しているわけではないが）。ここでは、個を内面から規制してくるものとして「復性復初」の思想を、個を外面から浸蝕してくるものとして「社会」の成立を見てみよう。そこに展開される思考の悪戦苦闘、試行錯誤は、私たちもまた、個の根拠をめぐっていまだ渦中にいることに気づかせてくれるだろう。

一　嬰児に託された意味

日本近世の思潮の基本的な流れに、私たちはすでに何かに汚染されてしまっていて、私たちを私たちたらしめる本来の活動が障害を受けているという思考がある。

それ故孟子にも、夫人者不失其赤子之心《それひとはそのせきしのこゝろをうしなはず》とあり。又一休も、

生《むま》れ子の次第〳〵に知恵付《つき》て仏に遠くなるぞ悲しき

又釈尊も、天上天下唯我独尊と仰せられた。是《これ》もうぶ湯《ゆ》だらひの中での事じや。誰も皆赤子《あかご》の時は仏様とくらべても、神様聖人とくらべても少しも違ひはない。皆いろ〳〵さま〴〵の事聞《きゝ》ならひ見ならひ、其《その》百物がたりからとふしん（灯心――引用者）が一筋〳〵へつて、後《のち》には真《まつ》くらがりになるのじや。銘々身に備《そな》はってある本心《ほんしん》をとり失《うしな》ふて仕廻《しま》ふて人心斗《じんしんばか》り、おれが〳〵を主《あるじ》として、一生を苦しみ詰《づ》めにして死んで仕廻《しま》ふは悲しいものじや。（村井由清『教訓百物語』上巻。文化八年刊）

江戸時代の庶民層に根づいた心学の基本の思考である。まず私たちの根底に本心があって、それが見聞によって人心（私心）を生み、やがて本心を失っていく。悲しいことではないか、と言うのである。この思考と教えはわかりやすく、日常の場に広く流布した。さらにわかりやすい表現を、不生禅で知られる盤珪禅師の説法から引いてみよう。「不生」とは、生まれないという意味ではなく、もとから

あるという意味である。

此身、本、親よりうみ付けられました時は、にくひかわひの念もなく、ほしいをしいの念もなく、一切の迷ひを親がうみ付はしませぬ共、此はみな生れて後、智恵が付きましてからかやうの事を生じたものでござる。かくのごとく、にくひと存じ、いかる心になりますれば、此仏心が修羅道となりまする、ほしひをしいの心になりますれば、すなはち此心が餓鬼道になりまする、此れを生死流転の心といひまする。此身にひいきの有故でござる程に、右の通りをとくと御了簡なされて、いかりはらたつ心もなく、にくひかわひの念もなければ、即ち不生不滅の仏心にかなひまする。（「盤珪国師説法」鈴木大拙・古田紹欽編著『盤珪禅師説法』所収、大東出版社）

過激な陽明学者、明末の李卓吾の「童心説」（『焚書』巻三、溝口雄三訳による。中国古典文学大系『近世随筆集』所収）は、次のように、簡潔直截に童心の大切さを主張している。童心とは真心であり、「仮偽なくして純粋に真なるもの、最初一念の本心」である。この真心を失うことは真人でなくなることであり、人でありながら真でないのは、「初」が全然ないことである。「童子は人の初め、童心は心の初めである」。それなのに、なぜ童心は失われるか。まず、「聞見」が耳目より入り、それが「内に主となって、童心が失われる」。長ずると「道理が聞見とともに入りそれが内に主となって、童心が失われる」。これがこうじると、「美名」を好み、「不美の名」を隠そうとして、童心が失われる。しかし、この道理・聞見は、広く渉猟して理義に通ずるところに由来するのであるから、本来は、童心を失うということとは別のことである。古の聖人は、道理・聞見があってもなくても童心を失わなかった。

童心を失ってしまえば、言語から衷心が失われ、故事から根拠が失われ、文辞から神情が失われる。そうなれば、言葉は聞見・道理が言うのであって、童心が表出されて言葉となったものではない。まさしく、「仮人の身で仮言を言とし仮事を事とし仮文を文とするものでなくて何であろう」。

李卓吾は、童心が失われるのは、聞見や道理が「内に主とな」るからだと言い、本来は人の外で構成されたものにすぎない聞見・道理によって童心がとって代わられるからだと言う。

溝口雄三によれば、李卓吾の当時、「童心」は未熟というようなマイナス価値を有する言葉であったが、李卓吾は、仏教の「真心」、『孟子』の「赤子」といった言葉の価値を下敷きにして、「童心」に人間本来の性情という意味をこめ、社会の道徳規範の虚構性をつく言葉として用いたと言う。そして、日本語の「童心」の語感とも、西欧の「近代的自我」へつながる意味とも異なるものであることに注意をうながしている（前掲『近世随筆集』「解説に代えて」）。李卓吾の「童心」は新たに見出された価値概念だというわけである。

李卓吾が「童心」の下敷きにしたといわれる『孟子』「離婁下」の「大人はその赤子の心を失わざる者なり」（大人者不失其赤子之心者也）の「赤子の心」は、日本においてどう理解されていたのだろうか。

中江藤樹は、心の安楽が人間世界の最高の願いだとし、苦を去って安楽を得る方法は学問であると断言して次のように述べる。

元来吾人の心の本体は安楽なるものなり。其証拠は孩提より五六歳までの心を以《もって》見るべし。世俗も幼童の苦悩なきを見ては仏なりなどいへり。かくのごとく心の本体は安楽にして苦痛なきものなり。苦痛は只人人の惑《まよひ》にてみづから作る病なり。（略）学問は此惑《まよひ》の塵砂《じんしゃ》をあらひすてて、本体の安楽にかへる道なる故《ゆへ》に、学問をよくつとめ工夫受用すれば本《もと》の心の安楽にかへる。（『翁問答』改正篇上巻）

また、『藤樹先生全集』第二冊「倭歌二」に収録されている歌に、「大人不失赤子之心是以常楽」という題のものがあり、「心だによりすくむ事のなかりせば思ひのまゝの人の世の中」と詠んでいる（「より」は「よく」、「まゝの」は「まゝに」となっている本がある）。ここでは赤子の、無畏や天衣無縫といった面を取りこんでいる。また、「赤子の心」を問われて「赤子の心とて別に非ず。今の心に習心習気なき物は則赤子の心也」と答えている（『藤樹先生全集』巻之二十一「赤子の心」）。

佐藤一斎の『孟子欄外書』巻下は、「充養」という言葉を使って、やや動態的に解している。赤子の心は純一にして偽りがない。二、三歳の頑是ない子供でも親を愛し、敬うことを知っている（『孟子』尽心下）。これは「良知」といってよいものであり、天に純にして、天が人に命じた所の本色である。大人はこの本色に従って本色を充養しただけだ。その初めを完うしたものであり、「良知」を致したものと言うべきである。（『日本名家四書註釈全書』）

佐藤一斎の「赤子の心」の理解は、李卓吾の「童心」に近い。

では、老荘思想における嬰児、童子の位置はどうだろうか。

『老子』第二十章に次のような文章がある。

衆人は熙熙《きき》として太牢《たいろう》を享《う》くるが如く、春、台に登るが如し。我は独《ひと》り泊《はく》としてそれいまだ兆《きざ》さず。嬰児《えいじ》のいまだ孩《がい》せざるが如し。乗乗《じょうじょう》として帰する所なきが如し。

衆人は富貴利達に向かって、喜び楽しむさまは（熙熙として）、盛饌の饗応にあずかった時のようであり（太牢を享くるが如く）、また、春の日に高い楼台に登って心が浮々とする時のようである。一方、私は、心が静かに（泊として）、少しも富貴利達などに心が動かない。赤児がまだ笑うことを知らない状態の時のようなもので、拠る所もなく（乗乗として）、帰着する所もないようなものだ。

このように、『老子』は無為恬淡とした心の状態を「嬰児のいまだ孩せざるが如し」と表現している。

『荘子』人間世篇《じんかんせい》は処世論である。暴君の教化をめぐって顔回と孔子が問答する場面で、顔回が次のように言うところがある。心を真っすぐにして天と仲間になった者、天子も自分もともに天から子だとされていることを知っている者、したがって自分の言葉を人がよいと言おうが悪いと言おうがまったく関心をもたない者は、「人これを童子《どうじ》と謂ふ。是れをこれ天と徒たりと謂ふ」。この童子は『荘子』大宗師篇に「人に畸にして、天に侔《ひと》し」という「畸人」に近い。

禅も同じ発想である。ここでは、嬰児とか赤子とかがどこにつながっていくのかを示唆している表現を引いておこう。禿帰軒《とくそうけん》という人の『三教弁論』（寛文七年刊、九州大学松涛文庫蔵）巻三の記述である。天地がまだ分かれない前にあり、未来永劫にわたって朽ちないものがある（真如本性）。それを仏教では、本来の面目、正法眼蔵、本性の弥陀と言い、孔子は天理と言い、老子は谷神《こくしん》と言い、易に太極と言う。人は、このみずからの真如に任すことができなくて、地水火風が和合して成る「質《かたち》」に縛られ、「其の形を受るに方《あた》ては、すでに陰血濁気《いんけつだくき》のために、其の本然清浄の体をくらまし、其の生《いけ》るに及ては、六塵《じん》五欲《よく》の迷《まよ》ひ、本有《ほんう》の天神をくらます」。すなわち、人は、誕生とともに、本然清浄の体をくらましていると言うのである。これでは救いがないのであるが、禿掃軒は、だからそれ以前の状態に戻るために禅があると言いたいのである。本然清浄の体に戻るために、嬰児の状態が通路になるということである。

自然の嬰児は、習心習気、仮偽、聞見道理、美名の欲などから免れている。人はそこに絶大の価値を見る。しかし、言うまでもなく、それは人が発見した無垢の価値を嬰児に投影したものにすぎない。舞台の上のかげろうのようなものだ。現実に定着できない。現実に接触できるとしたら、比喩としてのみである。しかし、比喩としてであっても、自然の嬰児に託された意味が拡大していったらどうなるか。

二　復性復初

これら嬰児や幼児の像に託された思想的な根は深い。その根は、たとえば「復性復初」という思潮を生む。汚染を吹き払い、一時の休らぎとして持ち込まれたはずのこの復性復初の考えが、逆に、固定され、人を呪縛し、あげくの果てに思考停止をもたらしてしまう。

大田錦城『疑問録』（天保二年刊）巻上に「程朱ノ学ニ、復性復初ト云コトアリ」と言うように、儒教の宋学は、人間の「本然の性」は「気質の性」によって覆われている、一時的で仮のものにすぎない「気質の性」を取り除くことによって「本然の性」を回復しなければならないという思考を根本に持っていた。宋学では、天地の理が人間に貫通したものを「性」と言うのであるから、人間の「性」を汚染する「気質の性」を取り除くことは、「復性」あるいは「復初」と考えられている。つまり、理想の状態はすでに私たちの内に存在している（別の言葉で言えば『中庸』の「未発の中」——喜怒哀楽の情念が発動する前の、絶対に静なる状態）。私たちはそれを回復しさえすればよい。[1]

ここで、宋学が根本的に依拠したと考えられている李翺《りこう》の『復性書』（九世紀前半）の大綱を、常磐大定の『支那に於ける仏教と儒教道教』（東洋文庫刊、昭和五年）の前編上の第二章より引いておこう（振り仮名引用者）。

> 『復性書』の大綱は、性情の対立より出発し、性を惑はす妄情を滅して、天命の性に復し、以て本性の清明を発揮して、天地を照さんを極致とす。さて性は定静不動、不生不失のもの、情は本無邪妄、性を惑はすものなり。この性や、天の命ずる所にして、万人悉く之に與《あずか》り、渾《まじ》りても失はれず、復りても生ずるものにあらざれども、終身自ら之を睹《み》ざるものを百姓といひ、之を得て惑はざるものを聖人といふ。この性を惑はして統《す》ぶる能はざらしむるものは、循環して交々《こもごも》来る七情にして、七情だに作らずんば、性こゝに統ぶる事となる。

「百姓」はここでは凡人というほどの意。天より受けたかけがえのない性を、人は情によって汚染している。この性と情の対立は、人には天より受けた性というものがあるという認定を前提にしている。天賦という観念が生まれ、生きていたのである。それは私たちの内部に価値が充満しているという喜びと緊張を与えたに違いない。そして、この天賦の観念が目に見える姿として、無垢の嬰児、幼児、原始の人間の自然状態の像があった。

『老子』第十六章には、「それ物芸芸《うんうん》たれども、各《おのおの》其の根に復帰す。根に帰るを静と曰ふ。静を命に復《かえ》ると曰ふ。命に復るを常と曰ふ」（夫物芸芸、各復二帰其根一、帰レ根曰レ静、静曰レ復レ命、復レ命曰レ常）とある（「静曰」が「是謂」となっている本文もあるが意味は変わらない）。いま、この箇所の海保青陵の訳を引いておこう。（『老子国字解』巻三。『老子註釈全書』所収。なお『青陵遺稿集』所収本文の表記は漢字片仮名）

万物は皆無より出でたる有也。故に又必ず無にかへる也。（略）人も無より出でたるものなれば。死んだる所がもと〳〵なりと。心に死《（をカ）》におちつけておけば。一向に心の動くことはなけれども。兎角に己れを拯《すく》はんとする心より。自己流できること也。川へ落ちたるときに。死に心をおけば死なぬ也。貧窮をするときに。死に心をおけば刑罰にあはぬ也。人と論ずるときに。負《マケ》に心をおけば過り證文をばかゝぬ也。（略）常は。相かはらぬ也。天へさへ申し上げらるれば。いつでもおつかひはれて口外へ出されること也。父が羊を攘む。天へ申し上げてうそをつく也。故にいつでも天へ申し上げおいたる通りにいふゆゑに。相かはらぬ也。道理にちがひたるは。今日のことばと明日のことばと相違する也。

「父が羊を攘《ぬす》む」は『論語』子路篇。父の羊泥棒をあばいた子のことを「直」と言った葉公に、孔子は答える。「吾が党の直き者は是に異なり。父は子の為に隠し、子は父の為に隠す。直きこと其の中に在り」。これを海保青陵は「天へ申し上げてうそをつく也」と表現する。ここで「天」とは、心の正直と言いかえてよい。海保青陵は、自然の道理というものから事態を見ている。固定されてしまった復性復初の思想は反啓蒙と言っていいのだが、海保青陵の、復性復初へいたる思考は啓蒙的である。

本書序章で述べた「公論に非ざるの公論」の別の言い方と言ってよい。

長い間仏教の本覚思想の理念を牽引してきたと言われる『大乗起信論』もまた、復初の思考を基本にしている。「この衆生に具わる心の真実のあり方（真如之法）も、その本性は純粋で汚れはないのだが、ただ煩悩の汚れが無量に附着しているため、たとい人が自己のうちなる真実のあり方に気づいても〔それだけで心が浄化されるわけではなく〕、いろいろと手段を講じて、くりかえし修習につとめ（熏修）なければ、心は浄められない。〔煩悩の〕汚れは無量で、すべての現象にしみわたっているので、あらゆる善行を修めてこれを克服する必要がある。もし人が修行して一切の善なる徳性を身につければ、その人はおのずから心の真実のあり方（真如法）に立ちかえることになるのである。」（『大乗起信論』第三段「詳細な解説」第三章「実践に入る道程の解説」。高崎直道訳、岩波文庫）

中峯明本（一二六一―一三二三）は、直接にあるいは著述を通して日本の人たちにも影響をあたえた禅僧である。『中峯雑録』に収録されている「天目中峯和尚普応国師法語」の中に、「防情復性」という文章がある（以下、大意）。

ともに性に本づくと言っても、世間の学の場合は、情を防ぐという意味であるのに対し、仏教の場合は性に復るという意味である。ここには有為と無為という違いがある。たとえば、宋儒は、『中庸』の解釈で、喜怒哀楽の未だ発せざるを中、発して節にあたるを和、と言っているが、これは防情の極論と言ってよい。なぜなら、挙念動心を一瞬たりとも中庸の域から外れないようにしなければならないからである。これに対して仏教の言う性は、聖凡同じく稟《う》ける元であり、そこに復ることである。六祖慧能が、「不思善不思悪の際《あいだ》、孰《いづれ》をか本来の面目と為《な》す」と言ったような「不思善不思悪」のレベルが復性の本旨なのである。蘇轍は老子注釈の序で、この不思善不思悪を「未発の中」に比定して、これが仏氏のいう性だと言っているが、仏教は人心に限っているわけではない。

中峯は、同じ性に対する態度でも、儒教の場合は防情に力点があり、仏教の場合は復性に力点があるという違いがあると指摘し、前者の消極に対して後者の仏教の積極性に意義を見ている。

しかし、日本古来の思想から見れば、仏教もさらにキリシタンも人の心を汚染するものである。

> 仏法到来して、三世の教あれば、人は三世にまよひ、二世の楽みをすゝむれば、人は二世のねがひにくるしむ。かゝるまよひの中にきりしたん邪法を説く。後生たすかる道はきりしたんにあり、其余の諸宗は皆地獄に入ると示して、じひをおもてにほどこし謀をふかくかくしてすゝめければ、人みな慈悲になつき後生にまよひて、邪法のきりしたんにかたぶき、正道をしらず、神道をなゐがしろにし奉り、日本の人の恥は此時に極れり。(向井元升『知恥篇』上。「海表叢書」第一巻所収。諸写本によって多少の字句の出入りはあるが、趣旨に変わりはない)

林羅山も『本朝神社考』の序文末尾で「庶幾《こひねがは》くは、世人の我が神を崇めて、彼の仏を廃せんことを。然れば則ち、国家上古の淳直に復し、民俗内外《ないげ》の清浄を致さん。亦可ならざらんや」と述べている（原漢文）。羅山も、仏教到来前の純朴な時代への回帰を願っている。

江戸時代の国学も大がかりな復性復初の運動と言っていいだろう。国学の発生の契機の一つに、徂徠の古文辞学をあげるのが通説になっている。たとえば、鶴峯戊申《しげのぶ》の太古学を批判した丹羽丁寧の『太古学論』（天保十一年刊）の末尾には、「藤城いわく、近代国学者流、一家言を立つ。その実、蘐園氏の書を読みて、その口吻を神祇の事に移す者のみ」とある。丹羽丁寧も村瀬藤城も儒者であるから、当然と言えば当然の言葉だが、こういう見方があったことは十分考慮すべきである。片々たる引用ではあるけれど、古文辞の学に触発されて日本の古文への新たな視界が開けてきたことは、確かなことなのである。

しかし、国学的思考は、むしろ宋学の復性の説に類似する。平田篤胤は宋学の合理性を批判するが、その合理性が復性の感覚に基づいていることが、篤胤の意識に上っていなかっただけのことである。この世の現象を神のはたらきに帰する篤胤にとって、宋学の合理性が人間の行き過ぎと映ったにすぎない。

国学者において、西洋における原罪の前後や中国における聖人の教えの前後という区分けに該当するものは、神代と人代の境である。つまり、人間の自然状態は、神々のあり方や活動の中に溶解している。国学者が、古代人の素朴、純粋、無垢を言挙げするのはそういう意味合いにおいてである。彼らがそうする根拠は何だろうか。賀茂真淵に典型的に示されているように、古代は鳥獣も草木も人間も同じであった、その後人間だけが智をもって変わってしまった、だから古代の人間のあり方は現在の草木鳥獣に等しいはずである、という論理である。すべての万物と同様、人間は天地の心のままに存在していたという認識である。では、そういう理論や認識をもたらすものは何だろうか。それは、古代の言葉をそのものとしてそのままに信じる態度である。

本居宣長は『玉勝間』巻五「熊沢氏が神典を論へる事」で次のように述べる（『本居宣長全集』第一巻。漢字の旧字体は通行字体に改めた）。

熊沢氏が三輪物語といふ物にいひけるは、神書は、むかしの伝へをそのまゝかゝで、はる〲後の世に、寓言して書たり、その筆者に、道徳の学なかりし故に、寓言のしやうまであしゝ、せめて寓言すとも、荘周などのやうに、理を明らかにしたらば、よかるべし、神聖の御事を、凡人のうへにてかりとき、寓言したれば、大かたにては通じがたし、といへり、宣長今これをあげつらはむ、まづ神の御典《ミフミ》を、いはゆる寓言也と見たるは、めづらしくもあらぬ、例のじゆしや意《ゴコロ》也、すべて儒者は、世《ノ》中にあやしき事はなきことわりぞと、かたおちに思ひとれるから、神代の事どもを、みな寓言ぞと心得たり、儒者のみにもあらず、から心ののぞこらぬ（除かれていない）、近き世の神学者といふものはた、みな同じことぞ、そも〱あやしき事をば、まことそらごとをとはず、すべて信ぜぬは、一わたりはかしこきやうなれど、中々のさかしらにて、人の智《サトリ》はかぎり有て、及ばぬところ多きことを、えさとらで、よろづの理《リ》を、おのがさとりもて、こと〲く知《シリ》つくすべき物と思へる、からごゝろのひがこと也、すべて世《ノ》中のことわりは、かぎりなきものにて、さらに人のみじかき智《サトリ》もて、しりつくすべきわざにあらざれば、神代の事あやしとて、凡人《タダビト》のいかでかはたはやすく（たやすく）はかりいはん、

儒学者は不思議なことがあると、それを正面から理解しようとせず、寓言で片づけようとする。神代の不思議なことは人の限界のある智恵ではかりがたいことがわかっていない。宣長の儒学批判は、仏教の儒学批判と、そのかぎりで構造に変わりはない。

この「寓言」が平田篤胤では「託言《コトツケゴト》」となる。篤胤の『鬼神新論』（文化三年鈴木朗序）の論述を見てみよう。篤胤がくり返し批判しているのは「託言」という理解の仕方についてである。篤胤は言う。中国でも上帝、后帝、皇天、天と言って、日本の天津神のように天上にいて世の中のことを主宰するものの存在を推察しているのに、後世の儒者は「託言《コトツケゴト》に解釈《トキ》なしたり」。つまり、上帝や天を「情《コヽロ》も形《カタチ》も有る物の如く」、実体のあるものとして述べているのに、「自然の理を、仮にかく云へるものなり」と曲解する。上帝や天の主宰を託言と解釈すれば、殷の湯王や周の武王や新の王莽のように、自分の王位簒奪の行為を上帝や天の意志にすりかえることができ、それを口実にするようになる。(2) そして時代が下るにしたがって託言で理解する度合が強まる。それにしたがって「古へより云ひ伝へたりし趣《オモ》意《ムキ》」が失われる。日本でも昔から漢学者や古代の研究者は「正実の古伝説をさへに、寓言の如く解き曲ぬ」。近世になって古学を唱えた儒者らは、先儒の誤った説を見開いたが、鬼神のことに関しては依然として託言の界を出ることができない。徂徠でさえも「鬼神と云ふ物を仮て、教への則《ノリ》と為たる

物」と理解している。篤胤はこう述べ、さらに、徂徠の「私擬対策鬼神一道」に「聖人の鬼を制し、もってその民を統一す」とあるのを批判して、鬼神を敬うことは「天津神の命《オホ》せ給へる、いはゆる性」であって、自然な心情なのだと言い、伊藤東涯が鬼神の有無を決定せずに論じていることを「遁辞」であり、「人を欺く奸《カダマシ》き所為《シワザ》」であると言う。篤胤から見れば、徂徠も東涯も「託言」の解釈から一歩も出ていないのである。

篤胤において、「託言」に対する言葉は「実物」である。中国の上帝、后帝、皇天、天というのも「実物を指して云るにて託言《カコツケゴト》に非ず」。孔子の言行も、「天上《アメ》に実物の神在りて、世《ノ》中の万事を主宰《ツカサド》り給ふ事を、熟《ヨ》く悟りて、畏るべく欺くまじく、天津神の心に背《タガ》ひては、他に祈る神はなしと畏」れた事跡を伝えている。古代の言葉を「託言」としてではなく「実物」と理解することが古意にかなうのであり、古代の人々はそのように言葉を生き、現実を生きていたのである。

近世国学者は、無垢の古代を憧憬した。そのために古伝説を託言や寓言や寓意ではなく、真言、実物、実有、古意として理解した。そしてそのことが、国学者自身を子供じみた無垢の存在にして見せた。国学者の自然は疑似自然と言っていい。

人間の自然状態からの脱出に功があったのは聖人、先王であると考えた徂徠に対して、篤胤は、それは神のはたらきであると述べた。徂徠にとっては、先王の制作した制度が人間の社会を創り、そして社会に遍在しているように、篤胤の神は人間のすべての活動にはりついている。それは善神悪神として、人間の現在の活動を支配している。ここに、徂徠と篤胤の思考の類似性がある。聖人に依拠し神に支配されていると考えることで、現実の人間の内面に関しては寛大な点も似ている。実際、篤胤は徂徠への親近感を隠そうとはしていない。さきほど記した篤胤の徂徠批判は、親近感ゆえの不満なのである。そして、両者の思考の最大の共通点は、古伝説や古文献の記述を託言、寓言、寓有ではなく、実物、実有、事実で理解した点である。あるいは、実物、実有、事実で理解できる古伝説や古文献にのみ有効性を見た点である。そこから「神」と「聖人」が誕生し、教化において、単なる教訓の言辞や論は無効だという認識が生じ、事実あるいは叙事の有効性に傾いていく点も、徂徠と篤胤に共通する。先王の道、神のはたらきという絶対性を思考の中枢においたことで、二人は彼らなりの自由を得たのである。上田秋成も古代への興味を強く持っていたが、古代の純朴の像には批判的だった。「升‐運治‐化ニ遇テ。太‐古‐之淳‐朴慕フヘキニ非ス。慕フトモ将不レ可レ得‐者也。古《トシテ》レ古《ヲ》而今《トスル》レ今《ヲ》之安《スル》レ安《キニヲコソ》。庶‐民ノ分‐度ナルヘケレ。」（「安々言《やすみごと》」『上田秋成全集』第一巻）。

かくて、表面に現れてきた心性の問題は、以後、復性復初を軸に論じられることになった。復性復初は結果的に反啓蒙の思想と言わざるを得ない。明確にそれと意識されているわけではないが、復性復初をめぐる議論は、啓蒙と反啓蒙のせめぎあいと言ってもよかった。

三　仁斎の転回

伊藤仁斎は、みずからの倫理の学をたてるにあたって、前節で述べた宋儒の人性の認識を激しく批判した。復性、復初という発想は、人間の理想の状態を枯木骨灰のようなものとして考えることであり、人間の心の理想を明鏡止水のごとき静的な状態に求めることであり、これは仏教や老荘の言うことと変わらず、そこには何の拡充も想定されていない。これが仁斎の批判の要点である。しかし、仁斎が批判した程朱の学自体、仁斎と同様のことを述べている。程子は、「蓋し人は活物也。又安《いづく》んぞ槁木死灰為《た》ることを得ん。既に活するときは、動作有るべし、思慮有るべし。必ず槁木死灰と為《なら》んと欲せば除《たゞ》是死也」と言っているのである（『二程全書』巻二「槁木死灰」）。

だから、仁斎の仁斎学たるゆえん、仁斎が本当に宋学と袂を分つ端緒となった理由は別のところに求めなければならない。それは、『孟子』公孫丑上の「四端の心」の説に関する解釈にある。四端の心とは、惻隠、羞悪、辞譲、是非の心である。『孟子』は言う。この四端の心がない人は、人ではない。「惻隠の心は仁の端であり、羞悪の心は義の端であり、辞譲の心は礼の端であり、是非の心は智の端である。人にこの四端があるのは人に四体があるのと同じである」。『孟子』はこの四端の心を拡充することが大切だと言った。

仁斎は『孟子古義』巻二で、『孟子』の「惻隠の心は仁の端であり」以下の「端」について、「端。本也」と明確に言いきり、惻隠、羞悪、辞譲、是非の心は、それぞれ、仁、義、礼、智の本であり、この心をよく拡充すれば、仁義礼智の徳を成すと言う。したがって、「先儒、仁義礼智をもって性となす。故に端を解して緒と為し、もって仁義礼智の端緒の外に見《あら》わるとなすは、誤りなり」と明言する。先儒は、仁義礼智を性（本）とし、その性が外に現れたのが惻隠、羞悪、辞譲、是非の心だとするが、それは逆だ。この四端の心は、四体をその身に具えていることと同様、自己に固有のものである。先儒は、「四端の心が我に在る」という『孟子』の言葉（「告子篇上」）を、随処に四端の心を発見してその「本然の量を充満する」（仁義礼智の性を満たしていく）と解しているが、それは違う。四端の心の発現は、目があれば見、耳があれば聴くように、ごく自然なことである。どうして発見を待って拡充するということがあろうか。

宋学による人性理解は、人間の生に関する仁斎の実感とはあまりにも遠く距たっていた。仁斎は、人間の生を活物と見ていた。その人間の活動が何かの（仁義礼智という性の）証明として位置づけられることを肯定することができなかった。人間の生はそれ自体として価値を持つはずだ。仁斎は、『孟子古義』のこの章の最後に付された総論の中で、「拡充とは学問の事なり」と言う。

仁斎の「拡充」は、四端の心を「性」とし、仁義礼智を「徳」と見るところに生じた。仮に、仁義礼智を「性」とし、四端の心を「徳」として考えてみよう。「仁義礼智」を拡充しても「四端の心」には到らない。事態はその逆だからだ。

しかしそれは言葉の問題にすぎないと徂徠は一蹴する（『蘐園随筆』巻三）。

仁斎、性と徳とを争ふは、ただ言語に在り。けだし仁斎が徳と謂ふ所の者は、即ち程朱の性と謂ふ所なり。程朱の性と謂ふ所の者をば、仁斎これを徳と謂ふのみ。

たしかに、『孟子』には四端の心を性や徳と結びつける言葉はないから、徂徠の批判は、そのかぎりで成立し得る。徂徠はまた『弁道』一ではさらに次のように言う。

惻隠《そくいん》・羞悪《しうを》は、みな仁義の、性に本づくことを明らかにするのみ。その実は、惻隠は以て仁を尽くすに足らず、しかうして羞悪はいまだ必ずしも義ならざる者あるなり。言を立つることを一たび偏すれば、毫釐《がうり》も千里なり。後世の心学は、ここに胚胎《はいたい》す。

徂徠は、四端の心は仁義礼智を覆い尽くすことはできないと言って、『孟子』を批判し、仁斎を批判する。徂徠にはもともと、仁斎の考えはただ、四端の心が仁義礼智の内にあるか外にあるかの違いにすぎないとする批判があった。「後世の心学」とは別の統治の学の構想があった。以上の徂徠の議論の枠組みは、統治の学による倫理学の批判と考えるべきであろう。徂徠の考えには倫理的な拡充という契機が欠けていたのである。(3) 仁斎はむしろ拡充の場を求めて四端に行き着いたと言ってよい。

四端の心を「性」とすることで、「性」の意味もまた変容する。「性」は終着点ではなく、拡充の出発点となった。このことは、「徳」の性質も変えることになった。もちろん仁斎も徳川時代の思想家であり、論孟に依拠しているから、仁義礼智を最大普遍の徳とするのだが、しかし、四端の心を「性」として、そこから拡充を考えた時、徳は可能性として、必ずしも仁義礼智のみに行きつくとは限らない。まったく未知の「徳」が見えてくるかもしれないのだ（江戸時代に生きた仁斎はそうはしなかったが）。つまり、仁斎の考えは、そうとは知らずに、時代を超える視点を獲得していたのである。こうして、「端は本なり」という仁斎の宣言は、宋学からの大きな転回点をなした。

惻隠、羞悪、辞譲、是非という四端の心と、仁義礼智というもののどちらが、人間的活動として先行するか。宋学を前にして仁斎が直面したのはそういう問題である。惻隠の心と仁はどちらが先行するか。つまりどちらが日用的か。羞悪の心と義はどちらが私たちに理解しやすいか。そう考えてみれば、仁斎の転回がいかに画期的なものであったかがわかる。辞譲の心が礼を形成するのであって、逆ではない。是非を判断する日常の経験が智を形成するのであって、智という本体から是非の心が流れ出てくるわけではない。『語孟字義』の「心」「性」の項目にはさらに端的な表現が見られる。

仁斎の拡充という概念はあざやかに一つの局面を切り開いた。仁義礼智の性より四端の心が初めだと仁斎が言う時、四端の心はどこから生じてくるのか、あるいは四端の心の正体は何なのか、という点は問われない。問われないところに仁斎の考えの独自性がある。つまり、惻隠、羞悪、辞譲、是非という四端の心は人性に根ざした日常現実そのものであるからだ。自然そのものであるからだ。無垢へ退避していく心から拡充への視点の転換を果たした仁斎は、自信をもって次のように言うことができた。

孔門学問の第一字は是仁。其要、惻隠の心を拡充するに在るのみ。学者能く其意を理会すれば、則ち仁を為すの功夫（工夫）、始て湊合（総合）の処有て、自ら当に、夫子、諸子仁を問ふに答ふる所以の意を言意の表に得べし。（『古学先生文集』巻五「筆記類」）

ここにはっきりと、日常倫理の学が誕生した。この仁斎の転回を過激に言いかえると次のようになろう。人を殺すが仁の時もあり。人に撃たれて黙して居るが。義の時もある也。人を殺さぬを仁と名づくる。辱を受けぬを義と名づくると覚ゆるは。大に浅きこと也。凡そ心を死物にして。物にこびつきて居るやうにては。活動せぬ也。先心のこびつかぬやうに養ひて。其後に運用の法を説きたるもの也。心の守りどころは根源の理也。左なければならぬ筋也。其下の小わりは。仁義を始め。

皆所々によりて変易するものなれば。きまりたるものにあらず。此方の心根源をシッカリと踏んで居れば。うそをつくが正直ぢやの。婢の手をにぎらぬは豺狼ぢやのと。よく〳〵見ゆる也。根源の踏み所動けば。惑ふ也。うそをつきては悪しからう。婢の手をにぎりては悪しからうと。うろたへまはるは心の迷ひ也。（海保青陵『老子国字解』巻一、「道可道非常道、名可名非常名」の注解）

心が自由自在にはたらくところを「根源の理」とし、その下位分類に「仁義を始め。皆所々によりて変易するもの」があるというのである。前述のように、海保青陵には、「公論に非ざるの公論」ということがよくわかっていた。

ここで少し迂回して、アリストテレス『ニコマコス倫理学』第一巻四章から「端緒」の論を見てみよう。仁斎も同様に言いたかったことであろうと私は想像する（加藤信朗訳。『アリストテレス全集』第十三巻）。

「端初からの論」と「端初への論」が違うことをわれわれは忘れてはならない。プラトンはいつもこれを問題にし、論究の道が端初から進むところであるか、端初に向うところであるかを尋ねるのを常としていたが、それは、おもうに、当をえたことであった。（略）なぜなら、われわれは知られうるものから論述を始めなければならないが、「知られうるもの」という言葉には二つの意味があり、或る意味では、それは「われわれにとって知られうるもの」であるが、他の意味では、「（われわれにとってという）限定ぬきの意味において知られうるもの」であるからである。そこで、われわれとしては、おそらく、「われわれにとって知られうるもの」から論述を始めるのがよいであろう。美しい行為や正しい行為や、およそ一般に政治術のかかわる事柄について聴講するのに充分な力をもつためには、美しい習慣によって躾けられていなければならないという理由はそこにある。事実が端初であり、事実が充分に判明でありさえすれば、それを説明するための根拠をあわせ知る必要はすこしもないし、このような点でよく躾けられているものは〈美しい行為や正しい行為の〉端初をすでに自分自身のうちに所有しているか、あるいは、まだ所有していないとしても、これを容易に獲得しうるだろうからである。

アリストテレスの言う「事実」である「端緒」は、十分に仁斎の言う「四端の心」に対比し得る。(4)仁斎はこの説をよほど強調したかったのであろう、『童子問』でも何度も何度もくり返している。

なお、安井真祐の『帰正漫録』（元禄二年自序。所見本文化十三年補刻）「異端類」の「好レ学而後釈者不レ能レ惑《スコト》」という文章に、仁斎の説の理解に参考となる記述がある。「異端類」は、僧から儒者になった安井の仏教批判である。

惻隠の心は人皆これ有り、聖人は惻隠の心に因て、充してこれを大にして、倫類の極に造《いた》る。而して其の道を仁と曰ふ。

以下、羞悪の心と義、辞譲の心と礼、是非の心と智の関係も同様に説かれ、さらに次のように念を押してこの四端の心を強調する。

是皆これを身に本づけ、これを性に出だす。而して皆人の能ふべき所の者は聖人は惟能くこれを充たして以てこれを害すること有らず。爾る故に、能く其の惻隠の心を充たして害すること無ければ、往くとして仁たらざる無し。

以下、羞悪、辞譲、是非も同様に説かれている。四端の心を尽くすことが倫類の極に到ることがくり返されているのである。仁から惻隠の心が出るのではなく、惻隠の心を拡充することが倫類の極に到るというのである。

この「好学而後釈者不能惑」という文章は、安井は明示していないが、宋の時代の学者羅泌《らひつ》の『路史』の「余論四」に収録されている。『路史』の四端の論は仏者に向けてのものである。もう一つ、四端の拡充にふれている例をあげておこう。

陸子曰く、近来学を論ずる者言ふ、拡めて之を充すは、須く四端上に於て遂一に充すべし。焉《なん》ぞ此理有らん。（伊藤長胤『古今学変』巻下「論陸子之学」。陸象山のこの説は『陸象山全集』巻三十四に見える。）

陸象山は批判しているのだが、「拡めて之を充すは、須く四端上に於て遂一に充すべし」と言った「近来学を論ずる者」がいたということである。

四　未成熟な幼児――歴史へ――

仁斎の転回をになった拡充の概念は、復性復初から当然導かれる純粋な幼児という概念にも変更をもたらした。純粋な生得の「性」が気質や環境によって汚染されているという宋学的な人間の像が、次のように変わったのである。仁斎学を家の学として受けついだ伊藤長胤の『復性弁』（享保十五年刊）から引いておこう。

時代が下って聖人の道の理解も学者によって様々となり、お互いに攻撃したり弁難したりしてやむことがない、これはなぜか。長胤はまずこう問い、それは、いたずらに言葉の意味穿鑿に固執するだけで、「事実」とつきあわせて検証しないからである（徒託二之義理一而不レ験二之于事実一故也）。そして、その「事実」として拡充を言い、反「事実」として復初を言う。

もし天下の人をして、その初めみな聖人の徳を全くし、のちになってこれを失うのだとしようか。それなら、性の初めに復するといってもよいだろう。しかし、人が母の胎内を出て、この世に生まれ落ちる時を考えてみよう。呱《こ》々として啼き、蠢《しゅん》々としてうごめき、是非を知らず、好悪の区別もつかず、父母兄長を識らないではないか。それが、性の初めに復するという時の初めである。そこには悪の除くべきものもなく、善の長ずべきものもない。ただ、その蠢々たる状態の中に、善たるべきの本を具しているから、長ずるにしたがって、父母に親しみ、兄長を敬うようになる。ここに、物のよく及ばない人性の善たる所があり、人が聖賢になるべき本がここに胚胎しているのである。

長胤は、頑是ない幼児に、人々が希求する復性の「性」、復初の「初」などないという「事実」によって、復初の考えの無根拠性をつき、その一方で、幼児は長ずるにしたがって、父母、兄長の区別がつき、善悪好悪の判断ができるようになるという「事実」によって、人性の善をとり出し、拡充の概念に重要な意味を与えている。

「事実」としての幼児に、天理を体現した純粋な「性」を求めることは不可能である。こうして、無垢が無知を意味するなら、その無垢は復初の「初」たりえない。伊藤長胤によれば、幼児の無垢は無知以外のものではない。

これ以前、林羅山も、次のように無知な嬰児を前提している。

> 夫れ嬰童、心は知無くして、驚き易し。敵をして此の如くならしめば、則ち敗亡せずと云ふことなし。能く我が心気を治め、敵の心気を奪ふ。之を実を以て虚を撃つと謂ふ。（『林羅山文集』巻二十八「敵を嬰児の如くならしめる説」）

羅山はこのあと、「敵を嬰児の如くならしめ」た例を列挙している。これは必ずしも比喩のみではない。嬰児の実態、あるいは嬰児についての認識を含んでもいるのである。

太宰春台の論法も同様なものである。聖人の道は、人の性中に持っている才能を、教えによって養い育てて、その器量を成就して国家の用に立てるものである。たとえば樹木は、菓実の核の所に仁というものがあり、これは大木になる種である。この仁から双葉が生じ、雨露風日の養いを得て大木になる。すでに大木になったものを、昔の双葉に返すことは、いかなる造物者でもできることではない。人の性はこの菓実の核の中の仁のようなもので、「赤子ヨリ二三歳マデノ嬰孩ノ時ハ、智慮モ才能モ無」い。「才徳成就シテ、賢人君子トナリタル者ヲ、昔ノ嬰孩赤子ノ心ニナシカヘスコトハ、決シテ無キ事ナリ」。「是ヲ以テ復性復初ノ邪説ナルコトヲ知ルベシ」（『聖学問答』下巻）。

春台は、宋儒の復性復初は、仏教で「本分ノ田地」「本来ノ面目」「本有仏性」と言うのを羨んで立てた説で、聖人の道にとっては邪説以外ではないと断じている。

春台の師徂徠は徂徠らしく、視点を変え、復性復初の論議などを超越した意見を残している。

大氏《たいてい》、性と習ひとは得て別つべからざる者なり。故に古者《いにしへ》性を語るに、多く嬰孩《えいがい》の初を以てこれを言ひしのみ。あに嬰孩を以て貴しとなさんや。また孟子の「大人なる者はその赤子の心を失はざる者なり」と曰ふがごときも、また宋儒の復初の説の本づく所なり。(『弁名』下「性情才」)

「嬰孩《えいがい》の初」は、喜怒哀楽も「その動きの偏勝して節に中《あた》ら」ず、「中和の気を傷《そこな》」うこともない。だからと言って、「必ず嬰孩の初に復《かへ》らんことを求むと謂ふには非ざるなり」(同上)また、習いと性は分かちがたいので、昔から、性を区別するために「多く嬰孩《えいがい》の初を以てこれを言ひしのみ」。

さきにも述べたように、幼児の無垢に何かある実態を想定しようとするなら、それは比喩としてしか成り立たない。さかのぼって、ここでもアリストテレスの意見を聞いておこう。

この理由によって、子供も幸福なものではない。なぜなら、子供はその年齢のゆえまだそのような美しい行為をなしうるものではないからである。子供が幸福なものと呼ばれるのは将来への期待のゆえに祝福されているのである。というのは、すでに述べたとおり、幸福であるためには完成された器量と完成された人生を要するからである。(『ニコマコス倫理学』第一巻第九章)。

幼児や子供を未成熟な人間とみることは、むしろ通常のことであった。カントの啓蒙に関する定義はこのことをつきつめる。「啓蒙とは人間が自ら招いた未成年状態から抜け出ることである。未成年状態とは、他人の指導なしには自分の悟性を用いる能力がないことである。」というわけだ（「「啓蒙とは何か？・」という問いへの答え」。福田喜一郎訳、『カント全集』14、岩波書店）。

カントは、人を成年状態におきたがる勢力があることも同時に指摘する。逆にいえば、「自ら招いた」とは、そのような人々の圧力をはねかえす決意と勇気の欠如である。

未成年状態でいるのはそれほど気楽なことだ。私の代わりに悟性をそなえた書物があり、私の代わりに良心をもった司牧者、私の代わりに食事療法を判断してくれる医師などがいれば、私は実に自分で努力する必要はなくなる。彼らに謝礼金を払うことさえできれば、自分で考える必要はなくなり、他人が必ず自分に代わって面倒な仕事を引き受けてくれるだろう。（同前）

この傾向は、もちろん未成年状態にある人間の怠惰と怯懦が原因なのだが、それ以上に、彼らが未成年状態から脱出することを好まない後見人たち、また規約や法式、そして先入見（因襲）等によってもたらされる。啓蒙の進歩は、ただ自己の理性の公的な使用を自由に行いさえすればよい。

ここでカントが、理性の公的な使用と言っているのは、「ある人が読者世界の全公衆を前にして学者として理性を使用すること」である。一方、私的な使用とは、「ある委託された市民としての地位もしくは官職において、自分に許される理性使用のことである。」（同前）。私的な理性使用は、せまく制限されても啓蒙の進歩を特に妨げることにはならない。このことは、フリードリヒ二世の治下における統一体としての公共性を強く意識したものである。伊藤仁斎の『童子問』下巻第四十八章を引いておこう。学問の家法を問われた仁斎は、家法はないと言いつつ、かつてのみずからの『日札《にっさつ》』を引く。その一節に「儒者《じゆしや》の学は、最《もつと》も闇昧《あんまい》を忌《い》む。其の道を論《ろん》じ経《けい》を解《かい》する、須《すべから》く是《こ》れ明白端的《めいはくたんてき》、白日《はくじつ》に十字街頭《じゆうじがいとう》に在《あ》つて事《こと》を作《な》すが若《ごと》くにして、一毫《いちごう》も人を瞞《あざむ》き得ずして方《まさ》に可《か》なるべし。切《せつ》に附《ふ》会《かい》すべからず、牽合《けんごう》すべからず、假借《かしやく》すべからず、遷就《せんじゆう》（妥協）すべからず」とある。カントの「理性の公的な使用」に共通する意識である。

「私の代りに悟性をもっている書物」「私の代りに良心をもっている牧師」「私の代りに養生の仕方を判断してくれる医者」は、言いかえれば、私の代りに煩わしい仕事を引き受けてくれることによって、私を「現在」から隔離する。彼らは、規約や法式や先入見といったものが何の役にも立たない「現在」に直面することを免除してくれる。「現在」に生きることは、「他人の指導なしにみずからの悟性を使用する」ことにほかならない。カントは明言しているわけではないが、みずから自由にみずからの理性を使用するという啓蒙の精神とは、「現在」に直面して生きることを意味する。そのような精神は「現在」からのみ要請されている。「現在」からのこの要請は、幼児や子供や未成人に何の幻影も抱かない。何らかの幻影を抱いたとたんに、「現在」は、過去か未来か、あるいは無時間の中に溶解し、変質する。伊藤仁斎や長胤が危惧していたのは、そのような変質である。

本当の無垢の状態とは、むしろ、「物を怪しみいぶかる心」「疑う決意」においてこそ現れ出るものにほかならない。塗り固められた先入見をみずから破り得るところに無垢の力をみなければならない。生まれたままの無垢は何の力にもならない。このことは、李卓吾の「童心説」も言おうとしたことであろう。

F・ベーコン（一五六一―一六二六）は『ノヴム・オルガヌム』（一六二〇）第一巻で、私たちの認識に障害をなすものとして、種族（人類共通）のイドラ、洞窟（各人個有）のイドラ、市場（言葉）のイドラ、劇場（学説体系）のイドラの四つのイドラを提示したあと、次のように述べる。「イドラ」は幻影の意。

それらはすべて、堅くかつ厳しい決意をもって、拒まれ退けられねばならず、知性はそれらから完全に解放され浄められねばならない。したがって諸学に基礎をおく人間の王国への道は、他でもない「幼児のごとくならずばこれに入ること能わず」の、天国への道なのである。（六八節、桂寿一訳、岩波文庫）

桂寿一の注によれば、「幼児のごとくならずば……」という表現は、聖書の「マタイ」の一八―三、「マルコ」の一〇―一五、「ルカ」の一八―一七にある。四つのイドラを峻拒した「諸学に基礎をおく人間の王国」は、「幼児のごとくならずば」実現しない。

ベーコンは、「幼児のごとく」を「浄化」とも言っている（第一巻六一節、六九節）。六九節では、イドラを存続せしめているのは「誤った論証」であるといい、「感覚」「概念」「帰納法」「発見と検証の方法」の四段階にそれぞれ「欺瞞的でもあり無能でもある」論証が用いられていると言う。ベーコンは、この「誤った論証」について述べるのは、「精神のこうした贖罪と浄化をなし了えてから」であると書いている。「精神のこうした贖罪と浄化」とは、知性がイドラから解放されることである。

贖罪、浄化の意を含むベーコンの「幼児のごとく」は、しかし目標ではない。「諸学に基礎をおく人間の王国」を築くための前提である。人間の思惟と言葉の中にとりこまれ、それに隷属してしまった世界を解放するために、まず人間が浄化されなければならないのである。ベーコンの自然哲学の提唱はそこから出てくる。

ベーコンは当時の通常とは逆の方向を示している。通常は発見や成果によってこれまでの考えを革新する。しかし、ベーコンは現状の誤謬を問い、人間の精神をいったん「幼児のごとく」無垢で先入見から脱れ出たものにすることを主張する。そして、従来の発見や成果が偶然的であったものを、組織的予測可能なものに代える（第一巻一〇八節、一〇九節）。形而上学を廃し、近代科学の哲学的基礎を確立することが、ことさらにイドラから解放され、「幼児のごとく」なることの要請から始まっている。のちにカントが『純粋理性批判』第二版序文で、このベーコンの提案に肯定的に言及していることはよく知られていよう

日本の自然哲学者三浦梅園は、F・ベーコンの四つのイドラの代わりに、仏教でいう「習気《じっけ》」をもち出している（梅本克己「形而上学の批判と認識論」に指摘がある。『岩波講座哲学』十八巻）。天地は人が家としているものなのに、天地の条理について研究する人がいないのはなぜなのか。

> 生れて智なき始より、只《ただ》見なれ聞《きき》馴れ触《ふれ》なれ、何となしに癖つきて、是《これ》が己《おの》が泥《なず》みとなり、物を怪しみいぶかる心萌《きざ》さず候。泥みとは所執《しょしゅう》にして、仏氏《ぶっし》にいはゆる習気《じっけ》にて候。習気とれ不申《もうさず》候ては、何分心のはたらき出来《いでき》らず候。（「多賀墨卿にこたふる書」、『三浦梅園自然哲学論集』所収、岩波文庫）

「習気」「泥み」は先入見の原因である。「生れて智なき始より」、「習気」「泥み」が始まる。「習気」

がとれなければ、「心のはたらき」が出来ず、天地を客観的に観ることはできないが、「習気」をとるためには「天地」に直面して観察し、私たちが人間としての「習気」に覆われていることを一つ一つ経験していかなければならない。人間は「生れて智なき始」にかえるわけにはいかないのである。三浦梅園の思考の根本は仁斎学からもたらされたものである。ただ梅園は、この習気がとれた状態を「赤子」と表現してもいる（『玄語』「例旨」。『三浦梅園資料集』上、ぺりかん社）。

デカルトは、『哲学原理』第一部「人間認識の諸原理について」の冒頭で次のように言う。

我々は幼年のとき、自分の理性を全面的に使用することなく、むしろまず感覚的な事物について、さまざまな判断をしていたので、多くの先入見によって真の認識から妨げられている。これらの先入見から開放されるためには、そのうちにほんの僅かでも不確かさの疑いがあるような、すべてのことについて、生涯に一度は疑う決意をする以外ないように思われる。（桂寿一訳、岩波文庫）

デカルトは、人間は放っておけば感覚に欺かれた先入見にとりつかれて一生を終る、と言っている。そういう状態から脱れるためには、ほんのちょっとしたことでも不確かさが感じられたら、それを疑うこと以外にない。

三浦梅園が「見なれ聞《きき》馴れ触《ふれ》なれ、何となしに癖つきて」「習気」「泥み」となった所に先入見の原因をみたように、デカルトも、理性を全面的に使用せず、感覚的な事物について判断をしている点に先入見の原因をみている。そして梅園もデカルトも、先入見から脱するには、「物を怪しみいぶかる心」「疑う決意」以外にないと言う。しかし、「物を怪しみいぶかる心」「疑う決意」は、そうなって初めて自覚的になり得るあり方であって、そこへいたるための常に有効な処方箋があるわけではない。
本節の最後に、ニーチェの『ツァラトゥストラはこう語った』における幼児の意味づけも見ておくことにしよう。第一部の冒頭「三段の変化」の記述である（薗田宗人訳。『ニーチェ全集』二期第一巻、白水社）。

君たちに、精神が遂げる三段の変化を述べよう。すなわち、いかに精神が駱駝となり、駱駝が獅子となり、最後に獅子が幼児となるか、を。

駱駝は最も重いものを背負う「忍耐強い精神」である。最も重いものとは、わが身を貶めること、おのれの愚かさを目立たせること、大事の勝利の直前に身を引くこと、われわれを軽蔑する者たちを愛すること、などではないか。「だが、この上もなく孤独な砂漠で第二の変化が起こる。精神はここで獅子になる。彼は自由をかち取って、彼を取り巻く砂漠の支配者になろうとする」、そして、「汝なすべし」という名の龍と戦う。獅子の精神は「われ欲す」だからである。獅子の任務は「新しい創造のための自由の創造」である。新しい創造は幼児がになう。なぜか。

幼児は無垢、そして忘却、ひとつの新しい始まり、遊戯、おのずから回る車輪、初元の運動、そして聖なる肯定だ。

「初元の運動」は、薗田宗人の注によれば、「他者の強制によるのでなく、全く自発的な意志に基づく運動」。ここにニーチェの価値創造の道筋が示され、幼児の性格がその極点に位置付けられている。
ニーチェは、比喩的にではあるが、幼児以前に目を向けた。幼児に達するまでの歴史を想定した。

そして幼児に「力」を与えた。こうして、「力」と「無垢」を具えた存在が誕生した。ニーチェの哲学そのものである。そしてこの対極に社会通念がある。ニーチェは啓蒙とは異なる道筋で啓蒙のめざす目的地に飛躍しようとしていたのだとも言えるのである。

五　自然から社会へ

個がいわば外から侵害されるとすると、もっとも直接的で大がかりな機構は「社会」であろう。そしてこの社会は自然状態から説かれることが多かった。

人間の自然状態について、もっとも情熱的に語ったのは、言うまでもなくルソーである。『人間不平等起源論』には、いたる所に太古の人間に関するルソーの想像と描写がある。ルソーの言う人間の自然状態は、人間が孤立を常態としながらも十分に生きている像を核にしている。人間の苦痛や不平等は社会が成立してから生じたものであると考えるルソーにとって、社会性の欠如と自然状態はぴったりと重なり合う表と裏の関係にある。

森のなかに動物にまじって散在している人類がどんな進歩をすることができようか。定まった住居もなく、たがいに相手を必要ともせず、恐らくは一生に二度会うか会わないくらいで、知りあうこともなく、話しあうこともない人々が、どの程度まで自己を発展させまた相互に啓発しあうことができるだろうか。（第一部、本田喜代治、平岡昇訳、岩波文庫）

自然状態はせまく限定された自己保存のみの活動となり、「進歩」「発展」「啓発」は、その結果が人間に不平等をもたらすものとして位置づけられている。ルソーは、同時代の多くの思想家と違って、人間の生存と社会性を一体のものとして見ない。自然状態を基礎にした社会性への移行を想定していない。人間にとって社会性は多く偶然による産物なのである。

ルソーの自然状態の描写は、徂徠の自然状態の描写と似ている。ここでは徂徠の「私擬対策鬼神一道」（『徂徠集』巻十七所収）の一節を引いておこう。

まさに聖人のいまだ興起せざるや、その民は散じて統無く、母あるを知りて父あるを知らず、子孫の四方に適《ゆ》くも問わず。その土に居て、その物を享《う》け、しかもその基づく所を識るなし。死んで葬なく、亡んで祭なく、鳥獣と群れて殂落《そらく》し、草木と倶にして消歇《しょうけつ》す。

徂徠学は聖人先王の教え以前を自然状態と見ている。人間は散処していて、誰が統一しているわけでもない。母から生まれたことは知っていても、父が誰かは知らない。子供がどこかへ行っても問うこともしない。その土地に居て、その土地の産物を自分のものにするが、栽培する方法など考えもしない。死亡にも葬祭なく、鳥獣の中で死に、草木とともに消える。

徂徠学とルソーの共通点をもう一つあげておこう。これも自然状態の認識の共通性からくるものだ。太宰春台は、『孟子』のいう四端の心のうち、惻隠の心だけは無条件に認めている。「孺子《じゅし》ノ井ニ入ントスルヲ見テ、怵惕惻隠ノ心起ルハ、仁ノ端ナルコト疑ナシ。四端ノ説ノ中ニテ、只此一ツ理ニ当レリ」（太宰春台『聖学問答』巻上）。ルソーもまた、自然的感情として、自己愛とともにあわれみをあげる。

だから、あわれみが一つの自然的感情であることは確実であり、それは各個人における自己愛《アムール・ド・ソワ・メーム》の活動を調節し、種全体の相互保存に協力する。他人が苦しんでいるのを見てわれわれが、なんの反省もなく助けにいくのは、この憐れみのためである。（『人間不平等起源論』74頁）

ルソーによれば、この憐れみの心は、自然状態において、法律、習俗、美徳の代わりをするものであり、「他人の不幸をできるだけ少なくして汝の幸福をきずけ」という自然の善性についての格率をすべての人にいだかせるものである。つまり、憐れみの心はもっとも基層の自然的感情として存在する。憐憫は『エミール』でも何度か出てくる。第四編から引けば（樋口謹一訳。『ルソー全集第六巻』、白水社）、自然の傾向に従う三つの格率のうち、三つ目は次のようなものである。「他人の不幸に対していだく憐れみの情は、この不幸の量に比例するのではなく、苦しんでいる人が感じているとこちらが思う感情に比例する」（三〇五頁）。あるいはまた、「憐みの情が堕落して弱さにならないようにするためには、だから、これを一般化し、全人類のうえに広げなければならない」（三四九頁）。

ルソーと徂徠学のもう一つの類似についても述べておこう。ルソーは、『人間不平等起源論』で、原初自然の人間が諸々の条件に遭遇することで変質していき、ついに人為的な社会を作りあげるまでの過程を描き出した。その際、人は諸々の変質に慣れていき、それ以前の状態を忘却することで新しい人性となっていくという認識を基本的なものとしている。このルソーの人間観は、『中庸』第二十章に見える「或いは生《うま》れながらにして之《これ》を知《し》り、或いは学《まな》んで之を知り、或いは困《くる》しんで之を知る。其の之を知るに及んでは一《いつ》なり。或いは安《やす》んじて之を行《おこな》い、或いは利《り》して之を行い、或いは勉強《べんきよう》して之を行う。其の功《こう》を成《な》すに及んでは一なり」という人間観や、さきに述べたように、太宰春台『聖学問答』の言う、勉強（つとめる）は自然ではないが、習熟すれば自然になるという人間観、さらに「孔子曰く、「習慣、自然の若し」と。詩書を口にし、礼楽を身にし、習慣して自然の若くなる、是れ学の成る為り」（太宰春台『斥非』附録「仁斎『論語古義』を読む」）という人間観や、次の徂徠の認定と同質のものであると言っていい。

先王の道を学んで、久しうしてこれと化し、習慣、天性のごとくなるときは、すなはちその初、知らず能くせざりし所の者も、今はみな思はずして得、勉めずして中《あた》るを謂ふ。これ学習の力に出づ。故に「これを誠にする者は人の道なり」と曰ふ。道は外に在り、性は我に在り。習慣、天性のごとくなるときは、道と性と合して一つとなる。（『弁名』上「誠」）

徂徠とルソーの自然認識には共通するものが多い。しかし、決定的に違うのは、中国古代の聖人の制度に依拠した徂徠は、自信をもって社会の方へ向かって語り、ルソーは自然状態の喪失を悲嘆の調子で述べるしかなかった点である。ルソーは、虚飾によって汚される人間を憐みの情でとらえているのである。

なお、習慣が自然のごとしというのは、『賈子《かし》新書』巻五「保傅」にある「習貫は自然の如し」によっている。ちなみに、日本近代の自然主義文学は、この自然化した習慣をもう一度ひきはがしたところに「自然」を見ようとした。田山花袋『重右衛門の最後』十一に、「六千年来の歴史、習慣。これが第二の自然を作るに於て、非常に有力である。社會はこの歴史を有するが為めに、時によく自然を屈服し、よく自然を潤色する。けれど自然は果して六千年の歴史の前に永久《とこしへ》に降伏し終るであらうか」という箇所があるように。

徂徠学における、聖人の教えの以前と以後は、構想的に、西欧の思潮における原罪以前と以後に対応させることができる。コンディヤック（一七一四―一七八〇）の『人間認識起源論』（二部一章一節）は、原罪以後の人間から出発する。「原罪を犯す前の無垢な状態での魂や、身体から分離した後の［死後の］魂」については取り扱わない。それらが何であるかを言い当てようと望むのは無益であるからだ。（古茂田宏訳、岩波文庫）。ここから、「認識の起源」が問題になってくるのは当然のことである。

自然状態から社会状態への移行について、ホッブズは、自然法を生み出す「かれらすべてを威圧しうる力」「共通の力」によると考え、徂徠や春台は聖人の教えによると考えた。法と道の誕生である。徂徠や春台には、『リヴァイアサン』のように社会状態が生じていく過程の分析はない。ただ、人間の本性（「あひ親しみあひ愛し、あひ輔《たす》けあひ養ひ」という本性）にしたがって聖人が制度を作ったというだけである。しかし、社会や制度は人間を悲惨な自然状態から脱出させるものとして、両者に共通する。

自然状態から社会状態への移行について、『易経』は、卦から思いつかれたものとしている。すなわち、上古には「穴居」「野処」であったものを聖人が「宮室」に易えたのも、薪をかぶせて野原に置いただけだった死者に棺槨《かんかく》を用いて葬るようにしたのも、すべて易の卦によってだったと主張する（『周易』繋辞下伝）。一方、『孟子』滕文公上篇の記述は具体的である。葬礼の場合を引いてみよう（小林勝人訳、岩波文庫）。

おもうに、太古《たいこ》には親が死んでも葬らない時代があった。親が死ぬと、みんなその死骸《しがい》をはこんで谷間に棄《す》てておいた。あとで、そこを通りかかって見ると、狐《きつね》や狸《たぬき》が死骸の肉を食い、蝿《はえ》や蚋《ぶゆ》などが一杯たかっていたので、思わず知らず額《ひたい》に冷汗《ひやあせ》がにじみでて、横目でちらりと見たきり、まともには見られなかった。この冷汗は、他人に見られるのが恥ずかしくてでたのではない。心の奥底から親に済《す》まない、痛《いた》ましいと感じて、面《かお》や目にもにじみでたのである。そこで、急いでわが家に帰って、土籠《もっこ》や土車《つちぐるま》をとってきて、土を〔運んで死骸の上に〕かけて見えないように掩《おお》いかくした。〔これが埋葬《まいそう》の起源《おこり》なのである〕。このように土をかけて見えなくするのが、まことに道理にかなった善いことだとすれば、後世の孝子や仁人がその親を手厚く葬ることも、これまた当然の道理であろう。

かつて、アンチゴネーが戦死した兄の埋葬にこだわって伯父クレオンと対立した感覚には、これと共通するものがあったのである（ソフォクレス『アンテイゴネ』。ヘーゲル『精神現象学』は、両者は「神の掟」と「人間の掟」を代表すると言う。）。これらの記述には、人間の尊厳というものが想定できる。もともと制度の根底には、自然感情と一体化した人間の尊厳が隠されていた、と一般化できるかもしれない。

しかし、ルソーの「社会」はそうではない。ルソーの社会は無垢の自然状態から断絶している。したがって、自然状態からみればよそよそしいものである。合意による契約によってできあがったものにすぎない。そしてそこに、人と人との間の差異が生じ、差異から生じる不平等が増大していった。

一方、聖人の教えによって自然状態を脱し、制度（最上位に礼楽が位置する）を確立した徂徠学における人間は、その自然状態を「内面」の中に開放したと考えてよい。

ここで、自然状態と社会に関するカントの考えを見ておこう。

旧約聖書の記録をもとに人類の歴史を想定した「人類の歴史の臆測的始元」によれば、人類の最初の居所として理性が指示したのは「楽園」である。しかし、人類はこの楽園から出ていった。動物的な被造物の未開性から人間性へ、本能から理性の指導へ、自然の後見から自由の状態への移行を選んだからである。したがって、人類は「楽園」へは二度と帰れない。どんな苦難があろうと、人類は理性の道を選んだのである。この道は、人間に多くの害悪をおしつけてくる。一つは戦争（あるいは将来の戦争のための準備）であり、一つは人生の短かさであり、一つは「楽園」への空しい憧れである。最後の憧れについてカントは次のように述べている。

それは詩人たちが大いに賛美してきた黄金時代の幻想である。ここでわれわれは、奢侈のゆえに背負い込むことになると思われるすべての必要物から解放される、と言われている。つまり、単に自然が必要とするものだけで満足する状態、人間の徹底的な平等、そして人々のあいだに永続する平和があり、一言でいえば、心配もなく、怠惰に夢みつつ、子供遊びに興じる生活の純粋な喜びが、そこにあるとされる。（望月俊孝訳。『カント全集』14）

この憧れに関するカントの解釈は辛辣なものである。

とはいえこの憧れは、もの思う人間が、文明的市民的に開化した生活に倦怠を感じていることを証示している。享楽のうちにのみ人生の価値を求めつつも、怠惰に釣り合う重みを勘定にいれ、

行為によって人生に価値を与えることに気づくように理性から促されたとき、もの思う人間は倦怠を感じる。（同前）

「楽園」への憧れは、自分たちが選んだはずの、人間としての苦難に満ちた行動の放棄である。カントはそう言う。人間は根源的状態に満足しなかったからこそ、そこから進んできたのではなかったか。

カントの理解は、人間はみずからに責任をもたなければならないという倫理観に貫かれている。人間の業である自由の歴史は、しかし、全体としての人類にとって必然である。にもかかわらず、その歴史の過程において、個人において害悪や悪徳が生起せざるを得なかった。したがって、この害悪や悪徳は個人の責任に帰すほかない。人類がみずから選んだ歴史だからである。

以上のように、カントの、自然状態を脱する方向に踏み出した人類の歴史理解は、その歴史に対する個人の躊躇や逡巡には有無を言わせない。カントは、人間の本分がどの方向を選択したかを見すえている。

荻生徂徠もまた、社会の全体の方向を見すえ、その観点から個を位置づけている。しかし、徂徠の制度論は、社会論である前に統治論である。徂徠は、「先王の道は、先王の造る所なり。天地自然の道に非ざるなり」と言った（『弁道』四）。つまり、制度は先王の制作になるもので、天地自然の道ではないと言った。この「天地自然の道」は宋学の性理の学を指している。天地自然、すなわち万物の生成の原理や人間の性といったところから説きおこす宋学では、決して社会にまでは至らない。徂徠はそう考えた。そしてこのことが、徂徠の統治学の性格を国家主義的なもの（後の時代の概念だが）にした。

そして、徂徠が先王の道から排除した天地自然の行方は、各個人の内面とともに、国学者が引き受けた。だから国学者には、カントの言う「楽園」への空しい憧れが含まれる。つまり、徂徠学と国学はある意味で相互補完的なのである。その相互補完の隙間から、歴史における個の自由という要素がぬけおちた。

六　統治と個

では、徂徠の言う「先王の道」と西欧的な法に共通するものはないのであろうか。

日野龍夫は、「社会的分業論の前提として、徂徠は、人は相輔け相養うものであるということをしばしば論ずる」と書き、さらに、「これは、性善説をも性悪説をも無用の弁としてしりぞけ、人性の本来的傾向という問題については議論を避けた徂徠が、人性について下した唯一の規定である。この規定の根拠を徂徠はどこから得たのであろうか」と問うている（「徂徠学における自然と作為」『江戸の儒学』所収。ぺりかん社、二〇〇五年）。

人は相輔け相養うものであるという徂徠の人性の規定の根拠として、日野は、『荘子』の郭象の注釈を指摘する。人間の行為は社会的連帯性を持つべきであるという規範なら、たとえば『論語』微子篇にも見られる。それに加えて、と日野は次のように言う。

それに加えて、徂徠が社会的連帯を、規範としてではなく「性」の自然として説いていることから、徂徠は耕織を人の本性とするかの郭注の議論に示唆を得たのではないかと私は推測する。（『荘子』の馬蹄篇の本文も郭注も——引用者）耕織は人の本性であるとはいっても、それが協同作業であるといっているわけではない。重要なのは、人の性は放置しておいてもおのずから秩序を志向するという、ことに郭注に顕著な確信である。この確信は、規範を自然としてとらえ直そうとする徂徠を鼓舞するに足りるものであったと思われるのである。（同前）

「人の性は放置しておいてもおのずから秩序を志向するという」郭象の注釈が徂徠をひきつけたのは、徂徠が「規範を自然としてとらえ直そうと」していたからである。日野は、そのあたりの事情をうまく表現している。「社会的連帯を、規範としてではなく「性」の自然として説」くことや「規範を自然としてとらえ直そうとする」ことは、「規範」に有無を言わさぬ内的な絶対性を与えることにつながる。統治の前提として自然（人性）を定位することなのである。徂徠が「聖人の作為」を自分たちの作為で修正していこうとしていたとしてもである。このことは何を意味するか。

渡辺浩は、徂徠の統治者についておおむね次のように言う。(5)

「「天」という崇高なるもの」と畏敬すべき王朝の祖先を祭り、「その上で、法令すべてをそのお告げだということにし、さらに占いで確かめる」。「それによって人々の「道」への随従がもたらされるのである。徂徠によれば、「聖智ノ人ノスル陰謀ハ陰謀ノ迹ヲ見セズ、人ソノ陰謀ナルコトヲ知ルコトナシ」である。それも治国平天下のためなのであり、結局は民のためにもなるのである。」「このような神秘化の勧めは、マキアヴェリのそれに類似している。」」。このように述べた渡辺はさらに次のように言う。

さらに、ジャン＝ジャック・ルソーのいう「立法者」législateur にも、徂徠の統治者は似ているところがある。社会契約を結び新たな政治体を始めるために、基本制度の案を人々に提示し受け入れさせる叡智の人である。ルソーによれば、制度によって培われる社会的精神が無ければ、その制度のすばらしさを理解して受容することもできない。その意味で、立法者が受け入れられるためには「結果が原因となることを要する」という困難がある。そこで、立法者は、「力も理屈も用いることができないので、他の次元に属する権威に頼らなければならない。それは暴力無しで導き、説得すること無しに納得させる権威である」というのである。そのため、あらゆる時代の建国の父たちは、天 ciel や神々 les Dieux に頼ったという（『社会契約論』）。

荻生徂徠は、人民を理性的に説得して導く可能性についてのペシミズムあるいはリアリズムを、マキアヴェリやルソーと共有している。それ故に、奇妙なまでに類似した主張をするのである。（渡辺浩「「教」と陰謀――「国体」の一起源」二「道」、『韓国・日本・「西洋」』所収。慶應義塾大学出版会、二〇〇五年）

ここでルソーの立法者の性格について確認しておこう。『社会契約論』第二編第七章の「立法者について」である（桑原武夫・前川貞次郎訳）。

（一）ひとことでいえば、立法者は、人間から彼自身の固有の力を取り上げ、彼自身にとってこれまで縁のなかった力、他の人間たちの助けをかりなければ使えないところの力を与えなければならないのだ。自然によって与えられたこれらの力が死に、無となる度合いに応じて、新しく獲得された力は一そう大きく、永続的なものになり、その制度もまた一そう確実で完全なものとなる。

(二) 立法者は、あらゆる点で、国家において異常の人である。彼は、その天才によって異常でなければならないが、その職務によってもやはりそうなのである。それは、行政機関でもなければ、主権でもない。共和国をつくるこの職務は、その憲法には含まれない。それは、人間の国とは何ら共通点のない、特別で優越した仕事なのである。

(一) に述べられた変化は「一般意志」の形成によって人々が個を離れ、「一般意志」に従わなければならなくなった境位の落差を示している。もちろんルソーはこの落差を手放しで受け入れているわけではない。その記述には逡巡が見られる。徂徠には、制度を作っていく「先王」の苦労への思いはあっても (たとえば『弁道』1) その逡巡はない。徂徠はあくまでも規範 (協同作業) を自然 (人性) に根ざすものと考えようとしていたからだ。

(二) に関し、ルソーは、立法権を持つ人民とは別種の存在である立法者とその存在の理由をくり返し描いた。

生まれたばかりの人民が、政治の健全な格律を好み、国是の根本規則にしたがいうるためには、結果が原因となること、制度の産物たるべき社会的精神が、その制定自体をつかさどること、そして、人々が、法の生まれる前に、彼らが法によってなるべきものになっていること、などが必要なのであろう。こうして、立法者は、力も理屈も用いることができないのだから、必然的に他の秩序に属する権威にたよる。その権威は、暴力を用いることなしに導き、理屈をぬきにして納得させうるようなものである。

このようなことから、あらゆる時代を通じて、建国者たちはやむなく、天の助けにたより、彼ら自身の英知を神々のものとしてほめたたえたのである。（同前）

ここには、結果を前提にするという倒錯を実現するために「他の秩序に属する権威にたよる」構造が指摘されている。立法者を人民・市民と同じ土俵におくことから生じる混乱をこうして回避したというわけである。

立法者はその理性の決定を不死のもの〔神々〕の口から出たもののようにし、そうして人間の思慮によっては動かしえない人々を、神の権威によってひっぱって行ったのである。（同前）

だから、立法者はほとんど神のような存在である。徂徠の依拠する中国古代の聖人たちも、日本の江戸時代においては超越的な存在であった。江戸時代の支配者層もそうだ。[6]

永久に亡びないユダヤ人の法、十世紀ものあいだ世界のなかばを支配してきたイスマエルの子の法は、これを命じた人々が偉人だったことを、今日もなお告げ知らしている。（同前）

これも徂徠が日本の江戸時代とは隔絶した中国古代の聖人の制作したものに範を求めたことと似た思考である。

ちなみに、中国のルソーと称された黄宗羲の君主論はどうか。

人類の歴史がはじまった当初、人々はおのおの自己本位であったのである。人々はおのおの利己主義であったのである。天下におおやけの利益があっても、これをおこすものがなく、天下におおやけの害があっても、これを除くものがなかった。そこへひとりの人が出てきて、おのれ一人の利をば利とせずして、天下にその利を受けさせ、おのれ一人の害をば害とせずして、天下にその害をまぬがれさせた。かくてはその人の労苦は天下の人々の千倍万倍であるにちがいない。

（黄宗羲《こうそうぎ》『明夷待訪録《めいいたいほうろく》』「第一篇　君主論」西田太一郎訳、平凡社東洋文庫）

「そこへひとりの人が出てきて」の箇所は、徂徠の「先王の道は、先王の造る所なり。天地自然の道に非ざるなり。けだし先王、聡明睿知《えいち》の徳を以て、天命を受け、天下に王たり。その心は、一《いつ》に、天下を安んずるを以て務めとなす。ここを以てその心力を尽くし、その知巧を極《きは》め、この道を作為して、天下後世の人をしてこれに由りてこれを行はしむ。あに天地自然にこれあらんや」（『弁道』4）の「先王」にあたる。

これら徂徠の主張の根本の形式は、ルソーの「立法者」、黄宗羲の「君主」の形式に重なっている。そのことを理解したうえで、あらためて三者の感触の違いに目を向けてみよう。「（執行権と区別して）立法権は人民に属し、人民以外のものに属しえない」とルソーは書いた（『社会契約論』第三篇第一章）。「人民以外のもの」には立法者も含まれる。黄宗羲にも人民の意識は強くある。これらは、徂徠の「聖人の作為」（先王の道）を規範とする考えと距たりがあるように見える。その違いは、徂徠の「天下を安んずる道」とルソーや黄宗羲の人民主権の説の違いによるもののほか、ルソー（一七一二―一七七九）や黄宗羲（一六一〇―一六九五）の立法者には無為の像が強いのに対し、徂徠（一六六六―一七二八）の聖人には有為の像が前面に押し出されている点にもある。たとえば、『弁道』[4]の一節をみてみよう。

伏羲《ふくき》・神農・黄帝もまた聖人なり。その作為する所は、なほかつ利用厚生の道に止《とどま》る。顓頊《せんぎょく》・帝嚳《ていこく》を歴《へ》て、堯《げう》・舜《しゅん》に至り、しかるのち礼楽始めて立つ。夏《か》・殷《いん》・周《しう》よりしてのち粲然《さんぜん》として始めて備る。これ数千年を更《へ》、数聖人の心力知巧を更《へ》て成る者にして、また一聖人一生の力の能く弁ずる所の者に非ず。故に孔子といへどもまた学んでしかるのち知る。しかるに天地自然にこれありと謂ひて可ならんや。

「伏羲《ふくき》・神農・黄帝」は聖人であったけれど、「その作為する所は、なほかつ利用厚生の道に止《とどま》る」という点に、黄宗羲との違いを見ることができるだろう。徂徠は「利用厚生の道」のみでは満足できなかった。「礼楽」にまで至らなければ、聖人の道は完成しないのであった。「礼楽」の強調は、『弁道』[5]で、聖人の徳は「先王、国を開き、礼楽を制作す。これ一端なりといへども、先王の先王たる所以は、またただこれのみ」と記すのをはじめ随所で強調している。要するに、徂徠には、個の内面の自由の意識は旺盛だったが、社会契約の視点はきわめて希薄だったということである。徂徠の立法者は、渡辺浩が言うようにむしろマキアヴェッリの立法者に近い。

伊藤仁斎も荻生徂徠もともに復性復初の思考を排除した。啓蒙の一歩と言っていい。しかし、仁斎は人性の拡張の方向に赴き、徂徠は統治の方向に精力を注いで、道は分かれた。徂徠の統治論からかえって内面の自由がもたらされた、と説明されることが多い。しかし、残されたのは現実の自由ではなく、内面の自由だけであったという見方もできる。徂徠は反啓蒙の毒を含みもっていた。

かくて個の根拠の確立も多くの抵抗に出会う。本章では「復性復初」と「社会」について一瞥したにすぎないが、伏流して抵抗を続ける思考はさらに多いだろう。

最後に本書序章で述べた「公論に非ざるの公論」という考えをもう一度思い起こしてみよう。カントの言う「成人」を別の言葉で敷衍してみれば、この「公論に非ざるの公論」を見出す能力のことだと言えるだろう。「成人」が「公論に非ざるの公論」を見出した時、最初の「公論」はただの社会通念に堕す。つまり、社会通念を打破し、あらたに個に都合のよい（適応した）社会を見出していくことが、啓蒙の活動の重要な要素を成しており、したがってその活動は常にくり返されなければならない。そのくり返しの過程において、依存の心性は徐々に取り払われ、その都度、人はつかの間自由の感覚を味わう。

注

（1）清水信子は、以下の通り、大田錦城の著述から、朱子の「復性復初」の出所を紹介している（「大田錦城の「大学」講義とその聞書について——伊藤忠代書写資料を中心に——」、「東洋文化」復刊九十七号、平成十八年九月、無窮会）。『荘子』繕性篇、『荘子』徳充符篇「鑑明らかなるときは、塵垢止まらず。止まるときは明らかならず（鑑明則塵垢不止。止則不明也）」、『円覚経』「譬えば磨鏡の如し、垢尽きれば明現ず」(譬如磨鏡、垢尽明現)、唐僧神秀の偈「身は本菩提樹、心は明鏡台の如し、時々勤めて払拭し、塵埃を惹かしむることなかれ」(身本菩提樹、心如明鏡台、時々勤払拭、勿使惹塵埃)、『淮南子』「聖人之学たるや、欲するに性を初めに反すを以てし、而して心を虚に游ばせるなり」(聖人之学也、欲以反性於初、而游心於虚也)。

(2) もちろん篤胤のこの理解は宣長からきている。たとえば『玉くしげ』で宣長は次のように言う。人の禍福などが道理に合わない時、(仏教では)因果応報と説き、(儒教では)天命、天道を持ち出してすます。しかし、因果応報の説は論外として、「天命《テンメイ》・天道《テンダウ》といふは、唐土《タウド》の上古に、かの湯武《タウブ》などの類《タグヒ》なる者の、君《キミ》を滅《ホロボ》して其国を奪《ウバヒ》取《ト》る、大逆《ダイギヤク》の罪《ツミ》のいひのがれと、道理のすまざる事を、強《シヒ》てすましおかんためとの、託言《タクゲン》なりと知《シル》べし」(日本古典文学大系『近世思想家文集』)。宣長によれば、託言が用いられるのは、大逆の罪の言いのがれのためと、道理に合わない事を無理に道理とするためであり、実態をすりかえるための口実にすぎない。ホッブズの『リヴァイアサン』にも類似の理解がある。第一部「人間について」第二章「構想力について」において、幻影について、神のみが超自然的な幻をつくり得るのであるが、「神がそのことをたびたびおこなうというのは、キリスト教の信仰の中心ではない。しかるに、悪人は、神はなんでもできるという口実のもとに、大胆にも、自分では本当ではないとおもっていても自分のためになるならば、どんなことでもいうのである」と書いている(水田洋訳、岩波文庫)。絶対的で証明の必要のないものがあると、それに便乗する人間の性向を指摘している。『韓非子』もまた同じように託言を生む人間の性向を批評している。「凡《およ》そ法を敗《やぶ》る人は、必ず詐《いつは》りを設《まう》け、物に託し、以て親《しん》を求め、又好んで天下の希《まれ》に有る所を言ふ」(巻五「飾邪」)。「物に託し、以て親《しん》を求め」とは、前例、先蹤などを言い立てて親好を求める意。

(3) 四端の心を性、仁義礼智を徳と考える仁斎の説に対する他の批判も拡充の意味を見逃している。大坂の山内退斎は、『悟窓客談』(正徳五年刊)で、「仁は人の本体であって、道の具える所である。もし仁が末ならば人もまた末である」と批判する。昔から「端」を「本」と解する例を私は知らない。仁斎が依拠する孫奭《そんせき》の『孟子疏』の「人有二惻隠之心一。是仁之端本起二於此一也云云」の「端本」は「端緒階本之義」（端緒は本に階《のぼ》る意）である。だから、「起二於仁義一之惻羞」（惻隠羞悪は仁義より起こる）という構造であることは疑いがない。『孟子』の言う「四端は四体（四肢）のごとし」を考えれば、四端は端末であることは明らかである。仁義を末用とするのは仏教の説にすぎない。（巻下「弁下以二仁義礼知一為二末用一。以二惻隠羞悪辞譲是非一為中本主上」）。

山内退斎は孫奭の疏の理解に終始して（『孟子疏』偽託説を意識したか）、拡充の視点に思いいたらない。仁斎の弟子並河天民からの異議は次のようなものである。「字義（仁斎の『語孟字義』のこと）、始め心と四端の心との両目を立つ。尤も疑うべし。孟子曰く、恒の心と。（略）凡そ人の心は唯一つ。未だ嘗て二有らず。是を以て左手で方を画き、右手で円を成すことは、人の能わざる所。此れ又一心の証なり。字義已に宋儒本然・気質の説を、「性」の条下で弁ず。其の言、明白と謂つべし。則ち一心を割いて二片と為す。尤《とが》にして之に效う、亦異ならずや。」（『天民遺言』巻下「四端之心」、享保四年）

仁斎は宋儒の説を批判しているのに、宋儒にならって心を二つに分けている。そう批判する並河天民もまた、仁斎の拡充の考えがつかめなかった。だから、仁斎が『語孟字義』で「心」と「四端の心」の二つを分けて論じているというふうに理解し、反論した。尾藤二洲の批判はにべもない。「仁斎が端本《たんぽん》の説、字を識らずと謂ふ可し。」（『素餐録』一七三。日本思想大系『徂徠学派』による）

（4）　アリストテレスの『形而上学』によれば事物の存在と生成の原因として、プラトンはイデアというものを持ち出した。感覚的事物は絶えず変化しているので、それらについて共通普遍の定義は不可能だと考えたからである。感覚的事物は、別種の存在であるこのイデアに与《あず》かることによって存在する。アリストテレスは、このプラトンのイデア説について、二十三箇条にわたって批判する（『形而上学』第一巻第九章）。イデアが感覚的事物の存在と生成の原因とするなら、なぜ、それらの事物と離れて別に存在するのか。イデアと感覚的事物の乖離が、アリストテレスのイデア説批判の中核にある。その二十一箇条目を要約して引いておこう。『ニコマコス倫理学』の「端緒」の説に通じるものがあるだろう。

人は学ぶよりさきには何事も知り得ない。だから、すべてを対象とする学があるとしても、それをこれから学ぼうとする人は、前もって何も知っていないはずである。しかも、学習は前もって知られているところを前提にして行なわれる。それなのに、この学が生得的なものであると主張するなら（生前に直観していたイデアを生後に想起するというプラトンの説を指している）、このことを我々が忘れているのは不思議なことである。

「学習は前もって知られているところを前提にして行なわれる」というアリストテレスのイデア説批判は、『ニコマコス倫理学』の「端緒」の説の「おそらく、「われわれにとって知られうるもの」から論述を始めるのがよいであろう」に対応しよう。仁斎の「端緒」の解釈も「端緒からの論」なのである。アリストテレスにとってプラトンのイデア説は、仁斎にとっての「復性復初」のようなものだった。

（5）金泰昊「徂徠の他者像」（『中国語中国文化』八号、二〇一一年）。

（6）言うまでもないことだが、「禁中並公家諸法度」「武家諸法度」「諸宗寺院法度」など支配層間の法度をはじめ、各層への「御触書」などの法令が出されたが、制定過程の表示は一切必要のないものであった。法令の内容には日本や中国の古典がよく使われた。

あとがき――私の断章取義――

江戸の思想が喚起してくるもののいくつかの局面を切り取っているうちに、私は「啓蒙」にたどりついた。本書はあらためてその視点を前面に出したものである。「啓蒙」の領野は果てしなく広い。私は同時に、江戸時代に書かれたものを、あるいは書き手たちを、できるだけ広い世界に出してみたいと考えた。北村透谷はこう書いている。

吾人は邦と邦との隔離を遺忘するに躊躇せざるなり。吾人は東洋の一端に棲居するが故に歐洲の大勢を顧眄《こべん》するの要なしと信ずる一種の攘夷論者の愚を、笑はんとす、世界は日に狭《せば》まり行きて、今日の英国は往日の英国の距離にあらざる事を思ふべし、況んや理想境には遠近なきものを。彼の事業もし我が理想境の事業と同致ならば、我は奮つて彼の事業を佐《たす》くべし、彼の事業もし我理想境と背馳せば、吾は奮つて彼の事業を打破すべし、此点に於て我等は、一種の攘夷思想と趣を同うする事能はず。(「一種の攘夷思想」『透谷全集』第一巻)

明治の時代にこのように考えた若者がいたのである。文化の固有性を誇る排他性も、欧米追随型の思考も透谷にはなかった。透谷にならったわけではないが、私は本書によって、さまざまなものや人が離合集散する場を設定したかった。そのために、結果として、いわゆる断章取義になることもいとわなかった。むしろ断章取義の可能性を信じた。

断章取義について、『大漢和辞典』の「断章」の項目では「詩文の中から、其の一章をきりとる」ことと記し、「断章取義」の項では「章を断じ義をとる。作者の本意、詩文全体の意味の如何にかかはらず、其の中から自分の用をなす章句のみを抜きだして用ひること」と記す。しかし、その一方で、断章取義には、時代、環境、分野そして文脈などに埋没しがちな状況から私たちの身を引きはがす効用がある。私たちは日常的にそれを実行しているはずなのだが、学術研究の場になると、それを忌避する。やりすぎると空理空論のすすめということにもなるからであろう。

断章取義についてひとわたり理解しておこう。伊藤東涯は次のように言う。

> 古詩をとくは、本義にかゝはらず、さま〴〵に変通《へんつう》して是《これ》を用ゆる。それゆへ、才識《さいしき》学問なき人は、にわかには其訳《そのわけ》を会得《えとく》しがたし。子貢《しこう》・子夏《しか》ほどの人にあらざれば、夫子も「与《とも》に詩を言ふべし（可与言詩）」とは、のたまわざるなり。『左伝』に「断章取義《だんしようしゆぎ》」といふこと有《あり》。一句、二句のことば、一章の内にありては、義理かくのごとく、その一、二句を取《とり》はなして用ゆるときは、各別《かくべつ》のことに成《なる》をいふ。「戦々兢々《せんせんきようきよう》」の詞、小旻《しようびん》の篇にありては、時の乱《みだれ》をうれふること也。曾子《そうし》、これを引《ひい》て、小子《しようし》に告《つげ》たまふとき、平生謹身《へいぜいきんしん》の事に成る。随宜《ずいぎ》転用、いづれもかくのごとし。（『読詩要領』、新日本古典文学大系『日本詩史　五山堂詩話』所収）

祇園南海も同様である。

『詩経』は声音であるが、その声音はもうなくなってしまった。だから孔子の時代にも、『詩経』を徹底的に吟味して自分のものにし、自分の戒めにするとともに、他人にも教え、人に心の内を示し、義理を説く助けとした。『詩経』などの二、三句、四、六句を抜き出し、ふさわしい場で使えばいいのだ。これを断章取義といって、春秋時代の列国の士大夫は会盟朝聘《クワイメイテウヘイ》の折などには、自分の心をわかってもらうため、あるいは祝意を表し、あるいは喜びや憂いを表現し、あるいは会話をスムーズに運ぶために、自由自在に取り扱ったのである。これは『詩経』以外の本では不可能なことなのだが、『詩経』はもともと理を説いたり、義を説明したりする本ではなく、ただ人情を写した唱歌であるため、人はこれを聞いて、感ずるままに、どのようにでも道理がつけられたのである。これは『詩経』にかぎって備わっている不思議な妙用なのである。その取扱い方は論語・孟子・春秋左氏伝・礼記などに詳しく書かれている。後世詩を学ぶ人は、この取扱いを忘れ、わざわざ自分で作り出して、その情を述べることになった。その始めは屈原の離騒で、それから漢・魏・六朝に及んで、ますます盛んになった。なぜそうなったのか。上代は人の心も質樸で、詩義にもさとく通じていたため、右に言った通り、断章取義によって、自分の情も通じ、人もよくわかった。後世になってそれだけではなにか不足のように感じ、人も確実に理解することもおぼつかなくなってきたため、自分で新しく詠み出して、情を十分に述べるようになったのである（日本古典文学大系「近世文学論集」所収『詩学逢原』巻上「詩語常語・取義」宝暦十三年刊）の大意）

このあと南海は、断章取義が、「『詩経』以外の本では不可能なこと」「『詩経』にかぎって備わっている不思議な妙用」についてくり返している。そして、「外ノ詞ハタトヒ聖賢ノ格言妙論ニテモ、外ノ事ニハ断チ用イラレズ。偶《タマタマ》其理ノ旁通スルコトハアルベシ」と念を押している。詩と違い、散文の場合は原則的に断章取義は成り立たないのだが、たまたま言っている理が通用することがある、というのである。以下管見に入った例も対象は詩である。

徂徠の断章取義を論じた高山大毅は次のように言う。

たとえば徂徠は「古之取義於詩、亦唯心所欲（古の義を詩に取る、亦た唯だ心の欲する所）」、つまり古代において「詩」は自己の考えに合わせ思い通りに「断章取義」されていたのであり、ただ「奇巧」に走り、「先王之道」を踏み外してしまうことだけが避けられていた。「古之君子」たちは、「詩」句を引用することで当意即妙のやり方を展開したのである。（「「人情」理解と「断章取義」――徂徠学の文芸論――」（『国語国文』七十八巻八号、平成二十一年八月）

井上蘭台の戯著『唐詩笑』に付した序で、金峨道人は書く。

詩ニ断取ノ義有リ。纔《ワズカ》ニ断取ノ義有レバ斯ク縦横無碍得セザル所無キ者有リ。乃チ其ノ興象ヲ貴ブ。水中ノ月鏡中ノ花、孰カ其レ捉ル可ンヤ。玩世教主游戯三昧此書ヲ著述ス。其意蓋シ茲ニ在ルカ。

これを引いた中野三敏は、「断取は断章取義の略。詩文の一部だけを切り取って、自己流に解釈して用いることをいう。」と書く。（『近世新畸人伝』「井上蘭臺」）

中国の例だが、たとえば『列女伝』は話のまとめに『詩経』などを引く。

引用される古典の語句は、往々本来の文脈から切り離されて、その引用句の範囲内に限って意味が取られる。いわゆる断章取義である。ここの「烈文」の詩も、もとは周王朝の祖先を祀るまつり歌であって、有虞の二妃とは何の関係もない。この二句が、二妃の遺徳は後世の人々の模範である、との意味に転用できることから、人口に膾炙したこの権威ある詩句を用いたにすぎない。こうした古典の句の断章取義的用法は、早くは「左伝」「国語」「論語」にすでに頻繁に見え、戦国の諸子や秦漢の説話集にも常用されるが、そのより古い形は、文献成立以前の、「先人」「古人」のことばや格言、俚諺などからの引用であった。（中島みどり訳『列女伝』の、第一巻「母儀伝」第一話「有虞二妃」の注二〇の一節。平凡社東洋文庫）

目を転じて西洋の例を見よう。

事実を直接に相手とする歴史家たちが、他人の報告や談話をも活用するのはいうまでもなく（ひとりの人間が自分の目ですべてを見るのは不可能です）、それは、詩人が、既成の精錬されたことばを自家薬籠中のものとして大いに活用するのに似ています。（ヘーゲル『歴史哲学講義』「A歴史のとらえかた」長谷川宏訳）

ここでも詩の作成に「既成の精錬されたことば」が使われることが当たり前の事情が述べられている。

これらに対し、私の考える断章取義は詩以外にも対象を拡大する。私はそこに、危うさよりも可能性を見る。林羅山は、『漢書』劉向列伝に記される劉向の「封事を上る」という文章が、初めに『書経』、次に『詩経』十数条、そして『春秋』を引いて「災異の大綱を統《す》べ」、『易経』を引いて終えることを述べ、「其の一篇悉く経を引て以て之れが言を為《な》す。古人之を傑然と謂ふ者《もの》宜なるかな」と感想を記す（「古人」未詳）。さらにまた、韓昌黎の「宰相に上《たてま》つる書」が、初めに『詩経』を引き、中に『孟子』を引いて『詩経』を「羽翼」し、終わりに『書経』「洪範」を引いて、またこれを「道破」（説破）する、と述べる（『林羅山文集』六十五巻）。羅山は、史上著名なこれらの文章を引いて断章取義の迫力を知らせようとしたのだろう。劉向や韓昌黎の文章は断章取義の対象が詩以外にも及んでいる。

断章取義を以上のように理解したうえで、少しだけ場を広げてみよう。広瀬淡窓の専門の論である。

古ヘ専門ノ学ト云フコトアリ。コレ極テ良法ナリ。但シ古ノ専門ハ。六経ノ内ヲ一部ツ、分チテ研究スルナリ。我カ所謂専門ハ之ヲ他事ニ推広ムルナリ。喩ヘハ当時諸侯ノ内ニモ。大国ハ儒官ノ二十人モアルヘシ。其内ニテ科ヲ分チ。経術家・歴史家・文章家・天文家・和学家・軍学家。蛮学家ナト云フヤウニ定メテ。事多キ科ハ。一科ニ数人ヲ用ヒ。事少ナキハ一人ニテ二科ヲ兼ヌルモアルヘシ。総テ当時ノ学ハ科目ヲ分ツコトナキニヨリテ。人ノ知リタルコトヲ我知ラサレハ恥ニナル故ニ。競テ同シ路ニ走ル。故ニ我ガ知ラヌコトハ人モ知ラス。人ノシリタルコトハ我モ知ル。儒者百人アリテモ。一人ト同シコトナリ。今科目ヲ分ツニ於テハ。己カ科ニ非ルコトハ手サ、ヌ様ニスヘシ。喩ヘハ経術家ハ文章ヲ能クセストモ。恥ツルニ及ハス。歴史家ハ天文ヲ知ラストモ苦シカラス。唯己カ科内ニ暗キコトアレハ恥トス。コレ天職ヲ重スル所ニシテ。即敬天ノ義也。（『約言或問』日本儒林叢書第六冊による）

人がその涯分に閉じこもることを嫌って学の専門を排した三浦梅園（『元熙《げんき》論』）と異なって、淡窓は学問の専門分化をわかりやすくすすめている。現実は淡窓の言う通りに進んできた。「今科目ヲ分ツニ於テハ。己カ科ニ非ルコトハ手サ、ヌ様ニスヘシ。喩ヘハ経術家ハ文章ヲ能クセストモ。恥ツルニ及ハス。歴史家ハ天文ヲ知ラストモ苦シカラス。」と言う通りになった。効率がよいというわけで「科ヲ分チ」「科目ヲ分ツ」ことも現実になった。しかし、時代が進むにつれて、割り振られた「天職」に我慢できない人々も出て来た。「天職」にいそしんでも、世界の真実は手近にならないということも現実になった。「史家ハ天文ヲ知ラストモ苦シカラス」という事情も絶対ではなくなった。

淡窓のわかりやすい専門分化のすすめに対応する私たちの提言は、学問研究の一コマとしての役割を演じつつ、私たちはみずからの実存を枯渇させないで生きることができるか、ということにつきる。特に哲学や文学や芸術の研究や創作において、実存の感覚こそが世界を広げていくのではないか。そして実存は断章取義を欲求する。私たちは断章取義を足場にみずからの世界を築く方向へ踏み出すことができるかもしれないのだ。つまり、広瀬淡窓が提言したわかりやすい専門性の説明に対して、断章取義は十分にわかりやすく対抗できる一つの方法だということである。なぜそう考えられるのか。

断章取義は牽強付会をもたらす点でマイナス価値を言われることが多いのだが、それは広い場での思考をみずから制限するように思われる。これは逆に言うこともできる。断章取義という魅力ある方法を生かすために、私たちはそれに見合うテーマと主張を創出しなければならない、というふうに。断章取義はまた一方で、断定を先延ばしするから、思考に渋滞をもたらす。しかし、この渋滞のうちに、その人にとって切実で意味のある主題が浮かび上がってくる。思考に現存性が刻みこまれてくる。

そうでなければ断章取義は成り立たないからだ。
断章取義の理想の実現には、その作業に記憶と想起と連想と想像力の活動を必要とし、未来にむけての自己再生の気力を必要とし、何よりも、既存の思考の型への訣別の意志が必要だ。強い実存の感覚が必要だ。断章取義は錯綜する認識と表現を分解し、新たな主題を取り出すエネルギーによって成立するのである。本書はその理想には程遠いが、方向だけは示し得たと思う。
本書の各章の初出は以下の通りである。しかし、初出の形から大きく変わっている。
第二章　甚解を求めず　同題。「混沌」第7号、近畿大学大学院文学研究科編、二〇一〇年三月
第三章　他を欺かんや　「他を欺かんや――『大学』から『こゝろ』まで――」。「混沌」第6号、二〇〇九年三月
第五章　個の根拠　「無垢と自然」。「文学・芸術・文化」二十二巻二号（近畿大学文芸学部論集）、二〇一一年三月
他はあらたに書いたものである。
本書は難渋した。その難渋につきあってくださったぺりかん社の小澤達哉氏に感謝いたします。また、退職後も図書の利用や文献複写などで近畿大学図書館の皆さんにお世話になりました。感謝いたします。

索　引

あ

索　引

さ

ま

や

わ

を

著者略歴

西田 耕三（にしだ こうぞう）

1942年、石川県生まれ。東京大学文学部卒。東京都立大学大学院中退。熊本大学教授を経て、近畿大学文芸学部教授。2011年退職。

編著

『怪異の入口　近世説話雑記』（森話社、2013年）、
『近世の僧と文学　妙は唯その人に存す』（ぺりかん社、2010年）、
『主人公の誕生　中世禅から近世小説へ』（ぺりかん社、2007年）、
『人は万物の霊　日本近世文学の条件』（森話社、2007年）、
『生涯という物語世界　説経節』（世界思想社、1993年）、
『仏教説話集成（一）（二）』（国書刊行会、1990年、1998年）、
『俳諧集』（共編、汲古書院、1994年）、
『仮名草子話型分類索引』（共編、若草書房、2000年）。

装訂　高麗隆彦

啓蒙《けいもう》の江戸《えど》
江戸思想がよびおこすもの

2017年9月15日　初版第1刷発行

著　者　西田 耕三

発行者　廣嶋 武人

発行所　株式会社 ぺりかん社
〒113-0033 東京都文京区本郷 1-28-36
TEL 03(3814)8515
http://www.perikansha.co.jp/

印刷・製本　モリモト印刷

Printed in Japan

ISBN 978-4-8315-1480-6

主人公の誕生	西田耕三著	三二〇〇円
近世の僧と文学	西田耕三著	七五〇〇円
江戸の文学史と思想史	井上泰至・田中康二編	二八〇〇円
武家権力と文学	入口敦志著	六三〇〇円
朱子学から考える権利の思想	下川玲子著	二二〇〇円
禅からみた日本中世の文化と社会	天野文雄監修	四八〇〇円

◆表示価格は税別です。